虛實掩映之間

再版
前言

　　這套「中國美學範疇叢書」初版於二〇〇一年，時隔十五年再版，作為編委與作者，依然感到書不盡言，言不盡意。

　　中國美學範疇，顧名思義，是對中國數千年源遠流長的美學與文藝史理論的概括。範疇這個術語本是從西方哲學引進的。西方所謂範疇是指人類主體對事物普遍本質的認識與把握。它與概念不同，概念一般反映某個具體事物的類屬性，而範疇則是對事物總體本質的認識與把握。中國美學的範疇與西方美學相比，富有體驗性與感知性，善於在審美感興中直擊對象，這種範疇把握，融情感與認識、哲理與意興於一體，正如嚴羽《滄浪詩話》所說「唐人尚意興而理在其中」。中國美學範疇，實際上是中國古代美學與哲學智慧的彰顯，也是藝術精神的呈現。諸如感興、意象、神思、格調、情志、知音等美學範疇，既是對中國美學與文藝活動的總結與概括，也是人們從事藝術批評時的器具。對中國美學範疇的認識與研究，不僅是一種學術研究與認識，而且還是一種體驗與濡染的精神活動。中國美學範疇的生成與闡述，與個體生命的活動息息相關，這種美學範疇在社會形態日漸工具化的今天，其精神價值與藝術價值越發顯得重要。中國當代美學範疇與精神的構建，毫無疑問應當從中國傳統美學範疇中汲取滋養。

　　這套叢書緣起於一九八七年，當時正是國內人文思潮湧動的時

候，那時我還是在中國人民大學哲學系美學教研室任教的一名年輕副教授。吾師蔡鍾翔教授與中國人民大學中文系的同事成復旺、黃保真教授一起編寫出版了《中國文學理論史》，接著又發起與組織編寫了「中國美學範疇叢書」，歷時十三年，於二〇〇一年由百花洲文藝出版社出版了第一輯，有《美在自然》《文質彬彬》《和：審美理想之維》《興：藝術生命的激活》《原創在氣》《因動成勢》《風骨的意味》《意境探微》《意象範疇的流變》《雄渾與沉鬱》等十本。我承擔了其中的《和：審美理想之維》《興：藝術生命的激活》兩本。

在編寫這套叢書時，蔡老師作為主編，撰寫了總序，確定了基本的編寫思想，對於什麼是中國美學範疇及其特點，作出了闡釋，將其歸納為：一、多義性與模糊性；二、傳承性與變易性；三、通貫性與互滲性；四、直覺性與整體性；五、靈活性與隨意性。這五點是中國美學範疇的特點。強調中國美學範疇的認識與體驗、情感與理性、個體與總體的有機融合。另外，蔡師也強調「中國美學範疇叢書」的編寫與出版，是隨著中國美學的研究深入而催生的。在上個世紀八十年代初的美學熱中，對於中國美學史的興趣成為當時亮麗的風景線，我在當時也開始寫作《六朝美學》一書。而隨著中國美學史研究的深入，人們越來越對中國美學範疇產生了濃厚的興趣，在當時，意象、意境、境界、神思、比興、妙悟等範疇成為人們的談資，時見於論文與著作中，也是文藝學與美學中的熱門話題。正是有鑑於此，彙集這方面的專家與學者，編寫一套專門研究中國美學範疇的高水平叢書的策劃，便應運而生。正如蔡師在全書總序中所說：「『叢書』選題主要是

元範疇和核心範疇，也包括少量重要的衍生範疇，在這些範疇之內涵蓋若干相關的次要範疇。這是對中國傳統美學範疇的一次全面深入的調查，工程是浩大的、艱難的，但確是意義深遠的，它將為中國美學和中國文論的史的研究和體系研究打下堅實的基礎。」

這套書從策劃到編寫，再到出版，歷經十多年，作為撰寫者與助手的我，見證了蔡師的嘔心瀝血，不辭辛勞。比如揚州大學古風教授撰寫的《意境探微》一書，傾注了蔡老師審稿時的大量心血。儘管古教授當時已經在《中國社會科學》《文藝研究》《文學評論》等刊物發表了相關論文，在這方面成果不少，但是蔡老師本著精益求精的方針，反覆與他通信商談書稿的修改，經過多次打磨與修改之後，最後形成了目前出版的書稿。記得那時我和蔡老師都住在人民大學校內，每次我去他家拜訪時，總是見到他在昏黃的檯燈下伏案看稿與改稿，聊天時也是談書稿的事。有時他對作者書稿的質量與修改很是著急與焦慮，我也只好安慰他幾句。

本叢書體現這樣的學術立場與宗旨。這就是：一、追求「究天人之際，通古今之變，成一家之言」的學術旨趣。每本書都以範疇的歷史演變與範疇的結構解析為基本框架，同時，立足於探討中國美學範疇的當代價值與當代轉化。作者在遵循基本體例的同時，又有著鮮明的個性與觀點，彰顯「和而不同」的學術自由精神。二、本著「萬物並育而不相害，道並行而不相悖」的兼容並包之襟懷，融會中西，將中國美學範疇與西方美學與文化相比較，盡量在比較中進行闡釋，避免全盤西化或者唯古是好的偏執態度。

　　值得一提的是，叢書的第一輯出版後，在二〇〇二年五月二十五日，叢書編委會與江西百花洲文藝出版社在中國人民大學中文系舉行了第一輯的出版座談會，當時在京的一些著名學者侯敏澤、葉朗、童慶炳、張少康、陳傳才，以及詹福瑞、韓經太、左東嶺、朱良志、張晶、張方等學者參加了座談會並作了發言，我也有幸與會。學者們充分肯定了這套叢書的出版對於推動中國美學的研究，有著積極的意義，認為這套書具有很高的學術水準。與會者讚揚這套書體現了古今融會、歷史的演變與範疇的解析相貫通的學術特色，同時也提出了中肯的意見。正是在這些鼓勵之下，叢書的編委會與作者經過五年的繼續努力，於二〇〇六年底出版了叢書第二輯的十本，即《美的考索》《志情理：藝術的基元》《正變・通變・新變》《心物感應與情景交融》《神思：藝術的精靈》《大音希聲——妙悟的審美考察》《虛實掩映之間》《清淡美論辨析》《雅論與雅俗之辨》《藝味說》等。第二輯與第一輯相比，內容更加豐富，涉及中國美學與藝術的一些深層範疇，寫法愈加靈動，與藝術創作的結合也更加明顯。顯然，中國美學範疇研究的水平隨著叢書的推進也得到相應的提升。

　　從二〇〇六年叢書第二輯出版至今天，一晃又過去了十年。令人哀傷的是，蔡老師因病於二〇〇九年去世了。原先設想的出版三十本的計劃也終止了。在這十年中，中國美學範疇的研究有了很大的進展，比如將中國美學範疇與中國文化、中國哲學相聯繫的論著問世不少，將中西美學範疇進行比較研究的成果也頗為可觀。但是這套叢書的學術價值歷經時間的考驗，不但沒有過時，相反更顯示出它的內在

價值與水平。時值當下對中國傳統文化與國學的研究與討論的熱潮，這套叢書的實事求是的治學態度，認真負責的撰寫精神，以及浸潤其中的追求人文與學術統一、古今融會、中西交融的學術立場，不追逐浮躁，潛心問學的心志，在當前越發彰顯其意義與價值。在當前研究中國美學的書系中，這套叢書的地位與價值是不可替代的，在今天再版，實在是大有必要。在這十年中，發生了許多變故，叢書的顧問王元化、王運熙先生，副主編陳良運先生，編委黃保真先生，作者郁沅先生等，以及當初關心與幫助過這套叢書的著名學者侯敏澤、童慶炳先生，還有責任編輯朱光甫先生，已經離世，令人傷懷。對於他們的辛勞與幫助，我們將永遠銘記在心。今天，這套叢書的再版，也蘊含著紀念這些先生的意義在內。

本次再版，百花洲文藝出版社本著弘揚優秀傳統文化的宗旨，經過與作者協商，在重新校訂與修訂的基礎之上，將原來的叢書出版，個別書目因各種原因，未納入再版系列。相信此次再版，將在原來的基礎之上，提升叢書的水平與質量。至於書中的不足，也有待讀者的批評與指正。

袁濟喜

二〇一六年十二月三十一日

總序

　　範疇，是對事物、現象的本質聯繫的概括。範疇在認識過程中的作用，正如列寧所指出的，它「是區分過程中的梯級，即認識世界的過程中的梯級，是幫助我們認識和掌握自然現象之網的網上紐結」（《哲學筆記》）。人類的理論思維，如果不憑藉概念、範疇，是無法展開也無從表達的。美學範疇，同哲學範疇一樣，是理論思維的結晶和支點。一部美學史，在一定意義上也可以說是一部美學範疇發展史，新範疇的出現，舊範疇的衰歇，範疇含義的傳承、更新、嬗變，以及範疇體系的形成和演化，構成了美學史的基本內容。

　　中國傳統美學範疇，由於文化背景的特殊性，呈現出與西方美學範疇迥然不同的面貌，因而在世界美學史上具有獨特的價值。中國現代美學的建設，非常需要吸納融匯古代美學範疇中凝聚的審美認識的精粹。自二十世紀八〇六年代後期以來的十餘年中，美學範疇日益受到我國學界的重視，古代美學和古代文論的研究重心，在史的研究的基礎上，有逐漸向範疇研究和體系研究轉移的趨勢，這意味著學科研究的深化和推進，預計在二十一世紀這種趨勢還會進一步加強。到目前為止，研究美學、文藝學範疇的論文已大量湧現，專著也有多部問世，但嚴格地說，系統研究尚處在起步階段，發展的前景和開拓的空間是十分廣闊的。中國傳統美學範疇的特點是很突出的，根據現有的

研究成果，大致可以歸結為以下幾點：

一、多義性和模糊性。範疇中的大多數，古人從來沒有下過明確的定義或界說，因此，這些範疇就具有多種義項，其內涵和外延都是模糊的。如「境」這個範疇，就有好幾種含義。標榜「神韻」說的王士禎，卻缺乏對「神韻」一詞的任何明晰的解說。不僅對同一範疇不同的論者有不同的理解，同一個論者在不同的場合其用意也不盡相同。一個影響很大、出現頻率很高的範疇，使用者和接受者也只是仗著神而明之的體悟。

二、傳承性和變易性。範疇中的大多數，不限於一家一派，而是從創建以後便一代一代地傳承下去，成為歷代通行的範疇，但於其傳承的同時，範疇的內涵卻發生著歷史性的變化，後人不斷在舊的外殼中注入新義，大凡傳承愈久，變易就愈多，範疇的內涵也就變得十分複雜。如「興」這個範疇，始自孔子，本是屬於功能論的範疇，而後來又補充進「感興」「興會」「興寄」「興托」等含義，則主要成為創作論的範疇了。

三、通貫性和互滲性。古代美學中有相當數量的範疇是帶有通貫性的，即貫通於審美活動的各個環節。如「氣」這個範疇，既屬本體論，又屬創作論；既屬作品論，也屬作家論，又屬批評、鑑賞論。至於各個範疇之間的互滲，如「趣」和「味」的互滲，「清」和「淡」的互滲，包括對立的互轉，如「巧」和「拙」的互轉，「生」和「熟」的互轉，就更加普遍。因而範疇之間千絲萬縷、交叉糾纏的關係，形成一個複雜的網絡。

四、直覺性和整體性。許多範疇是直覺思維的產物，其美學內涵究竟是什麼，只可意會，不可言傳。典型的例子如「味」這個範疇，什麼樣的作品是有滋味的，如何賞鑑作品才是品「味」，怎樣才是「辨於味」，「味外味」又何所指等等，都是不可能用言語來指實，只能是一種心領神會的直覺解悟。既然是直覺的，即不經過知性分析的，就必然是整體的把握。如風格論中的許多範疇，何謂「雄渾」，何謂「沖淡」，何謂「沉著痛快」，何謂「優游不迫」，都不可條分縷析。直覺性與模糊性無疑是有不可分割的聯繫的。

五、靈活性和隨意性。漢語中存在大量的單音詞，其組合功能極強，一個單音詞和另一個單音詞組合便構成一個新的複音詞。中國古代美學利用組詞的靈活性，創建了許多新的範疇，如「韻」和「氣」組合構成「氣韻」，「韻」和「神」組成「神韻」，「韻」和「味」組成「韻味」，等等。而這種靈活性可以説達到了隨意的程度，一個主幹範疇能繁育滋生出一個龐大的範疇群或範疇系列，舉其極端的例子而言，如「氣」，不僅構成了「氣韻」「氣象」「氣勢」「氣格」「氣味」「氣脈」「氣骨」，還演化成「元氣」「神氣」「逸氣」「奇氣」「清氣」「靜氣」「老氣」「客氣」「孱氣」「傖氣」「山林氣」「官場氣」等等，當然這些衍生的名稱未必都算得上範疇，但確有一部分上升到了範疇的地位。

上述這些傳統美學範疇的特點，也就是研究中的難點，要給予傳統美學範疇以現代詮釋，而不是以古釋古，難度是很大的。根本的問題在於古今思維方式的差異。我們現代的思維方式，基本上是採納了西方的思維方式，因此在詮釋中很難找到對應的現代語彙，要將傳統

美學範疇裝進現代邏輯的理論框架，便會感到方枘圓鑿，扞格難通。
中國的傳統思維，經歷了不同於西方的發展道路，即沒有同原始思維
決裂，相反地卻保留了原始思維的若干因素。我們不能同意西方某些
人類學家的論斷，認為中國的傳統思維還停留在原始思維的水平。中
國古人的理論思維在先秦時代已達到很高的水平，所保留的原始思維
的痕跡，有些是合理的，保持了宇宙萬物的整體性和完整性，不以形
式邏輯來切割肢解，是符合辯證法的原理的，在傳統美學範疇中也表
現出這種長處。因此，研究中國美學範疇，必須結合古人的思維方
式，聯繫整個中國傳統文化的大背景來考察，庶幾能作出比較準確、
接近原意的詮釋。範疇研究的深入自然會接觸到體系問題。中國古代
美學家、文論家構築完整的理論體系者極少，但從範疇的整體來看是
否構成了一個統一的體系呢？範疇的層次性是較為明顯的，如有些研
究者區分為元範疇、核心範疇（或主幹範疇）、衍生範疇（或從屬範疇）
等三個或更多的層次。但範疇之有無邏輯體系，研究者尚持有截然不
同的觀點。我們傾向於首肯「潛體系」的說法，即範疇之間存在有機
的聯繫，範疇總體雖然沒有顯在的體系，卻可以探索出潛在的體系。
但要將這種「潛體系」轉化為「顯體系」並非易事，因為這是兩種思
維方式的轉換，轉換實際上是重建。有些研究者梳理整合出了一套範
疇體系，只能是一家之言，是一種先行的試驗。由於對個別範疇還未
研究深透，重建整個中國美學理論體系的條件就沒有完全成熟。於是
我們萌發了一個構想，就是編輯一套「中國美學範疇叢書」，每一種
（或一對）範疇列一專題，寫成一本專著，對其美學內涵作詳盡的現代

詮釋，並盡量收全在其自身發展的不同歷史階段上的代表性用法和代表性闡述，力爭通過歷史的評析揭示各範疇內涵邏輯展開的過程。「叢書」選題主要是元範疇和核心範疇，也包括少量重要的衍生範疇，在這些範疇之內涵蓋若干相關的次要範疇。這是對中國傳統美學範疇的一次全面深入的調查，工程是浩大的、艱難的，但確是意義深遠的，它將為中國美學和中國文論的史的研究和體系研究打下堅實的基礎。

這一工程從一九八七年開始策劃，歷時十三年，得到許多中青年學者的熱烈響應。更有幸的是，在世紀交替之年，獲得江西省新聞出版局和百花洲文藝出版社領導的大力支持，在他們的努力下，「叢書」被列入「十五」國家重點圖書出版規劃，「叢書」共計三十本，預定在四年內分三輯出齊。為此組織了力量較強的編委會，投入了充足的人力、物力、財力，力爭使「叢書」成為精品圖書。我們萬分感佩江西出版部門充分估計「叢書」學術價值的識見和積極為文化建設做貢獻的熱忱。最終的成果也許難以盡愜人意，但我們相信「叢書」的出版，必將在中國美學範疇研究的長途跋涉中留下一串深深的足印。

蔡鍾翔

陳良運

二〇〇一年三月

內 提
容 要

本書以中國古代文藝理論為依據，探討傳統美學思想中一個核心範疇——「虛實」，述其流變，析其意蘊，力求較為全面和深入地展示這一範疇的演進和內涵。全書主要取材於古典詩學、小說戲曲理論以及畫論和書論，兼及其他藝術理論和相關的哲學思想，既對中國文藝美學史上的「虛實」之辨作宏觀評述，亦分門別類地闡說「虛實」觀念和範疇在各種藝術形式及理論批評中的體現及意義。其闡說以若干重要命題為綱目，將各個歷史時期和各種理論批評的虛實觀念相互勾連，層層推論，間以中西比較，以期完整地把握這一範疇的精神實質及其在中國古典美學和藝術中的地位、效用及價值，並由此去領略傳沿至今的「中國藝術精神」。

目次

18 **引言**

第一章
「虛實」和「有無」：中國傳統哲學的思辨之道和美的境域

25 第一節 老莊哲學
36 第二節 魏晉玄學
48 第三節 佛教哲學

第二章
「虛」、「實」之辨：中國傳統文藝美學思想的內核

55 第一節 「充實之謂美」──先秦兩漢樸素的「虛實」觀
63 第二節 「課虛無以責有」──魏晉南北朝文論對「虛境」的開拓
76 第三節 「象外之象」──唐人對「虛境」的深化
85 第四節 「妙悟」與「入神」──宋人對「虛實」問題的變通
94 第五節 從「神韻」到「肌理」──明清文藝思想在「虛實」問題
上的爭論與調和
100 第六節 小結

第三章
「化景物為情思」：詩學的「虛實」觀

102　　第一節　「比興」──「虛實」作為詩歌藝術手法

108　　第二節　「情景」──「虛實」作為詩歌基本要素

136　　第三節　「形神」──「虛實」作為詩歌審美特徵

149　　第四節　幾個相關詩學觀念的闡釋

173　　第五節　小結

第四章
「傳奇貴幻」：小說學與戲曲學的「虛實」觀

176　　第一節　唐以前「小說」觀念中實錄與虛構之辨

180　　第二節　歷史小說的「虛」與「實」

189　　第三節　「虛實」與「真幻」

198　　第四節　「傳神寫照」與「筆外神情」

211　　第五節　從《紅樓夢》評論看小說創作的「虛實」觀念和方法

221　　第六節　戲曲學批評的「虛實」觀

236　　第七節　小結

第五章

「無畫處皆成妙境」：畫學與書論的「虛實」觀

239　第一節　從「氣韻生動」到「虛實相生」

250　第二節　清代畫學論「虛實」

265　第三節　相關的繪畫美學觀念

274　第四節　書法與「虛實」

279　第五節　小結

第六章

綜說：「虛實」之謂美

287　第一節　世界本體與「天人合一」

291　第二節　人生理想與藝術境界

295　第三節　藝術思維與創作方法

302　第四節　審美趣味與批評話語

308　**再版後記**

引言

　　虛實，是中國傳統美學裡的一對重要範疇。放在一起講，它是一個根本性的美學和藝術觀念；分開來看，虛與實又構成一種對立和統一，從中衍生出種種對審美和藝術的本質及特徵的理解。在這個意義上，對虛實問題的認識，當是中國古代美學思想的一根主線。這是我們今天研討古人虛實之論的一個基本的判斷，而這個判斷是可以在中國古代美學及文藝思想裡找到大量材料去印證的。不光是在古代，當今的美學和文藝理論雖如此發達，但許多重要的觀念，尤其是對美和藝術本質的認識，仍未嘗不可以由虛實去審視並立論。正是這個原因，中國當代一些美學家在其思想和方法中，往往自覺或不自覺地對傳統的虛實之論給予特別的看重。[1]按照為許多專家所看好的中國美學及文藝理論走民族化道路的設想，虛實之論進入美學原理和藝術概論，恐怕是遲早的事情。要達到這個目標，還有許多融合古今和中西的工作要做，但首先要解決的問題是，對中國傳統美學思想尤其是文藝理論批評中虛實的觀念及範疇有個比較完整和深入的瞭解。這也正

1　參見宗白華《中國美學史中重要問題的初步探索》《中國藝術表現裡的虛和實》（見《美學散步》，上海人民出版社1981年版），李澤厚《虛實隱顯之間》（見《美學論集》，上海文藝出版社1980年版），以及葉朗《中國美學史大綱》（上海人民出版社1985年版）中對《老》、《莊》及六朝美學的論述。

是我們這本小書要做的工作。以往的美學史或文藝批評史著作，多多少少地要涉及虛實問題，有的甚至把它當作一條發展線索來談，但那只是大面中的一點或長鏈中的一環。在這裡，我們有機會用專書為虛實立說，當盡可能把這問題談得更深更透一些，使虛實作為美學觀念及範疇的意蘊更多地顯露出來。

談論之先，我們對所談問題作一個粗略的交代，因為虛實之論在中國傳統美學及文藝理論裡涉及面非常之廣，表現形態也非常之多，在某種意義上可以說它本身也有虛實隱顯之分。比如，直接討論虛實問題的是顯而易見的虛實之論，而不以虛實立論，卻包含著對所論問題之中虛實關係體察的言論和觀點，也不可以說它不是虛實之論。有時候，這後一種觀點所表達出的對虛實問題的理解，較之字面上的虛實之論更為精深。這樣的例子可以舉出很多，中國古典美學裡的許多範疇，像形神、言意、心物、意境等等都是。這些範疇，顯然應當是我們考索虛實問題的必要的視點。除這些範疇之外，還有大量的對虛實問題的精闢見解，是包藏在具體的藝術鑑賞和批評之中，鑑賞或批評者自己並不一定是在專門為虛實立說，但我們研討傳統美學中的虛實觀，是不能不把它給尋繹出來的。不僅隱顯，虛實問題在中國古代美學及藝術批評裡還有大小之分。有的大處著眼，從虛實的角度去建立審美及藝術創作的本質論或本體論，有的小處入手，從審美對象及藝術作品的細微末節去評說虛實的妙用。前者如文學理論裡的道與技及形而上和形而下之分，後者如詩文作法裡的虛字、實字以及畫論書論裡設色、用筆等。從這一點看，虛實的確是中國古典美學和藝術批評裡很富有彈性和張力的範疇，其運用面之廣和滲透力之強，都令人矚目。究其原因，又在於觸及了審美及文學藝術的根本，或可稱之為中國古代美學和藝術批評的「本根」之論。而虛實這對範疇，較之前

述形神、言意、心物、意境等，就處於更高的層次，有著「元範疇」的意味。當然它並不總是「高高在上」，當虛實的觀念被用於具體的審美鑑賞和藝術批評，它也成其為一般的概念和術語。這幾方面的例子在中國傳統文論及其他藝術理論中比比皆是，因此在討論這一問題時，就有必要把不同層面及不同含義的虛實之論給區分開來。

　　把這問題看得再細一些，放到中國古代美學思想、文藝創作和文藝批評的歷史長河中去審視，我們還可以發現更多的「虛虛實實」的現象，從而也從更多角度去加深對美學思想和藝術理論中的虛實觀念的理解，並由此加深對中國傳統的美和藝術的規律及特徵的理解。比如說，傳統的藝術本體論，是以對虛境的開拓為其進化的重要標誌的，由言志到緣情，由賦形到傳神，由意象到意境，就是其例；又比如說，文學史上的流派、思潮往往在虛實之間相爭並互補，把明清以還的神韻、格調、肌理、性靈諸說放在一塊比照，就不難看出這一點；再比如，藝術家的創作個性和創作手法也可以尚虛和崇實劃分，其創作實踐也有助於我們對虛實問題的認識，中國詩學史上著名的「太白之飄逸」和「子美之沉鬱」之論，多少能給我們透露出個中消息。凡此都可見虛實問題在中國傳統美學和藝術批評裡異常豐富的體現，它提醒我們，對這問題的探討，一定要放開眼界，同時還要曲徑通幽，既要看準成一家之言的虛實之論，也要認清包含在相關美學和文藝思想中對虛實觀念的領悟和運用。這樣做，是為了更加全面和深刻地去領會中國古典美學和藝術的精髓，而虛實這對範疇正可以為我們打開一扇仰觀俯察的窗口。

　　這裡還要特別指出，在虛實這對範疇中，虛與實兩個方面在美學上的意義並不是對等的，毋寧說是「虛」的方面占了主導的地位，它是美感及藝術魅力產生的決定性因素。而審美對象的美感效應有多

大，主要是取決於「虛」到了怎樣的程度。這個道理最好是用文藝作品去說明。比如說，一首詩或一幅畫，眼睛所能看到的是「實」，這「實」處本身的美是十分有限的；而超出字面或畫面的讓人難以言喻的會心之處是「虛」，這「虛」處才是美感的來由和淵藪。一件藝術作品，其美感的有無和高下，很大程度上就在這「虛」處的有無和深淺。儘管「實」處並非可有可無，它是「虛」處賴以生成並生發的前提條件，但對藝術創作來說，寫「實」本身並不是目的，把人心引向「虛」境才是它的指歸。從這一點，我們可以斷定「虛」的這一面在虛實這對範疇中占據主導地位；也可由此把握中國古典藝術的一個總體上的特徵，那就是在實處落筆，卻在虛處經營。當然，在具體的藝術創作及理論批評中，虛與實的含義及關係比這要複雜得多。這裡，我們只是大體上確定「虛」的主導作用；下面的文章，也主要做在「虛」的一面。至於虛實之間相互依存及相反相成的關係，則隨具體問題去做具體分析。

第一章

「虛實」和「有無」：中國傳統哲學的思辨之道和美的境域

　　談美學範疇，總離不開它的哲學背景。這不僅因為歷史上美學與哲學的淵源關係，還因為許多重要的思想觀念是跨越美學和哲學的，相應的範疇也並見於美學和哲學之中。拿我們眼下談論的「虛實」來說，顯然它在中國傳統哲學和美學思想中都占有一席之地，或者說在中國傳統哲學和美學思想中都有「虛實」這個觀念和範疇。這並不是名目上的巧合或重疊，而有著內在的因緣，也就是說，哲學中的「虛實」和美學上的「虛實」是一個母體裡孕育出來，並且一直在相互牽連著。因此，「虛實」作為一個美學範疇，它的生成和內涵都與哲學相關；也正因為這層關係，「虛實」在美學和藝術批評領域裡，是具有相當深度的觀念和範疇。這深度，很大程度上得益於哲學的滋養。當然，哲學的「虛實」和美學的「虛實」並不完全是對等的概念，其間有個大小和先後之分，即：中國傳統哲學中的「虛實」之說大於並先

於美學思想和藝術理論中的「虛實」之說。明白這層關係，我們要對「虛實」這一美學範疇刨根問底，就非把目光延伸到它的哲學背景不可。

但中國傳統哲學如此廣博，「虛實」的根源該往何處尋找呢？這得先確定「虛實」作為美學觀念和範疇的「原質」。按我們理解，「虛實」這對觀念的重心在「虛」的一面，這在哲學上是所謂「形而上」。傳統的哲學，若非過分傾向於宗教，其形而上的層面是靠哲學家的思辨拓展開來的。中國古代美學思想和藝術理論裡的「虛實」之說，是以「虛」的境界為方向。抵及這「虛」的境界，在審美活動中多憑直感；而在哲學本體論和認識論上，對「虛」的境界或形而上層面的把握，卻主要是靠思辨。可以這麼說，美學思想上「虛實」之說，是把哲學上對此問題思辨的成果融化在了感性認識以及形象思維之中。這樣，對「虛實」觀念的哲學背景的探究，就應當著眼於中國傳統哲學中思辨的一路。把這問題放到中國哲學史早期的先秦諸子中去看，老莊一派（或應稱為「二派」，茲不詳辨）是以玄思妙想見長的，這或可看作是中國古代思想的思辨先河。至魏晉南北朝，由老莊思想生發出的玄學，真正把中國傳統哲學推向了思辨的高度。其間，由西域傳入的佛教及其哲學思想，又對這「思辨化」的進程起到了推波助瀾的作用。這不同時期或不同來由的三種哲學，雖然旨趣不盡相同或很不相同，但在思辨中推導哲學觀念，並在形而上的層面建立其哲學本體論，卻是不約而同的。更應當注意的是，無論是老莊哲學、魏晉玄學還是佛教哲學，其思想體系都以「有無」的觀念為重要出發點。這「有無」與「虛實」是相呼應的兩對範疇，有時候就成為一種體與用的關係。因此，我們把握傳統美學及藝術理論中「虛實」觀念的哲學背景，理當留意於中國歷史上以思辨見長的老莊哲學、魏晉玄學以及佛教哲

學，尤其要注重這些哲學思想中對「有無」的論述。

第一節　老莊哲學

我們把老、莊放在一塊說，並不意味著這兩家學說在思想史上可以歸為一類。二者的區別是顯而易見的。雖然都以哲學思想見稱，但《老子》貫穿著謀略，《莊子》偏向於審美。故而有人把《老子》看作兵書，把《莊子》當作美學，這並非沒有道理。若以對哲學上根本問題的看法而論，二者卻有著精神實質上的相通，比如對世界本源的認識或曰宇宙觀，就都因「有無」立論而歸之於「道」。從而我們從「有無」去談論美學思想中「虛實」觀念的哲學背景，就可以把老、莊加以貫通，以見早期中國哲學在「虛實」觀念生發過程中起的作用。

按馮友蘭先生的解釋，《老子》一書中有一句話可以把各章的宇宙觀都貫穿起來，這就是四十章所說的：「天下萬物生於有，有生於無。」在「無」的背後，還有一個「道」。合而觀之，就是《老子》的宇宙觀，如馮友蘭先生所說：「《老子》的宇宙觀當中，有三個主要的範疇：道，有，無。因為道就是無，實際上只有兩個重要範疇：有，無。」[1] 進一層看，「有」與「無」也可以合一，是所謂「異名同謂」。仍用馮友蘭先生的話去解釋，即：「『有』就是存在。一切事物，只有一個共同的性質，那就是存在，就是『有』。一個不存在的東西，那就不在話下，不必說了。但是，沒有一種僅只存在而沒有任何其他規定性的東西，所以極端抽象的『有』，就成為『無』了。這就叫『異名同謂』。

1　馮友蘭：《中國哲學史新編》第二冊，人民出版社1984年版，第44頁。

『有』是它，『無』也是它。」[2]因而，「有」「無」和「道」說的都是同一樣東西，是指宇宙的根源和本體。以《老子》的論述而言，「有」「無」的內涵即在「道」字之中；從對「道」的描述，我們就可以去尋求「有」「無」的意思。且看書中這段很著名的言論：

> 道，可道，非常道；
> 名，可名，非常名。
> 無名，天地之始；
> 有名，萬物之母。
> 故
> 常無，欲以觀其妙；
> 常有，欲以觀其徼。
> 此兩者同出而異名。
> 同謂之玄，
> 玄之又玄，眾妙之門。（一章）
>
> （譯文：
> 「道」，說得出的，它就不是永恆的「道」；
> 「名」，叫得出的，它就不是永恆的「名」。
> 「無名」是天地的原始；
> 「有名」是萬物的根本。
> 所以
> 經常從無形象處認識「道」（無名）的微妙，
> 經常從有形象處來認識萬物（有名）的終極。

2　馮友蘭：《中國哲學史新編》第二冊，第47頁。

這兩者（有形和無形）是同一個來源而有不同的名稱。

它們都可以說是深遠的，

極遠極深，它是一切微妙的總門。）[3]

　　這是《老子》開篇第一章對「道」的說明，並由「道」論及「有」「無」。按《老子》的本旨，「道」究竟是什麼，是不能夠用通常的語言說出的；名之為「道」，也只是「強為之名」，並不足以表明「道」的內容和實質，其原因，就在於它所固有的「無」的特性。話雖如此，並不意味著就該放棄對「道」的把握，否則《老子》五千言也就沒有了著落。事實上，《老子》一書，還是試圖用語言對作為宇宙之根本的「道」說出個彷彿來，只不過這類言語都十分飄忽。也正因為飄忽，所描述的「道」，就愈髮指向虛無。且看下面這兩段話：

道之為物，

惟恍惟惚。

惚兮恍兮，

其中有像；

恍兮惚兮，

其中有物；

窈兮冥兮，

其中有精，

……（二十一章）

（譯文：

3　斷句和譯文用任繼愈《老子新譯》，上海古籍出版社1978年版。下同。

「道」這個東西，
沒有固定的形體。
它是那樣的惚恍啊，
惚恍之中卻有形象；
它是那樣的恍惚啊，
恍惚之中卻有實物；
它是那樣的深遠暗昧啊，
深遠暗昧之中卻涵著極細微的精氣，
……）

有物混成，
先天地生。
寂兮寥兮！
獨立不改，
周行而不殆。
可以為天下母。
吾不知其名，
字之曰道，
強為之名曰大。（二十五章）
（譯文：
有一個渾然一體的東西，
它先於天地而存在。
無聲啊，又無形！
它永遠不依靠外在的力量，
不停地循環運行。

它可以算作天下萬物的根本〔母〕。

我不知道它的名字，

把它叫作「道」，

勉強再給它起名叫作「大」。）

這兩段話說得恍恍惚惚，算是對「道」有了個交代。從中可知，「道」是空虛、無形的，它隱藏在萬事萬物的背後，是整個宇宙的起因和本體。當然，這個「道」，並非完全不可理喻，用現代的哲學觀念去比照，也能夠對它的意義做出一些界說。比如有學者就指出，《老子》中的道有「實存」「規律」和「生活準則」三層意思。[4]但我們這裡關注的是《老子》之「道」務「虛」及其形而上的特徵，這是它日後對美學思想產生影響的一個根本原因。別的不說，從《老子》中對冥冥之「道」的隱隱約約和恍恍惚惚的描述，我們就多少能夠感受到它與審美的相通之處。這一點，若是結合其他一些相關的言論去看，就能體認得更加真切。比如《老子》四章說：「道沖，而用之或不盈；淵兮，似萬物之宗。」這講的是「道」的深奧與廣大；十四章說：「視之不見，名曰夷；聽之不聞，名曰希；搏之不得，名曰微。……是謂無狀之狀，無物之象，是謂恍惚。」三十五章說：「道之出口，淡乎其無味，視之不足見，聽之不足聞，用之不足既（盡）。」四十一章說：「大音希聲，大象無形。」這講的是「道」的空靈縹緲，微妙難察。四十二章說：「道生一，一生二，二生三，三生萬物。」這講的是「道」所包含的生生不息的規律。凡此，不也都可以看作是美的本質和特性嗎？所以，《老子》一書本身雖不是講美學，但其中「道」的思想，卻對後

4　見陳鼓應《老子註譯及評介》中《老子哲學系統的形成》一文，中華書局1984年版。

人理解審美和藝術的本性，尤其是把審美和藝術的本性朝形而上的層面開拓，提供了思想和方法，而作為美學範疇的「虛實」的關係，也蘊含其中了。

當然，對這問題，我們還可以看得更細一些，因為《老子》一書中就有對「有無」及「虛實」的直接的論述。其間對「有」與「無」之間關係及效用的闡說，正是後人以「虛實」看待審美和藝術問題的導引。最著名的當屬那個關於車、器和室的例子：「三十輻共一轂，當其無，有車之用。埏埴以為器，當其無，有器之用。鑿戶牖以為室，當其無，有室之用。故有之以為利，無之以為用。」（《老子》十一章）這裡所說的「無」，也就是「虛」或「虛空」。生活中的事物不能處處皆實，必須是虛虛實實，方得以產生效用，所以就有了「大成若缺，其用不弊；大盈若沖，其用不窮」（《老子》四十五章）的道理，也即所謂「有無相生」（《老子》二章）。凡此言論，所強調的都是「虛」，因為實的東西是眼睛看得見的，其效用也易於察識，而虛的東西就不那麼容易為人所見，其效用也往往被遮蔽。故而《老子》特別指出「虛」的效用，其五章裡還有一個比喻，更明確地為「虛」立論：「天地之間，其猶橐籥乎？虛而不屈，動而愈出。」這是把整個世界比作一個大風箱，它空虛而不會窮竭，並在運動中變化和生成。把這個尚「虛」的觀念用於美和藝術，就能夠貼切而深刻地闡明審美和藝術創造的內在規律，如葉朗先生所說：「老子的這種思想，對中國古典美學的發展影響也很大。『虛實結合』成了中國古典美學一條重要的原則，概括了中國古典藝術的重要的美學特點。這條原則認為，藝術形象必須虛實結合，才能真實地反映有生命的世界。」[5]誠如所言，「虛實」之

5　葉朗：《中國美學史大綱》，上海人民出版社1985年版，第29頁。

論，是中國古典美學的一個關鍵性命題，用於審美和藝術創造，也成就了中國古典藝術的民族特色。這是本書以下內容中要展開討論的問題；而這個問題在哲學上的根源，正可以追溯到《老子》中「道」的思想及「有無」「虛實」之論。與此相關並同樣對後世美學及文藝觀產生重要影響的，還有切入人心的「虛靜」之說，這個話題我們留待後面涉及文藝創作中藝術思維活動時再去分說。

　　莊子哲學與老子有很大的差異，卻依承了老子以「道」為核心的宇宙觀和本體論，並因此論及「有無」和「虛實」問題。《莊子》論「道」，一個重要的特點是為人著想，或者說是為普天之下的人尋求一條生存之「道」。依了這個「道」，人的生活應該是朝自由和超脫的方向發展，這與作為宇宙之本和天地之心的那個「道」是合一的，其中包含著一種將世界和人心聯繫在一起的合規律性和合目的性。正因為如此，《莊子》哲學被看作是「追求理想人格和人生境界的本體哲學」，或者乾脆就被當作美學。[6]的確如此，如果說《老子》之「道」主要是用來把握宇宙和社會的規律的話，那麼《莊子》論「道」的最終目的，是為了證明一種順乎人心和人生的理想境界。這一特點，在《莊子》闡說「道」的種種言論中都有體現。我們來看其中較有代表性的一例：

　　　泰初有無，無有無名，一之所起，有一而未形。物得以生，謂之德；未形者有分，且然無間，謂之命；留動而生物，物成生理謂之形；形體保神，各有儀則，謂之性。性修反德，德至同於初。同乃虛，虛乃大。合喙鳴；喙鳴合，與天地為合。其合緡緡，若愚若昏，是謂玄德，同乎大順。（《莊子》〈天地〉）

6　李澤厚：《莊玄禪宗漫述》，載《中國古代思想史論》，人民出版社1985年版。

　　這段話由「道」論及與人類生活密切相關的「德」「命」「性」以及「有無」「形神」「虛實」等觀念，寓意很深。用現在的話來表述就是，宇宙的初始是「無」，沒有「有」，也沒有名稱。「道」的活動呈現混一的狀態，混一的狀態還沒有成形體。萬物得到「道」而生成，便是「德」；沒有成形體時卻有陰陽之分，猶且流行無間，這是所謂「命」；元氣運動稍為滯留，從而產生了物，萬物生成具有各種樣態，從而有了「形」；形體保有精神，各有軌則，故稱之為「性」。經修養再返於「德」，「德」同於太初。同於太初，便有「虛」的特性，能「虛」便包容廣大。渾合無心之言；無心之言的渾合，便和天地融合。這種融合泯然無跡，像是質樸，又像是昏昧，這就叫作「玄德」，它同於自然。[7]可以看出，《莊子》所說的「道」，雖然也是在探求世界和宇宙之本，卻是與人類生活尤其是人類的精神生活通連的；由此而及的「有無」與「虛實」問題，也就多及於人的修身養性之道。如〈天下〉篇說：「以空虛不毀萬物為實。」又說：「人皆取實，己獨取虛，無藏也故有餘。」這裡講的是心地澄明為德。類似的言論在《莊子》裡還有許多，如〈應帝王〉篇說：「無為名屍，無為謀府，無為事任，無為知主。體盡無窮，而游無朕，盡其所受乎天，而無見得，亦虛而已。至人之用心若鏡，不將不迎，應而不藏，故能勝物而不傷。」〈天道〉篇說：「夫虛靜恬淡寂漠無為者，天地之平，而道德之至也，故帝王聖人休焉。休則虛，虛則實，實則倫矣。」〈刻意〉篇說：「夫恬惔寂漠虛無無為，此天地之本而道德之質也。故聖人休焉。休則平易矣，平易則恬惔矣。平易恬惔，則憂患不能入，邪氣不能襲，故其德全而神不虧。……虛無恬惔，乃合天德。」從字面上看，這些話講的都是處世之

7　陳鼓應：《莊子今注今譯》，中華書局1983年版，第311頁譯文。

「道」。這個「道」的根本是「虛心」，讓內心空而無藏，無傷於外，它跟隱蔽在天地背後那個「道」也即「天德」是吻合的。這樣的大「虛」，也就成為大「實」。

《莊子》以「虛心」為人立本，是為人類的實際生活著想，不能不帶有相當的道德色彩，但也未嘗沒有審美的意味。這可以從兩個方面去看。一是「虛心」要求人們堅決地排除外物的干擾，這同時也就把功利性東西給排開了去。二是「虛心」導致凝神或曰「用志不分」，進而產生對外界事物的既超乎感官也非理喻的精神把握，這種精神把握靠的是「氣」。〈人間世〉篇說：「若一志，無聽之以耳而聽之以心，無聽之以心而聽之以氣。耳止於聽，心止於符。氣也者，虛而待物者也。唯道集虛。虛者，心齋也。」這裡的「虛」，是指空明的心境，它是得「道」的前提。具體到對外界事物的把握，它是憑藉「氣」去感應。用後世的美學觀念去印證，這當是一種以審美態度去觀物的方式；而「唯道集虛」也就點明了人類審美活動的一個重要特徵，儘管它的本意並不一定是要講審美問題。與此相關的是，《莊子》在談論「虛心」的問題時，還特別強調「靜」，因而有了後世文藝創作論中影響極大的「虛靜」說的雛形。這與《老子》對「虛靜」的認識一脈相承，一併留到後面相應的章節中去分說。

從上面所述，可以看出《莊子》立足於「道」的哲學觀念，從「有無」和「虛實」去看待世界和人心，提出一些以人為本的哲學本體論。正因為以人為本，《莊子》哲學在「虛實」問題上的見解就看取了人的精神世界；其所謂「虛」，也就是人的精神的一種狀態、一種境界。而這種「唯道集虛」的精神狀態或境界，是很富於審美和詩的意味的。推開一步看，相關的「虛實」之論，可以引申到對作為一種精神和心理活動的文藝創作的內在規律的深刻認識。如果以客觀世界及人們的

實際生活為「實」，那麼與這世界及生活相對應並反映之的藝術家的心靈就可以看作是「虛」。這是文藝創作中最基本的虛實關係之一。《莊子》的「虛實」之論，即可以看作是對藝術家精神世界裡的「虛」做出了美學上的規定。這個「虛」所包含的是「道」。只有心「虛」，才能得「道」；而藝術創作之「道」又是心之所以「虛」的根據。這裡面的辯證關係，正是《莊子》哲學給後世美學思想中「虛實」範疇注入的深刻內涵。如果這樣說，我們對《莊子》哲學與後世文藝創作論的關係還不夠明了，那就不妨仔細讀讀〈養生主〉篇中「庖丁解牛」的寓言。這則寓言被公認為對後人理解文藝創作中「藝」與「道」的關係產生了深刻影響。「藝」與「道」也可以看作是「虛」與「實」的關係，《莊子》這篇寓言的意旨，就在於那看不見也摸不著而只能憑心靈去感應的「虛」處，即所謂：「以神遇而不以目視，官知止而神欲行。」（《莊子》〈養生主〉）拋開寓言中的人物和故事不論，把這句話用來表述文藝創作中藝術家的心理活動及其規律，是再恰切不過了。後來陸機《文賦》所謂「收視反聽，耽思傍訊，精騖八極，心游萬仞」，就把這個意思用到了文學批評。

在《莊子》哲學中，還有一個不易察覺卻跟傳統美學中「虛實」問題有著密切關係的概念，叫作「象罔」，它也出自一個寓言，即〈天地〉篇所說：

黃帝游乎赤水之北，登乎崑崙之丘而南望。還歸，遺其玄珠。使知索之而不得，使離朱索之而不得，使喫詬索之而不得也。乃使象罔，象罔得之。黃帝曰：「異哉！象罔乃可以得之乎？」

按舊注，這寓言裡的幾個名稱都有寓意。「玄珠」喻「道」，「知」

是理智，「離朱」是色相，「喫詬」表示語言，而「象罔」是「無形跡」之稱。這樣，整個寓言說的就是，「道」是不能夠憑理智、色相以及語言求得的，它若有若無，在虛幻的境界當中，因而也只能由「非有非無」的「象罔」去索求了。宗白華先生以詩人之心去體會「象罔」之說的意蘊，認為它揭示出藝術的真諦：「『象』是境象，『罔』是虛幻，藝術家創造虛幻的境象以象徵宇宙人生的真際。」[8]經此闡發，《莊子》思想中對美的悟求，就在這「象罔」的寓言裡得到了詩意的體現，其根基，仍在於「道」；而求「道」的途徑，則在於「返虛入渾」了。不用說，其中所蘊含的對美和藝術的虛實關係的理解，是精微而深刻的。

　　《莊子》一書，是先秦諸子裡最富有詩意的著作之一，它讓後世無數文人為之著迷。這不僅僅是因為它的文辭優美，思理玄妙，更是由於它以哲學的方式為人的生存的意義和目的作審美和藝術的思考，也給人指點著進入審美和藝術的路徑。徐復觀先生說：「莊子為求得精神上之自由解放，自然而然地達到了近代之所謂藝術精神的境域。但他並非為了創造或觀賞某種藝術品而作此反省；而系為了他針對當時大變動的時代所發出的安頓自己、成就自己的要求。因之，此一精神之落實，當然是他自身人格的徹底藝術化。」[9]正是這種藝術精神的境域以及藝術化的人格，引來後人的無限神往，給後代文人尋求生存之道指點迷津，並給後代藝術家對美的追求和表現以意味深長的啟悟。在這個意義上，《莊子》的思想不啻為後世文人、藝術家在精神上的嚮導，它引導著人們超越現實，在「象罔」的世界裡馳神遊心。注意這個「游」字，它在《莊子》哲學中有著特殊的含義。世俗的世界裡談

8　宗白華：《中國藝術意境之誕生》，見《美學散步》，上海人民出版社1981年版，第68頁。

9　徐復觀：《中國藝術精神》，春風文藝出版社1987年版，第87頁。

不上「游」，功利的行為也談不上「游」，只有掙脫了現實的束縛，拋
卻了紛繁的雜念，方能「游」於讓人心曠神怡的精神世界，這便是審
美和藝術的境域，也是人生的「虛」境所在。《莊子》中曾借老聃的口
說：「吾游心於物之初。」(《莊子》〈田子方〉)「物之初」是「道」是
「無」，當然也是「虛」。正是能「虛」，才有了審美和藝術的境域，這
是人生和人格意義上的「唯道集虛」，也可以看作對於生存方式和人格
理想的「虛實」之論。在這一點，《莊子》的哲學和美學達到高度的統
一，有關言論不僅是「虛實」這對美學範疇的哲學背景，其本身也就
是美學思想上「虛實」之論的重要內容了。

第二節　魏晉玄學

　　玄學是中國哲學史上重要的一支，特指魏晉時期以《老子》《莊
子》《周易》(是所謂「三玄」)為本「辨析名理」的哲學思潮；代表人
物有王弼、何晏、裴頠、郭象等，所討論的核心問題則是「有無」。所
謂「玄」，有「玄遠」「玄虛」的意思。此派哲學以研注《老子》《莊子》
為依託，之所以被稱為「玄」，是由於它把《老子》《莊子》對宇宙本
體的推求更深入一步，其思考問題的邏輯性也較《老子》《莊子》更
強。在中國傳統哲學裡，魏晉玄學所表現出的思辨性是非常突出的。
馮友蘭先生很看重這一點，稱「魏晉玄學是中華民族抽象思維的空前
的發展」[10]，為此它也把中國哲學推向了一個新的高度。

　　魏晉玄學與那個時代的美學和文藝思想的關係是多方面的，重要
的一點，是人的主題的深化和人的個性的張揚。對此，有人稱之為「自

10　馮友蘭：《中國哲學史新編》第四冊，人民出版社1986年版，第44頁。

然主義」[11]，也有人稱之為「浪漫主義」，如劉大傑先生就認為：「魏晉時代，無論在學術的研究上，文藝的創作上，人生的倫理道德上，有一個共同的特徵，那便是解放與自由。這種特徵與其說是自然主義，不如說是浪漫主義。」並解釋道：「浪漫主義是以熱烈的懷疑與破壞精神，推倒一切前代的因襲制度、傳統道德和縛住人心的僵化了的經典。用極解放自由的態度，發展自己的研究，尋找自己的歸宿，建設新的思想系統。因為這樣，經學、玄學、文藝及宗教都得到自由的發展，比起前代那種死氣沉沉的空氣來，魏晉是呈現著活潑清新的現象的。」[12]這個評價，合乎魏晉思想及學術的實情。其間，玄學雖說是作為抽象的思想觀念，並不一定與文藝創作有直接的關係（玄言詩除外），但它對本體論的研討，卻深深影響了那時代人們的審美意識。這影響，理當波及各種美學思想，像「虛實」這樣的大觀念，是不會與之無關的。而魏晉玄學的一項重要內容，就是「有無」和「虛實」之說。

魏晉玄學被稱作「老莊思想的復活」[13]，其緣由，除了玄學家們以注解《老子》《莊子》的文本為能事外，還在於承接了《老子》《莊子》哲學的根本問題，並以此作為其立說的根基。這根本問題就是「道」與「有無」。早期玄學家的代表人物也是開山人物如何晏、王弼等，就是看取了《老子》《莊子》之「道」的「無」的本性。《晉書》〈王衍傳〉說：「魏正始中，何晏、王弼等祖述老莊立論，以為天地萬物皆以無為本。無也者，開物成務，無往而不存者也。陰陽恃以化生，萬物恃以成形，賢者恃以成德，不肖恃以免身。故無之為用，無爵而貴矣。」可

11　容肇祖：《魏晉的自然主義》，東方出版社1996年新版。

12　劉大傑：《魏晉思想論》，上海古籍出版社1998年新版，第19頁。

13　劉大傑：《魏晉思想論》，第21頁。

見「無」字是王弼、何晏等人哲學思想的立腳點，也是其政治和道德
觀念的出發點。對此，王弼、何晏都從哲學本體論的高度予以鄭重闡
發。何晏說：「有之為有，恃無以生；事而為事，由無以成。夫道之而
無語，名之而無名，視之而無形，聽之而無聲，則道之全焉。故能昭
音響而出氣物，包形神而章光影。玄以之黑，素以之白，矩以之方，
規以之員。員方得形，而此無形；白黑得名，而此無名也。」（《列子》
〈天問〉張湛注引《道論》）又說：「夫道者，惟無所有者也。自天地
已來，皆有所有矣，然猶謂之道者，以其能復用無所有也。故雖處有
名之域，而沒其無名之象。」（《列子》〈天問〉張湛注引《無名論》）
王弼也說：「凡有皆始於無，故未形無名之時，則為萬物之始；及其有
形有名之時，則長之育之，亭之毒之，為其母也。言道以無形無名始
成，萬物以始以成，而不其知所以，玄之又玄也。」（《老子注》一章）
又說：「夫物之所以生，功之所以成，必生乎無形，由乎無名。無形無
名者，萬物之宗也。不溫不涼，不宮不商。聽之不可得而聞，視之不
可得而彰，體之不可得而知，味之不可得而嘗。故其為物也則混成，
為象也則無形，為音也則希聲，為味也則無呈。故能為品物之宗主，
苞通天地，靡使不經也。」（《老子指略》）這些言論，都是對《老子》
《莊子》之「道」的闡發，其基本意思不變，只是把問題談得更透徹也
更周全了。就「有無」和「虛實」的範疇而言，也可以說是對「無」
和「虛」的意蘊和功用認識得更加深入細微。這在王弼給《老子》作
的注中是一個醒目的看點，如《老子注》十一章說：「轂所以能統三十
輻者，無也，以其無能受物之故，故能以寡統眾也。」又：「木、埴、
壁所以成三者，而皆以無為用也。言無者，有之所以為利，皆賴無以
為用也。」《老子注》四十章說：「天下之物，皆以有為生。有之所始，
以無為本。將欲全有，必反於無也。」《老子注》四十三章又說：「虛

無柔弱，無所不通，無有不可窮，至柔不可折，以此推之，故知無為之有益也。」等等，都是從不同的角度闡說「無」和「虛」的特性和效用。

玄學家們給「無」和「虛」以特別的關注，其本意在於對世界本原的探求，並以此推衍出「貴無」的社會、政治和道德觀念，這與審美和藝術本來沒有明顯的關係。然而，把這樣的認識放到特定的時代背景中去看，就不難發現，哲學上「貴無尚虛」的觀念並非跟美學及藝術上的觀念和趣味毫不相干，實際上在一個更深的層面它們是交織在一起並相互作用的。這是因為一個時代人們的精神活動不可能割裂開來，其各個領域總會以或隱或顯或明或暗的方式相通連。哲學與美學及藝術原本就相去不遠，哲學上的觀念融入審美和藝術觀念以致於藝術創作中去，也是理所當然的事情。就魏晉社會思潮而言，其玄學中「貴無尚虛」的傾向，與那時候人們審美意識和藝術趣味中對「虛」境的嚮往或對審美對象「虛」處的體悟，肯定有著內在的聯繫。跟前代相比，魏晉人審美和藝術創造的一個重要特徵，也是由實而虛，從外在的形貌和聲采轉向了內在的精神和韻味。這特徵從文學、繪畫以及各種藝術理論都能看出。在這裡，我們暫不把問題展開，且以《世說新語》裡的人物品藻和山水賞會為例，稍稍體味一下那時候人們審美意識尚虛的旨趣。人物品藻如：

世目李元禮，謖謖如勁松下風。

武元夏目裴、王曰：「戎尚約，楷清通。」

王平子目太尉：「阿兄形似道，而神鋒太俊。」太尉答曰：「誠不

如卿落落穆穆。」

司馬太傅府多名士，一時俊異。庾文康云：「見子嵩在其中，常自神王。」（以上〈賞譽〉）

時人道阮思曠：「骨氣不及右軍，簡秀不如真長，韶潤不如仲祖，思致不如淵源，而兼有諸人之美。」

王孝伯道謝公「濃至」。又曰：「長史虛，劉尹秀，謝公融。」（以上〈品藻〉）

時人目夏侯太初朗朗如日月之入懷，李安國頹唐如玉山之將崩。

時人目王右軍，飄若游雲，矯若驚龍。

有人嘆王恭形茂者，云：「濯濯如春月柳。」（以上〈容止〉）

阮渾長成，風氣韻度似父，亦欲作達。（〈任誕〉）

山水賞會如：

簡文入華林園，顧謂左右曰：「會心處不必在遠。翳然林水，便自有濠、濮間想也，覺鳥獸禽魚，自來親人。」

王司州至吳興印渚中看。嘆曰：「非唯使人情開滌，亦覺日月清

朗。」

　　袁彥伯為謝安南司馬，都下諸人送至瀨鄉。將別，既自淒惘。嘆曰：「江山遼落，居然有萬里之勢。」

　　顧長康從會稽還。人問山川之美，顧云：「千岩競秀，萬壑爭流，草木蒙籠其上，若雲興霞蔚。」

　　王子敬曰：「從山陰道上行，山川自相映發，使人應接不暇。若秋冬之際，尤難為懷。」（以上〈言語〉）

　　這些品人和賞景的記載，千百年來膾炙人口。之所以如此，一個重要原因就在於，評賞者看取和稱道的，不再僅僅是外在的相貌或景觀，而是這相貌或景觀含斂的精神和風韻。相貌和景觀本身是固定、機械的，而它的特有的精神和風韻卻是靈動、活潑和悠遠的。就審美而言，這顯然是非一般的視聽可以抵及的虛境；用《老子》的話說，是只能「聽之以氣」的「道」的所在。在這個層面，審美和藝術之「道」與玄學之「道」並非不可溝通。如果考慮到那個時代玄風大暢的社會氛圍，說文人和藝術家對虛境的體悟多多少少得益於玄學在「有無」「虛實」問題上的思辨，當不是過分之言。假如我們再把目光擴展到各個藝術門類的創作和觀念，就更能理解玄學與美學之間的牽連。比如繪畫中「氣韻生動」的命題，顧愷之畫人數年不點「目精」的佳話，山水詩中超乎物外和返璞歸真的精神境界，文學理論中「神思」的想像活動，都是在把審美的目光向深處和虛處延伸，這跟玄學家們對世界背後那幾乎無跡可尋的「道」或「無」的冥思苦想，未嘗不可以說

是同氣相求。這種貴無和尚虛的態度當是一種時代精神，是那時候人們在精神上超越的一個標誌，用魏晉人自己的話說，叫作「神超形越」[14]。當代有學者在談及這一精神追求時也說：「玄學重在探求天地自然虛玄之體，完全擯棄了漢儒陰陽象數的淺陋神學，其玄遠曠放的精神境界，使人形超神越。」[15]可見玄學在思想方法上對那時的審美意識是起到了促進作用的；其成效，除了體現在大量的優秀作品中，也可以從「虛」「實」關係見得，就是說，在虛境的探求上邁進了一大步。

「神超形越」之外，魏晉玄學對審美和藝術的一個更為直接的影響是所謂的「言」「意」之辨。這主要體現在文學創作和文學批評中。

「言」「意」關係在《老子》《莊子》《周易》「三玄」中都有談論，基本觀點是「言不盡意」。《易》〈繫辭〉說：「子曰：書不盡言，言不盡意。然則聖人之意其不可見乎？子曰：聖人立象以見意，設卦以盡情偽，繫辭焉以盡其言。」《莊子》〈外物〉說：「筌者所以在魚，得魚而忘筌；蹄者所以在兔，得兔而忘蹄；言者所以在意，得意而忘言。吾安得夫忘言之人而與之言哉！」兩種說法都指出「言不盡意」的事實，但談論這一問題的用心和解決這一問題的辦法並不一樣。《易》〈繫辭〉是看到了「言」與「意」之間的矛盾，從而以非語言的手段去補救語言表意功能的不足，即所謂「象」。而《莊子》卻認定「言不盡意」的必然性和必要性，為此語言若是為「得意」創造些條件，就完成了它的使命，其自身價值大可不必看得過重。兩家意見都有各自的道理和根據。《易》〈繫辭〉是從儒家倫理和政治思想出發，看中了語言表

14　劉義慶：《世說新語》〈文學〉：「郭景純詩云：『林無靜樹，川無停流。』阮孚云：『泓崝蕭瑟，實不可言。每讀此文，輒覺神超形越。』」

15　孔繁：《魏晉玄學和文學》，中國社會科學出版社1987年版，第1頁。

達「聖旨」的需要，因而要求以「象」去補救語言固有的缺陷。《莊子》所謂「意」實質上是隱藏在事物背後的「道」，對此，語言原本就無力去完整準確地表達之，而只能是部分或隱喻式地暗示（這就是為什麼《莊子》說理多用寓言）。既然如此，也就不必強求它實現不可能實現的目的，其價值也不能估價過高；説得難聽一點，用過之後，即可棄若敝屣，當作廢品送進回收站。這裡面的是非，我們先不去管它。而之所以要把「言不盡意」的命題拿出來説道，是因為在「言」「意」之間也存在著一種「虛」與「實」的關係；確切些説，是可以從「虛」與「實」去看待「言」「意」之間的關係，即言語是「實」，而言語所負載的意思是「虛」[16]。這也有點像是結構主義語言學裡的「能指」和「所指」的關係，「能指」是物質性的符號或「聲音圖像」（sound image），而「所指」是這符號所表示的概念；「聲音圖像」是實在的，而概念卻是虛擬的。顯然，這兩者之間並不是一種對等的關係，甚至也不完全是一種固定的對應關係，其中「虛」較之於「實」有著「互文」「生產」以及「衍變」等多種以不確定為指向的性能，如當代闡釋學所謂「延異」。這樣，「言」與「意」之間就有了矛盾，因此有了「言不盡意」命題；又由於「言」「意」關係影響到對「道」的認知，因而有人試圖去解決「言」與「意」之間的矛盾。這在魏晉玄學裡是一個引起過重視也引來爭議的重要理論問題，玄學家們對這一問題發表的意見在相當程度上影響到當時及後代的美學觀念和藝術理論，甚至給整個中國傳統美學打上了烙印。

魏晉玄學中的「言」「意」之辨有許多重要的意見，我們以王弼對

---

16 當然這只是相對而言，若與「境」相比，則「意」是「實」，「境」卻是「虛」了。詳見後面對「意境」的討論。

《周易》「立象以盡意」的發揮來看看有關「言不盡意」命題的蘊義，其《周易略例》〈明象〉這樣說：

> 　　夫象者，出意者也；言者，明象者也。盡意莫若象，盡象莫若言。言生於象，故可尋言以觀象；象生於意，故可尋象以觀意。意以象盡，象以言著。故言者所以明象，得象而忘言；象者所以存意，得意而忘象。猶蹄者所以在兔，得兔而忘蹄；筌者所以在魚，得魚而忘筌也。然則言者，象之蹄也；象者，意之筌也。是故存言者，非得像者也；存象者，非得意者也。象生於意而存象焉，則所存者乃非其象也；言生於象而存言焉，則所存者乃非其言也。然則，忘象者，乃得意者也；忘言者，乃得象者也。得意在忘象，得象在忘言。故立象以盡意，而象可忘也；重畫以盡情，而畫可忘也。

　　這看上去是對《周易》與《莊子》的兩種「言不盡意」論加以調和，以成其說。就《周易》而言，王弼肯定「象」的重要性，認為「象」是「言」與「意」之間的中介環節，就是說，「言」只能盡「象」，只有「象」才能盡「意」。這個見解，當與漢語言文字的性質和淵源有關。漢語言文字由圖畫演化而來，而且一直保存著象形的特徵。傳說中的倉頡造字，也是來自對物象的觀照和模擬。這就使得符號化和抽象化的語言文字蘊藏著具象和表象的潛質。在這個意義上，「言」與「意」的中間，還暗含著一個「象」，或者說，「言」本身不能盡意，而只有通過「象」去盡意。這樣解釋，「明象」就不是對「言不盡意」的一種補充，而是以言盡意的必要環節了。此一點，是王弼對《周易》「言不盡意」說的發微；而這種發微，使得「言不盡意」的命題更具有生發文學觀念或用來表明文學藝術的本性的可能。因為文學以語言為

質料，其藝術特性很大程度上在於成「象」的功能，這也就是我們今天常說的形象化。李澤厚先生說：「語言藝術既以詞義為其手段實質，除了少數感嘆詞是真正的情感的直接抒發外，其他都是具有或多或少或明或暗的客觀圖景的表象。」[17]可見文學的語言，乃是以「象」為實質。王弼眼光的獨到之處，正是體現在對「象」注重之上。雖說他並非為文學語言立說，而講的是一種哲學認識論，但由於把語言中「象」的意蘊和功能給凸顯出來，這無形中也為日後人們認識文學這門語言藝術的審美特徵提供了理論上的依據。

但強調「象」的作用只是王弼解釋「言不盡意」命題的一種含義，另一種，或許可以說是更深一層的含義，是對「象」的否定，即所謂「得意忘象」。這思想，是承襲《莊子》而推闡開來。《莊子》看到了「言」與「意」之間的鴻溝，因而主張「不言之言」，即所謂：「吾安得夫忘言之人而與之言哉！」（《莊子》〈外物〉）甚至主張放棄語言，因為語言文字裡存留下來的東西已經是「糟粕」，真正精貴的「道」是可以意會而不可言傳的（見《莊子》〈天道〉）。王弼對語言的否定沒有這麼激烈，但也強調為了得「意」，必須把「言」給忘掉。結合「象」的環節看，就是「得意在忘象，得像在忘言」。只不過此所謂「忘」，與其說是對語言的否定，不如說是對語言的超越，或者說是打破「言」對「意」的限制。這裡面有個前提，即語言對它所包含的意義是有限制的。且不說語言本身就有詞不達意的現象，就以「言」與「意」的一般關係而論，二者之間也往往是非對應的，其中多數情況下是「意」大於「言」。在文學創作中，這個特點更容易看出。作家可以用語言表達他所要表達的意思，但他在一時一地的情懷、心緒以及感悟卻不那

17　李澤厚：《美學論集》，上海文藝出版社1980年版，第410頁。

麼容易用語言表達出來；而且從文學藝術的規律看，他也無須充分表達，因為若是把所有的話都說白說盡了，也就差不多斷送了文學作品的性命。與此相關的是，同樣的語言，在不同的語境、不同的文體以致於不同的句法中，其意義都會有微妙甚至顯著的變化。從而文學家在用語言表達思想感情時，必須給他所表達的思想感情留有餘地；在用「言語」去生成文學「語言」時，也一定要考慮到語言藝術的「天外之天」。這裡面的妙處，中國古代詩人很早就領會了，而且善於利用「言」與「意」的矛盾及其形成的張力去強化詩歌藝術，使得詩歌作品裡的一兩個字、一兩句話的意蘊，千言萬語也道不盡。再推開一步看，其他藝術又何嘗沒有類似的審美特徵呢？只不過用來表意的「言」是另一種質料罷了。比如繪畫裡的空白，音樂裡的「此時無聲勝有聲」，都是利用「言」「意」之間的矛盾而出奇制勝，也都把「言不盡意」的積極因素發揮到了極致。這裡面便暗含著對「虛」「實」關係的理解和處置，或者這麼說，哲學觀念上的「言不盡意」，若作為美學觀念進入審美和藝術，正是對「虛」「實」關係的一條綱領性意見。王弼對「忘」字的強調和闡說的深刻含義也在於此。「忘言」「忘象」是為了得「意」，而且也只有「忘言」和「忘象」才能夠得「意」。拿一個最普通的例子來說，我們讀一首詩，如果斤斤於字句和詞義，能夠把握詩的旨意並把它當作一首詩來讀嗎？這時候是非來一點「忘言」不可的。不但「忘言」，在越過了語言的層面後，還須「忘象」，以抵及隱藏在「言」和「象」的深處的真意。陶淵明自稱「讀書不求甚解」，這並不是馬馬虎虎，而是不過分膠著於文字的東西，以一種開放的態度對待語言作品，因為這世界上屬於真意的東西是很難用語言說得清楚的，就如他在詩歌裡的感嘆：「此中有真意，欲辨已忘言。」王弼的「忘言」「忘象」之論，正宜與這詩句參看。

因此，「言不盡意」的命題經王弼的闡說，實際上包含著兩層意思：一層是語言不能夠完全地表「意」，一層是語言不應當完全地表「意」。這兩層意思都跟審美和藝術相通，尤以後者為深刻，它給中國古典藝術超越語言、超越質料以致於超越形象提供思想基礎和理論根據。這思想和理論的淵源在《周易》和《老子》《莊子》，但玄學家們的註解和闡說，也起了發揚光大的作用；也正是因為這註解和闡說，中國早期哲學中簡括和樸素的命題才有了豐富和深奧的內涵，才得以在美學思想和藝術觀念裡滲透並展開。以中國文學而言，從漢代到魏晉，在內容和風格上有一個從質樸、厚重到空靈、幽遠的明顯轉變。這跟漢代儒學轉向魏晉玄學以及玄學中的「言不盡意」諸論，不會沒有關係。這一點，與前面講的玄學因「有無」問題對本體論的開拓以及由此而來文人們的「神超形越」一樣，仍可以歸結到對虛境的深入，即所謂「貴虛無」。湯用彤先生在談及魏晉玄學關於「言不盡意」的種種論調有怎樣的效用時說：

> 忘象忘言不但為解釋經籍之要法，亦且深契合於玄學之宗旨。玄貴虛無，虛者無象，無者無名。超言絕象，道之體也。因此本體論所謂體用之辨亦即方法上所稱言意之別。二義在言談運用雖有殊，但其所據原則實為同貫。故玄學家之貴無者，莫不用得意忘言之義以成其說。[18]

可見對「言不盡意」的論證，只是玄學家們表達虛無之旨的一種方式。在這一宗旨之下，「言意之辨」也與當時文人的精神取向及藝術

---

18 《湯用彤學術論文集》，中華書局1983年版，第218頁。

觀念相關，即湯用彤先生所說：「由重神之心，而持寄形之理，言意之辨，遂亦合於立身之道。」而重「神」的立身之道亦折射在文學創作和理論中，具體表現在，「魏晉文學爭尚雋永，《文心雕龍》推許隱秀，雋永謂甘美而義深長，情在詞外曰隱，狀溢目前曰秀，均可知當時文學亦用同一原理」。[19]

照這麼看，「言不盡意」就不只是個哲學或玄學的命題，而凝聚著那個時代人們在各個文化領域裡對各種精神現象的思考。其形態和內核都取法於「虛」，自然會作用於當時及後來人們對審美及藝術觀念中「虛」「實」關係的理解。這是魏晉玄學與中國古典美學和藝術在精神實質上的深邃的共鳴。

當然，在「虛境」開拓上給中國古典美學以啟悟的不僅僅是玄學，至少我們不應忘掉佛教哲學。而魏晉玄學的形成，在相當程度上得益於佛教的傳入及佛教哲學的浸染，因而它在哲學本體論上的觀念及影響，也要算進佛教哲學一份；尤其是「有無」和「虛實」之辨，這原本就是佛教哲學的特長，玄學從中得到借鑑是不言而喻的。這也可以看作是對前述魏晉玄學在同樣問題上見解的補充。

第三節　佛教哲學

佛教及其與中國文化的關係，是一個非常大的課題，其中每一個細微末節都可以拿來做出大文章。這樣的題目，我們在這本談論「虛實」問題的小書裡不去碰它，而只把注意力集中在那些與眼前話題略有關聯的方面，或者乾脆說是取佛教哲學裡關於「有無」「虛實」的言

19　《湯用彤學術論文集》，第225、226頁。

論為我所用。時限仍在魏晉間。至於佛教內部的各種門派、教義及源流，則一概從略。當然，在談論之前對那時佛學的基本狀況作一點瞭解，還是有必要的。對此，筆者在這裡借范壽康先生在其中國哲學史著作中的概述予以說明。范先生認為魏晉佛學主要分「本無義」「心無義」和「即色義」三派，並說：

　　如把上述三家的義解與道安的義解互相對照，從竺法深的本無義進而為竺法蘊的心無義，再從竺法蘊的心無義更進而為支遁的即色義與道安的本無義，這明顯表示著佛學思想的步步進展。最初的本無義是依據老子的哲學來說明《般若》所謂空，把無看做是諸法的本體。其次的心無義也依據老子哲學說明空字，以為空是無慾虛心的意思。最後的支遁與道安，則把空的意義從認識論方面加以解釋，以為我們所認識的諸法的樣相不是諸法的真性。這樣，空字的解釋逐步接近了《般若》的真義，由此也可見當時老莊哲學對於佛經經義的理解是有很大的貢獻了。至就老莊思想與《般若》思想二者的差別講，則前者所謂無大體是從本體論出發，後者所謂空卻是從認識論出發，這是佛學與老莊的分歧處。可是在於最初，我國佛學家未曾看清此點，完全用老莊來說明佛教；等到支遁、道安輩出，他們的義解逐漸接觸了佛學的真諦，而這種佛學的真諦至羅什來華譯述三論之後遂益為國人所瞭解了。[20]

　　從以上這段話中，我們可以知道佛學在中國發展早期的一些基本情況：一是宣揚所謂「空」，二是多用老莊思想對佛學觀唸作義解，三

20　范壽康：《中國哲學史通論》，三聯書店1983年版，第241-242頁。

是其哲學思想偏重於認識論。其詳情茲不深究，只是要注意，佛學之「空」跟老、莊之「無」一樣，在用來說明世界本體的同時，也致力於虛境的搜求，而且注重感悟虛境的條件，因而對人心的體味就特別精微，其中許多感受和見解是很接近於審美的。我們來具體地看幾家妙論。

支遁論「色」與「空」說：「夫色之性也，不自有色。色不自有，雖色而空，故日色即為空，色復異空。」（《世說新語》〈文學〉注引《妙觀章》）「色」是事物的形相，它自己並不具備「有」的性質，是所謂「無」，故而也是「空」。但這還不是「空」的真正意思，真正的「空」，是人心中的「空」，外界事物因此「空」而空。所以支遁又論佛經的妙用說：「夫般若波羅密者，眾妙之淵府，群智之玄宗，神王之所由，如來之照功。其為經也，至無空豁，廓然無物者也。無物於物，故能齊於物；無智於智，故能運於智。是故夷三脫於重玄，齊萬物於空同；明諸佛之始有，盡群靈之本無。」（《大小品對比要鈔序》）可見世界之空本於人心之空。內心空豁，才能體悟到外物的空徹無跡，從而高超於凡俗的心智之上，冥會宇宙本體的空無。

再看支愍度、竺法蘊門派論「有」「無」。《世說新語》〈假譎〉注引其觀點日：「舊義者日：種智是有，而能圓照，然則萬累斯盡，謂之空無；常住不變，謂之妙有。而無義者日：種智之體，豁如太虛，虛而能知，無而能應，居宗至極，其唯無乎？」又元康《肇論疏》述其說日：「無心萬物，萬物未嘗無，謂經中言空者，但於物上不起執心，故言其空，然物是有，不曾無也。」吉藏《中觀論疏》有云：「溫法師用心無義。心無者，無心於萬物，萬物未嘗無。此釋意云：經中說諸法空者，欲令心體虛妄不執，故言無耳，不空外物，即萬物之境不空。」這些都是說，事物本身不空，是因人無心於萬物而空，故而人心

的空是所謂「空」的根本所在。

再看僧肇論「不真空」：「夫至虛無生者，蓋是般若玄鑒之妙趣，有物之宗極者也。自非聖明特達，何能契神於有無之間哉？是以至人通神心於無窮，窮所不能滯；極耳目於視聽，聲色所不能制者，豈不以其即萬物之自虛，故物不能累其神明者也。」（《肇論》〈不真空論〉）這是以虛無論萬物之本和聖人之心。又論聖人洞察虛境的方式：「是以聖人虛其心而實其照，終日知而未嘗知也。故能默耀韜光，虛心玄鑒，閉智塞聰，而獨覺冥冥者矣。」由此抵及的「聖智」之境，是「實而不有，虛而不無」，直至「存而不可論」的「六合之外」了。（以上引文見《肇論》〈般若無知論〉）這種泯滅了「有」「無」之界限的境界，非形名言象可致知，只能以「無知」之「太虛」去默會，是所謂：「不有不無，其神乃虛。」（《肇論》〈答劉遺民書〉）

上述一些佛教哲學的言論，大體都可歸為唯心主義，只是「唯心」的程度有深有淺，有徹底不徹底之分罷了。撇開哲學觀念上的差異，這些言論所推崇的認識世界的方式，都以無有無無的虛境為指歸，以超絕言象的虛神為途徑，是所謂：「捨己心於封內，尋玄機於事外，齊萬有於一虛，曉至虛之非無。」（僧肇《肇論》〈答劉遺民書〉）僅就心性的趨歸和精神的取向而言，這與魏晉文人的心態是合拍的，也很容易跟文藝創作和觀念接軌。這後一種現象，就可以取佛教徒自己的作品及其認識為例證。比如，佛門裡的文化人也寫一些純粹談佛事佛理的韻文，這些體式類乎詩歌的作品，藝術價值多不太高，但常常很突出地表達對虛境的神往。如支遁《善思菩薩贊》：「玄和吐清氣，挺茲命世童，登台發春詠，高興希遐蹤。乘虛感靈覺，震網發童蒙，外見憑寥廓，有無自冥同。忘高故下，蕭條數仞中，因華請無著，陵虛散芙蓉。能仁暢玄句，即色自然空，空有交映跡，冥知無照功。神期

發筌悟，豁爾自靈通。」又其《八關齋會詩序》有「靜拱虛房，悟外身之真」之語，道出僧人作詩的情態。慧遠《念佛三昧詩集序》也表白僧人為詩之用心說：「序曰：夫稱三昧者何？專思寂想之謂也。思專，則志一不分；想寂，則氣虛神朗。氣虛，則智恬其照；神朗，則無幽不徹。斯二者，是自然之玄符，會一而致用也。」可見佛門「文學家」們作詩，是發揮其「教」的特長，在「虛」字上下功夫。儘管這一類旨在談玄說理的詩作未必就是「為藝術而藝術」，但作者的用心還是包含了藝術思維的成分在內，因而也多少能看出佛教哲學對虛境的追求與文藝創作及觀念的關係。當這種關係擴散開來，為更高明的文學家、藝術家所用，佛教哲學裡尚「虛」的理念及思維方式，對那個時代的美學及文藝思想產生積極的作用，當是情理中的事情。這一點，若從審美意識的角度對魏晉時期的文學藝術作一番考察，應當能夠發掘出來。現今一些研究佛學與中國文化及文學藝術之關係的著作文章都對之做出了多方面的探討，尤其是找到了魏晉時期佛教的流播對美學觀念及文藝理論的影響，比如時人對「形神」「境界」「神思」等問題的討論，都有佛學所起的作用。我們在這裡從「虛」「實」關係的角度看，則佛教哲學對這樣一些範疇和觀念所起的積極作用，可以歸結為對虛境的開拓，而要點又在人自身體悟虛境的修養和能力。這既是思維方法問題，也是心性氣質問題，而且這後一方面更具審美的意味，也更加容易跟文藝創作和理論契合。所以有學者在談到佛教對中國文學思想的影響時，特別看好這一方面的內容，如孫昌武先生說：「佛家學說與中國傳統學術的重大區別，也是它的獨特貢獻，在其心性理論。而文學創作正是人的主觀的創造活動，心性問題也是文學思想的一個重要課題。這樣，中國人建立發展文學理論，從佛學中尋求借

鑑與依據，則是很自然的了。」[21]顯然，以虛境為尚的「神超形越」，正可以看作是佛教的心性之學在文學創作和理論裡產生的反響。這反響給中國傳統的美學思想和文藝理論帶來的好處，現在已經是眾所公認了，至少人們在談論魏晉時一些重要的美學和文論範疇及其在以後的流變時，是不能不考慮進佛教哲學的因素的。我們在這裡談「虛實」問題，也是如此，但只把問題限制在「崇無」及「虛境」的哲學觀及其美學意義上。至於佛教哲學與中國傳統美學範疇的更多的關係，則在後面相關的問題中再作說明。

21　孫昌武：《佛教與中國文學》，上海人民出版社1988年版，第323頁。

第二章

「虛」「實」之辨：中國傳統文藝美學思想的內核

　　現在我們來看「虛實」觀念在中國傳統文藝思想裡的體現和作用，這不僅僅限於文藝理論批評中直接對「虛實」問題的觀點和論述，而更多地見於各個歷史時期重要的文藝思想裡所包含的對「虛實」問題的理解。這種理解往往是一種文藝觀念裡最深刻也最富於美學意味的內涵，儘管它不一定成其為專門的「虛實」之論，所以我們稱之為「內核」。應當說，在中國傳統文藝思想發展的進程中，這種「內核」是普遍存在並不斷深化的，而它的存在和深化又促動著整個文藝觀念的豐富和深化。這是一條時隱時現的脈絡，體察到這條脈絡，也就從一個更深的層次去認識中國傳統文藝思想及美學觀念演進的規律和特徵。當然，在這裡，我們的目的不是去梳理文藝美學的歷史，而是瞭解歷來文藝美學觀念中隱含著或表達出的對文學藝術的「虛」與「實」的認識。這認識大可以看作是「虛」「實」這對美學範疇所具有的文藝理

論批評的背景和溫床。而且與哲學思想相比，文藝思想裡的相關論述跟美學思想裡的「虛實」觀念貼得更近，有時是互為表裡，有時則合二為一了。以下對有關問題的介紹和評述，主要是從大處著眼，圍繞著各個歷史時期具有代表性的文藝觀去尋繹和探討，以見中國文藝美學史上以「虛實」為內核的思想觀念之大概。至於那些具體的「虛實」之論，則放到後面對此一問題的分類、分體討論中去闡說。所涉及的文藝思想，多取自文學理論，這是由於「文論」在傳統文藝思想中分量最重，理論性也最強。

第一節 「充實之謂美」——先秦兩漢樸素的「虛實」觀

從人類審美意識發展的進程看，早期的美學觀念大多是落在「實」處的，對審美及藝術創造的「虛」的特性的認識自當有限。儘管務「虛」是認識美和創造美的一個必要條件，但思想觀念上由「虛」處去把握美和藝術的本性，還得假以時日，並需要哲學、政治及社會和道德等多方面的因素去促成。這一特點，在中國文藝美學史上的體現，是十分明顯的，具體表現為在先秦兩漢，崇「實」的文藝觀占了絕對的主導地位，而且常常把「虛」當作與正道相違的消極因素去否定和批判。當然，這時候人們觀念裡的「虛實」，跟後世文藝美學中的「虛實」觀念並不完全一樣甚至完全不一樣。就語言作品而言，所謂「實」多指內容的真實或言之有物，而「虛」則多指內容的浮誇或言過其實。這個意義上的「虛」與「實」，也被看作是「文」與「質」的關係。而就人心來說，「實」用來表示由道德修養而來的精神上的充實，「虛」則是精神上的萎靡和空虛了。這個意義上的「虛」與「實」，也被用來表明「美」與「醜」的區分。在先秦典籍中，兩方面的例子都可以看

到，而以後者更具有審美的內涵，其中有兩個命題很值得注重，一是孟子的「充實之謂美」，一是荀子的「不全不粹之不足以為美」。

孟子的話見《孟子》〈盡心下〉，是回答「何謂善？何謂信？」的問題時說的，其言曰：「可欲之謂善，有諸己之謂信，充實之謂美，充實而有光輝之謂大，大而化之之謂聖，聖而不可知之之謂神。」這顯然談的是一個關於道德修養的問題，所謂「美」，與「善」略同，當然也未嘗不包含審美的內涵，因為「美」與「善」原本就是相通的。孟子這段話的意思是，一個人，讓別人覺得喜歡，便叫作「善」；善的品性確實存在於他本身，就叫作「信」；充滿他本身就叫作「美」；不但充滿，而且光輝地表現出來，便叫作「大」；既光輝地表現出來了，又能融會貫通，便叫作「聖」；聖德到了神妙不可知的境地，便叫作「神」。[1] 照這個意思，「充實」之美雖然來自道德修養，卻不是一個道德標籤，而表明了一種特殊的心理活動及精神作用。這樣的特性，跟孟子提出的另一個概念「氣」結合起來看，就能理解得比較全面了。《孟子》〈公孫丑上〉談到「養氣」問題說：「我善養吾浩然之氣。」又解釋「氣」的含義和來由說：「其為氣也，至大至剛，以直養而無害，則塞於天地之間。其為氣也，配義與道；無是，餒也。是集義所生者，非義襲而取之也。」這樣說來，所謂「充實之謂美」，講的就不僅僅是道德修養，而是由道德實踐養成的特殊的精神和氣度。這個意義上的「美」，其根源在於「氣」。

孟子提出的「養氣」觀念，對後世文藝思想影響很大，以致於引出專門針對文藝創作設論的「養氣」之說。但後代文藝家對「養氣」的闡說，卻在很大程度上把問題引向與「充實」相對立的「虛」的一

1　參見楊伯峻：《孟子譯註》下，中華書局1960年版，第334頁。

面，由創作心理的「虛靜」去談論「養氣」的意義及功效。最著名的
如劉勰《文心雕龍》專設「養氣」篇，強調為文之道在於「素氣資養」，
可養氣的方式卻是「清和其心，調暢其氣」「水停以鑑，火靜而朗」云
云。這兩種「養氣」之論看似矛盾，實則是可以統一起來的，關鍵在
於「養氣」的觀念可以從「虛」「實」兩方面去理解。孟子把「養氣」
作為道德修養提出，這是看取了問題的「實」的一面，而劉勰及其他
一些文藝家以「虛靜」論「養氣」，則是著眼於問題的「虛」處了，這
是把道德內涵的「氣」改造成文論範疇的「氣」的必要環節。再往後
看，又有人把道德實踐和社會閱歷的內容充實進「養氣」之說，以強
調「充實之謂美」的意義。這似乎可以看作是一個「正—反—合」的
過程，而最終的「養氣」之論是包含著「虛」與「實」也即道德和審
美兩方面的內容的。這裡面，孟子顯然是從「實」處為「養氣」立說
的，但既然他提出的「養氣」說存在著在以後進入審美及文藝理論的
可能，因而也就潛含著由「實」轉向「虛」的可能。中國傳統文藝美
學思想尤其是早期的文藝美學思想，經常並且大量地與道德觀念摻雜
在一起，其中一些重要的觀念必須把審美的和非審美的內容結合在一
起去看。在這樣一個話語背景之下，孟子所謂「充實之謂美」及其「浩
然之氣」的提出，若當作後世文藝美學思想的淵源，是可以看作對
「虛」「實」關係的一種理解的，至少是為後世取法於「虛」的文藝觀
設立了一個對立面；而這樣的對立面對文藝美學思想的邏輯演進，是
十分必要的。

　　再看「不全不粹之不足以為美」。這是《荀子》〈勸學〉裡的話，
原意是講學習的方法，即所謂：「君子知夫不全不粹之不足以為美也，
故誦數以貫之，思索以通之，為其人以處之，除其害者以持養之。使
目非是無慾見也，使耳非是無慾聞也，使口非是無慾言也，使心非是

無慾慮也。」反覆強調完美的學習要專心致志,「全之盡之」,這跟審美和藝術本來並沒有直接的聯繫。但是單就「不全不粹之不足以為美」這句話本身看,也未嘗不可以悟出些許與審美和藝術相通的道理;仔細分辨,還可以看出其中包含著審美與藝術中的虛實關係。宗白華先生就極為稱許地指出這一點,他在一篇專門談論藝術表現裡的虛與實的文章中,把這句話引在了當頭,並解釋說:「這話運用到藝術美上就是說:藝術既要極豐富地全面地表現生活和自然,又要提煉地去粗存精,提高、集中,更典型,更具有普遍性地表現生活和自然。」至於這句話裡所包含的「虛」「實」關係,宗白華先生這樣說道:「由於『粹』,由於去粗存精,藝術表現裡有了『虛』。『洗盡塵滓,獨存孤迥』(惲南田語)。由於『全』,才能做到孟子所說的『充實之謂美,充實而有光輝之謂大』。『虛』和『實』的辯證的統一,才能完成藝術的表現,形成藝術的美。」[2] 經此分析,「不全不粹」這句話裡包含的藝術辯證法的意義就顯露出來了,因而這句話也可以當作中國傳統美學思想裡的一個極富概括力的判斷,儘管它本身不是專指美學和藝術的。我們知道,先秦諸子對整個中國傳統文化、學術及文學藝術的影響,不僅在於特定的觀念和學說,也體現在思想方法。就文藝美學而言,先秦思想家直接論美和藝術的言論並不十分多見,而之所以能給後世文藝美學觀以無窮的啟悟,在很大程度上要歸功於充滿智慧的思想方法,其中深埋著許多促使後世美學和藝術觀念滋長的因子。在這方面,荀子的「不全不粹之不足以為美也」的論斷就是一個很好的例證,值得我們在討論「虛實」問題時予以特別的重視。

我們說,先秦兩漢崇「實」的風氣很盛,這在學術思想中有明顯

2　宗白華:《中國藝術表現裡的虛和實》,見《美學散步》,第75頁。

的體現：如果是用「虛」「實」的字樣對舉去評說某一事物，那麼大體上是褒「實」貶「虛」。此種語境裡的「虛」，完全是貶義，表示「虛妄」「虛誕」「虛誇」「虛飾」「虛偽」等等。這裡面有一種情況值得注意，那就是以「虛實」論及言語、著作或語言作品。其中對「虛實」問題的理解雖說只在內容與形式以及由此而來的社會風氣，美學內涵並不太多，但因所論對象與文學有關（主要是散文文學），其所論「虛實」與文藝美學史上的「虛實」觀念也不能說完全不相關聯，或者說是觸及了「虛實」觀念的美學內涵的一個相對次要的方面。這裡我們以東漢王充的意見為代表，略述此問題的大概。

王充在「虛實」問題上，是堅決地揚「實」抑「虛」的，態度之激烈，幾乎在他的著作中沒有給「虛」字賦予一點正面的意思。但他所謂的「虛」，是有其特定含義的，證之以他在表白自己作《論衡》一書的宗旨時所說的「疾虛妄」（《論衡》〈佚文〉），可見王充極力反對並批駁的「虛」主要是指「虛妄」。進一步看，這「虛妄」又有種種表現，對此王充在《論衡》〈對作〉裡一一予以指斥：

是故《論衡》之造也，起眾書並失實，虛妄之言勝真美也。故虛妄之語不黜，則華文不見息；華文放流，則實事不見用。故《論衡》者，所以詮輕重之言，立真偽之平，非苟調文飾辭，為奇偉之觀也。其本皆起人間有非，故盡思極心，以譏世俗。世俗之性，好奇怪之語，說虛妄之文。何則？實事不能快意，而華虛驚耳動心也。是故才能之士，好談論者，增益實事，為美盛之語；用筆墨者，造生空文，為虛妄之傳。聽者以為真然，說而不捨；覽者以為實事，傳而不絕。不絕則文載竹帛之上，不捨則誤入賢者之耳。至或南面稱師，賦奸偽之說；典城佩紫，讀虛妄之書。明辨然否，疾心傷之，安能不論？

　　在這段話裡，王充把「虛」的各種弊端毫不留情地給抖摟出來，其中有兩點最讓他不滿，一是「華」，一是「空」。「華」是指「苟調文飾辭，為奇偉之觀」，也就是說在文辭的華美上用力過甚，反而埋沒了「實事」；「空」是指高談闊論，「增益實事」，從而也就歪曲了「實事」。兩種情形都是「虛妄之文」的表現，為王充所深惡痛絕，所以他「幽處獨居，考論虛實」，著書立說，立志使「浮華虛偽之語，莫不澄定。沒華虛之文，存敦龐之樸；撥流失之風，反宓戲之俗」（《論衡》〈自紀〉）。與破「虛」相應的，還有立「實」。這個「實」首先當然是指「實事」，與此相關的是「實誠」，即所謂「實誠在胸臆，文墨著竹帛，外內表裡，自相副稱」（《論衡》〈超奇〉）。這指的是思想感情的真實。此外還指「實用」，因為王充攻訐「虛妄之文」，並非就文論文，而在相當程度上是為國計民生著想。他很嚴厲地說：「為世用者，百篇無害；不為用者，一章無補。」（《論衡》〈自紀〉）這是所謂「崇實之化」（《論衡》〈定賢〉），在王充眼裡，堪為「真美」。王充對「虛實」問題的辯駁，是他那個時代文學思想中很有分量的意見，在中國文學思想史上也很有影響，至於跟我們這裡所說的「虛實」觀念的關係，則要結合中國傳統美學思想的流變去看，重點在其「虛實」之論的「空文」和「實事」那層意思。我們把傳統的審美意識由「實」而「虛」看作是一種進步，那麼王充在「虛實」問題上的見解就可以說是一種制約。這制約是好事還是壞事，不能一概而論。王充辯駁的對象主要是子書，而子書是以思想性和學術性見長的著述，對它做出「實」的要求，是合乎情理的；但以此涵括所有的語言作品，則難免以偏概全。儘管王充也看到有的語言作品的「虛飾」情有可原，比如《詩》《書》裡的誇飾，就「皆有事為」，能達到「以少為多」的效果（《論衡》〈藝增〉），然而從總體上講，王充所看重並用以給文章著述定性的，是

「實事」和「實誠」。這雖說是王充的一人之見，卻有著漢代思想及學術文化的大背景。應該說，中國傳統美學思想，在漢代這二百多年間，朝「虛」處的進取相對較慢。人們審視文藝作品時，眼光很容易就落在了種種「實」處，比如社會內容、政治要求、道德理想等。這跟整個時代的學術文化氛圍是融合在一起的。而在這種氛圍中，文藝思想在審美層面的延伸就勢必受到限制，對「虛實」問題的討論也大大地壓抑了「虛」這一方面的內涵。把這問題放到漢代文學創作中去看，則那時的作品在虛境的開拓上，還沒有自覺的意識和明顯的徵兆。再把這問題看得更細一點，以文學語言的功能為例，則漢代文章和辭賦的語言恢宏、整飭、光亮，卻相對缺少韻味和靈性；詩歌語言也多質樸勝過空靈，即便如可以靈性視之的《古詩十九首》，其靈氣在實寫之真，而非虛境之空。這正是美學觀念上重「實」輕「虛」的體現。與此相關的還有想像。想像的特性是「虛處生神」，因而就不能斤斤於現實中的「實事」。語言作品裡的誇飾，實質上也是想像的表現形式之一。漢代的文學，雖不能說沒有想像，有些文學樣式，比如說辭賦，子虛烏有的東西也不少；然而以精神上的超越而論，其「虛處生神」的妙味畢竟有限。王充在其《論衡》中的〈藝增〉篇對誇飾作了有節制的肯定，但在〈語增〉和〈儒增〉裡又對同樣的問題作了全盤的否定。從這矛盾也能看出那時候人們的審美觀念是對虛境存有戒心的。

　　這樣看來，王充的「虛實」之論，就是中國傳統美學思想發展過程中的一個環節。雖說它與作為美學觀念和範疇的「虛實」只是名目上的類同，而沒有觸及這觀念和範疇的根本，但放在歷史的背景下審視，此「虛實」與彼「虛實」還是有著一些牽連。我們之所以要對這種跟文藝美學稍隔一層的「虛實」之論提上一筆，為的是更完整地把

握處在文藝美學核心的「虛實」觀念的演進過程。當然，把王充的觀點當作傳統文藝美學史上「虛實」觀念之一種，也未嘗不可；更何況，這觀點在以後的文藝理論批評中，還時常出沒，牽制著某些特定歷史時期文藝家們在某些特定領域裡對「虛實」問題的認識。遠的不說，就以魏晉賦論而言，崇「實」仍是辭賦創作的重要的觀念，而且這種崇「實」，是切切實實地以實際存在的事物為標準。左思作《三都賦》，煞費苦心，以輿地和風物為準，讓所寫內容一一落在實處。這不僅使得《三都賦》洛陽紙貴，也博得評論家們的一片喝采，並藉機標榜「辭賦尚實」的原則。如衛權《三都賦略解序》說：「余觀《三都》之賦，言不苟華，必經典要，品物殊類，稟之圖籍，辭義瑰瑋，良可貴也。」另一位著名賦家皇甫謐一面誇獎《三都賦》，一面對歷史上違「實」的作風深加糾彈，說：「若夫土有常產，俗有舊風，方以類聚，物以群分，而長卿之儔，過以非方之物寄以中域，虛張異類，托有於無。祖構之士，雷同影附，流宕忘返，非一時也。」(《三都賦序》) 對此，《三都賦》的作者自己也深有同感，在《序》中很不以為然地說：「考之果木，則生非其壤；校之神物，則出非其所。於辭則易為藻飾，於義則虛而無徵。……美物者貴依其本，贊事者宜本其實。匪本匪實，覽者奚信？」他要求水果蔬菜被寫進作品都得標明產地，真可以說是「實」到家了。但這樣的崇「實」是否合乎審美與藝術的規律，卻不是沒有疑問的，在辭賦創作中也未必就是人心所向。同樣是因賦而享有高名的孫綽就表明了另一種為賦之道，其《游天台山賦序》說：

故事絕於常篇，名標於奇紀。然圖像之興，豈虛也哉？非夫遺世玩道絕粒茹芝者，烏能輕舉而宅之？非夫遠寄冥搜篤信通神者，何肯遙想而存之？余所以馳神運思，晝詠宵興，俯仰之間，若已再升者也。

這裡面講究的是「神通」「遙想」和「馳神運思」，顯然是更看好「虛」的妙用，比起左思，皇甫謐等為「實」叫好的辭賦創作論，手眼要高出許多。而辭賦之外，創作家和批評家們在虛實之間的去取就更為明顯；可以這麼說，魏晉以還的文藝美學思想，並沒有給崇「實」的文學觀多少張揚的餘地，而是大幅度地轉向了對「虛境」的追求，也把「虛實」觀念朝審美和藝術的方向引申，從而開拓了中國傳統美學和藝術理論的新局面。這一點我們在下面一節將著重分說。

第二節 「課虛無以責有」——魏晉南北朝文論對「虛境」的開拓

中國歷史由漢入魏，迎來了「文學的自覺時代」[3]。所謂「自覺」的重要標誌之一，是文學觀念的進步和文學理論批評的發達。在各種各樣的文學觀念和理論批評中，人們的目光更多也更深地投向了文學藝術的「虛」處，提出的觀點也更具有「虛」的意味。比如作為「文學的自覺時代」的代表人物的曹丕，在他的《典論·論文》裡提出「氣」的觀念，這觀念的內涵較之「言」「辭」「志」「意」等就虛渺得多；用來評說作家才性及藝文之道，所探及並表達的意思，也都比以往的文論術語更加精微和深奧。難怪到今天人們還對曹丕筆下「逸氣」「齊氣」等究竟何指爭論不休。西晉的陸機，更加直接地把「虛」當作創作課題提了出來。《文賦》說：「課虛無以責有，叩寂寞而求音，函

3　魯迅先生在《魏晉風度及文章與藥及酒之關係》一文中說：「曹丕的一個時代可說是『文學的自覺時代』。」見《魯迅全集》第3卷，人民文學出版社1981年版，第504頁。

綿邈於尺素，吐滂沛乎寸心。」這講的是創作中的構思活動，卻包含著對「虛實」和「有無」關係的深刻理解。文學家在創作中看取的是超乎眼見耳聞的虛境，唯其「虛」，才能拓展審美的情懷和藝術思維的空間，才能在方寸之間容萬千氣象。照這樣理解，「有」在「無」之中，也只有「無」中之「有」，才是文學創作所要表出的「有」；「綿邈」在「尺素」之中，也只有「函綿邈」的「尺素」，才能引發無限的興味。這樣的理解，正是「虛實」作為美學觀念最緊要的內涵。雖說陸機沒有專門把「虛實」當作範疇去立論，但他的「課虛無以責有」之說，已經把中國傳統美學思想史上的「虛實」觀念引向一條合乎審美與藝術規律的正軌，而且包孕了這觀念在日後文藝美學中發展、深化的無限生機。在《文賦》裡，還有一些關於創作心理和創作方法的觀點與「虛實」問題相關，我們暫且不表，而把視線轉向陸機之後另一部更重要的文學理論著作，即南朝齊梁年間劉勰所撰《文心雕龍》。在這部著作裡，有些觀念和範疇是很可以從「虛實」的角度作一番辨析的，而陸機等其他批評家的有關論述，可以放在一塊參看。

劉勰的《文心雕龍》裡至少有三個（對）觀念或範疇是富有「虛實」的美學內涵的，這就是「道」「神思」和「隱秀」；而這三個（對）觀念或範疇又分別涉及文學的本體、創作和作品等根本問題，故而是我們把握那時候文學思想及文藝美學中「虛實」觀念的範例。在劉勰的文學思想裡，「道」無疑是個根本性的觀念，它被用來說明文學的本體所在，並放在了《文心雕龍》的開篇來討論，即〈原道〉對「道」與「文」的關係的論述。原話是這樣的：

　　文之為德也大矣，與天地並生者何哉？夫玄黃色雜，方圓體分：日月疊璧，以垂麗天之象；山川煥綺，以鋪理地之形。此蓋道之文

也。仰觀吐曜，俯察含章，高卑定位，故兩儀既生矣。惟人參之，性
靈所鍾，是謂三才。為五行之秀，實天地之心。心生而言立，言立而
文明，自然之道也。

在這段話以及整個〈原道〉篇裡，「道」和「文」的意思都不太確
定，原因在於這兩個術語在中國傳統思想裡原本就有諸多含義。但有
一點是明白無誤的，即「道」是「文」的根由，「文」是「道」的體現，
二者之間是體與用以及隱與顯的關係。證之以《文心雕龍》〈誇飾〉篇：
「形而上者謂之道，形而下者謂之器。」則「道」屬於形而上，是看不
見摸不著的，也非語言講得清楚，所以同篇又說：「神道難摹，精言不
能追其極。」這種特性，當然可以「虛」視之了。照這麼理解，「道」
與「文」的關係也可以看作「虛實」區分，只不過這是在最高層面的
「虛實」之分，它不僅關係到文學的本質及其形態，而且關係到世界的
現象與本體。一般認為，劉勰論文所立的「道」，兼取儒家之道和道家
之道，也受魏晉玄學的影響[4]，故其含義較為複雜。但從「虛實」或形
上形下的角度看，則「道」大體相當於西方哲學所謂「實念（Idea）」，
並沒具體的內涵和形相，只是作為隱藏在事物背後的本體。劉勰因
「道」論文，正是為了給文章之文或文辭之文找到賴以生成的本體，這
樣就可以給「文」的存在一個有力的依據。我們說過，魏晉是「文學
的自覺時代」，而到了劉勰的時代，尚「文」的風習更是變本加厲，就
像同時代一位文人所說的那樣，「踵其事而增華，變其本而加厲」（蕭
統〈文選序〉）。但在舊有的文學觀念中，「文」的地位似乎並不太高，
甚至被貼上「彫蟲小技」的標籤。這是劉勰所不能滿意的。所以他在

4　參見詹鍈：《文心雕龍義證》卷一，上海古籍出版社1987年版，第1-2頁。

中國傳統思想裡找出一個最高層次的觀念「道」來為「文」張本，從而「把文學提升到具有宇宙意義的重要地位」[5]。此舉可以看作是借「道」的觀念把文學本質問題推向「虛」處，也推向了深處。

　　這樣一種著眼於本體的「虛實」之見，看上去只是哲學的思辨，跟文學藝術的審美本性貼得不算太緊。但如果我們進而瞭解「道」的其他意義，尤其是在文學批評話語裡的意義，就能看出本體論上的務「虛」之論，也有它審美的內涵。一個很容易看到的意思是，「道」還表示規律；用來論「文」，則常常表示文學創作的審美規律。劉勰那個時代有「屬文之道」的說法[6]，此所謂「道」，就是指文學創作內在的審美規律了。劉勰《文心雕龍》一書，從總體上看，也就是探討「屬文之道」；當對這樣一種「道」的認識在「虛」處有所會心，則文學本體論中的「虛實」之見就進入創作論的層面，從而也有了審美的內涵。這一特點，從「神思」的觀念中最能看出。

　　顯然，劉勰在《文心雕龍》中是把「神思」當作「屬文之道」來談的，不然不會將〈神思〉放在創作論的首篇；而篇中把所談創作心理問題稱作「思理」，也表明了這個意思。在《文心雕龍》〈神思〉篇的精彩論述中，隱含著多個層次的「虛實」問題，其核心在一個「神」字。「神」是作家「為文之用心」，是以想像和情感為原動力的心理和精神活動。它的功效是「規矩虛位，刻鏤無形」，這當然是以「虛」「無」為特性。但這「虛」「無」又不是毫無根由，它還有生活中實際存在的觸媒，即所謂「物」。這個「物」，在劉勰的批評話語裡主要是指自然景色，是能夠作用於感官的創作對象。這樣看，文學創作中的

5　劉若愚語，見《中國的文學理論》，四川人民出版社1987年版，第35頁。

6　如蕭子顯《南齊書》〈文學傳論〉：「屬文之道，事出神思。」

作家心理活動就是由「虛」「實」兩個方面構成，所以劉勰說：「思理為妙，神與物游。」（《文心雕龍》〈神思〉）「神與物游」這個命題，就包含著以創作過程中審美主客體關係為內核的「虛實」觀念。

　　但這還不是「神思」的創作論中最能體現對「虛實」觀念深刻理解的內容。再進一層看，劉勰對創作心理的論述中還有一個更貼近「為文之用心」的觀念，這就是「虛靜」，它是對以審美主客體關係為內容的「虛實」觀念中「虛」的一面的體察。這裡所謂「虛」，是基於文學創作中的審美心理。前面我們曾說過，「虛」「實」關係中的「虛」與「實」兩個方面在審美功能上並非對等，其間「虛」的一面是占有主導地位的。這一特點，在創作論裡表現得尤為突出。作為審美客體的物，若無「心」的觀照或投射，幾乎就不能夠具有審美的意義；而「物」在多大程度上能為審美所用，也得看審美主體是否動「心」。因此，文學創作論真正要著力探究的，是「心」這一方面的內涵；以「虛實」關係論，則是以「虛」為本了。在這個問題上，「虛」的觀念進一步落實到作家如何調暢其心，於是有了「虛靜」之說。兩相比較，「神思」之「虛」與「虛靜」之「虛」還有細微的差別：前一個「虛」偏重於審美心理的情狀，與之相對的是外在事物的「實」；後一個「虛」則主要是指審美心理的作為和功能，與之相對的是同屬於心理活動的「有」。而劉勰是把「虛靜」說當作作家營造審美心理的手段提出的，即所謂：「是以陶鈞文思，貴在虛靜，疏瀹五藏，澡雪精神。」顯然把「虛靜」看作人為的心理活動。在這個意義上，「虛靜」之「虛」是對「神思」之「虛」的深化，而且因為點明了「虛」字，「虛靜」的說法更能把我們的眼光引向「虛實」觀念。當然，「虛靜」說本身就有豐富的美學內涵值得探討。

　　「虛靜」說的根源在中國傳統哲學思想。在先秦諸子中，「虛靜」

及相關的理論每每被論及，其中以《老子》《莊子》及《荀子》中有關言論與後世文論中「虛靜」說的關係較深。《老子》十六章說：「致虛極，守靜篤。萬物並作，吾以觀復。夫物芸芸，各復歸其根。歸根曰靜，是曰復命，覆命曰常，知常曰明。」這是把「靜」作為萬事萬物的總原則，因此人要使心靈虛寂，並堅守清靜，以適應事物發展的規律。《莊子》以「虛靜」論「道」，兼有養心、認知和修身等含義。〈知北遊〉篇說：「孔子問於老聃曰：『今日晏閒，敢問至道？』老聃曰：『汝齊戒，疏瀹而心，澡雪而精神，掊擊而知！』」這是劉勰「虛靜」說的出處。又〈庚桑楚〉篇說：「貴、富、顯、嚴、名、利六者，勃志也；容、動、色、理、氣、意六者，謬心也；惡、欲、喜、怒、哀、樂六者，累德也；去、就、取、與、知、能六者，塞道也。此四六者不蕩胸中則正，正則靜，靜則明，明則虛，虛則無為而無不為也。」〈天道〉篇說：「夫虛靜恬淡寂漠無為者，天地之平而道德之至也，故帝王聖人休焉。休則虛，虛則實，實則倫矣。虛則靜，靜則動，動則得矣。」這都講的是修身及治國之道。《荀子》〈解蔽〉裡有「虛壹而靜」之說，雖然也是因道德和政治立論，但似乎與劉勰「虛靜」說的關係較近。其言曰：

　　故治之要，在於知道。人何以知道？曰：心。心何以知？曰：虛壹而靜。心未嘗不臧也，然而有所謂虛；心未嘗不兩也，然而有所謂一；心未嘗不動也，然而有所謂靜。人生而有知，知而有志，志也者，臧也，然而有所謂虛。不以所已臧害所將受，謂之虛。心生而有知，知而有異，異也者，同時兼知之；同時兼知之，兩也，然而有所謂一。不以夫一害此一，謂之壹。心，臥則夢，偷則自行，使之則謀。故心未嘗不動也，然而有所謂靜。不以夢劇亂知，謂之靜。……

虛壹而靜，謂之大清明。

　　荀子這段話，被認為是受了道家的影響[7]，故可以與老莊「虛靜」說一併而觀。這論述雖然仍以道德、政治為背景，但對「虛靜」的心理特徵講得更細。所謂「虛」，是說不受觀念的干擾；「壹」，是說不要同時接受兩種不同的觀念；「靜」，是說不要讓思想放任自流。「虛壹而靜」，就是讓內心空明、專一、有條不紊地去認識事物。除以上諸說，《韓非子》〈主道〉也講到「虛靜」，說：「虛靜以待令，令名自命也，令事自定也。虛則知實之情，靜則知動者正。」這是講為政的方法，跟人心的關係不是太大，故此存而不論。

　　從上述先秦諸子的言論，可知「虛靜」之說在中國思想史上早已為人提出，用來探求認識論問題，並推而廣之，延及道德和政治。總的意見是，當人處於「虛靜」的狀態，是有助於對「道」的領悟和認識的。這就跟文學創作有了關係，因為在文學藝術的背後也有一個「道」，「虛靜」的心理和精神境界有助於把握這個審美和藝術的「道」。這一點，文學家憑自己的創作經驗就能體會得出，故自然而然地在論及創作心理尤其是構思活動時指出了「虛靜」的特徵。在陸機的《文賦》裡，我們就能看出這方面的意思，只是更偏向於感性的創作經驗，尚未凝聚成觀念或範疇，如所謂「罄澄心以凝思」，即有「虛靜」的意思。又描述作家構思時的心理狀態說：「其始也，皆收視反聽，耽思傍訊，精騖八極，心游萬仞。」也把「虛靜」當作進入創作心境並馳騁想像的一個必要條件。這些認識，至劉勰就被發展成「虛靜」

7　靜山：《中國文藝論裡的主動主靜說》，《中國古代文論研究論文集》，上海古籍出版社1989年版，第53頁。

的創作論命題，即《文心雕龍》〈神思〉篇的「貴在虛靜」云云。而劉勰在《文心雕龍》裡還結合具體的創作心理問題進一步論述了這個命題，如〈養氣〉篇說：「水停以鑑，火靜而朗。無擾文慮，郁此精爽。」以「水停」和「火靜」作比喻，正是說明「虛靜」的情狀和作用。劉勰在此是把「虛靜」和「養氣」當作一個問題來談的，而「養氣」所要達到的效果就是作家內心的「虛靜」，具體的辦法是「清和其心，調暢其氣，煩則即舍，勿使壅滯」（《文心雕龍》〈養氣〉）。用今天的文藝理論觀點看，這是作家在創作中對心態的自我調劑，自我控制，目的是為了排除雜念，更加順當而自如地進入審美和創作的過程。這裡面的妙處，稍有創作經驗的人恐怕都不難體會。在臨文之際，若仍是心浮氣躁甚或心煩意亂，是難得文思泉湧的，這時候，「虛靜」其心就是十分必要的了。從更加積極的方面看，「虛靜」的作用還不止於此，它為作家內心審美意象和境界的產生做了精神上的準備，用後來蘇軾的一句名言說，是：「靜故了群動，空故納萬境。」（《送參寥師》）這是把「虛靜」與詩境的產生相提並論。從這一點，就可以看出「虛靜」之說對日後詩歌境界理論所起的先導作用。

關於「虛靜」說，可談的問題還有很多。劉勰之後，這個文學創作論的命題受到來自方方面面的關注，也被一代又一代的理論家和批評家傳承下去，其影響非止於文學理論，在其他藝術領域 —— 如繪畫、書法等 —— 為「虛境」立說的理論都大有可觀，更不要說那些把「虛靜」的內涵融於其中的理論觀點了。這裡，我們把此說放在魏晉南北朝文論的一個顯要位置去打量，是看取了它所包孕的「虛實」觀念。這觀念的意義不僅在於創作心理學，還在中國傳統美學思想的歷史進程，具體說是文藝美學思想朝「虛」處也即人心幽深之處的遞進。這種朝向「虛」處的遞進，從小處講是審美意識的深化，從大處講則是

人類精神的演進和昇華了。對此，錢穆先生說過一句非常耐人尋味的話：「人類的心智，則偏要在虛空中覓真實。」[8]這講的是人類精神的本性和趨勢，最能體現這本性和趨勢的當屬哲學，然而人類的審美和藝術創造及藝術理論，放到歷史進程中去看，又何嘗不是如此呢？唯其如此，中國傳統的美學和藝術才能像我們今天所能看到的這樣精妙和深沉。這一點，是我們在討論「虛實」這對美學範疇時不能不予以特別注意的，而「虛靜」之說正應當作如是觀，只不過與「虛」相對應的「實」是暫時地被擱置起來罷了。

劉勰文學思想裡另一個與「虛實」有關的觀念是「隱秀」。如果說「道」講本體，「虛靜」是講創作，那麼「隱秀」則是講作品或文本了。在這個層面的文學觀念，更能夠體現緣於「虛」「實」關係的美學內涵。因為一般地看，可以說任何事物都具有虛實兩面，比如說概念是虛，樣態是實；但這樣的「虛實」並不一定就有審美的意味，只有當「虛」與「實」都具有了某種特殊的性質，方產生美的效應。這種性質，用「隱」和「秀」去標明，就比較容易看清了。那麼「隱」與「秀」分別有怎樣的意思呢？我們來看劉勰的解釋。《文心雕龍》〈隱秀〉說：

夫心術之動遠矣，文情之變深矣，源奧而派生，根盛而穎峻，是以文之英蕤，有秀有隱。隱也者，文外之重旨者也；秀也者，篇中之獨拔者也。隱以復意為工，秀以卓絕為巧，斯乃舊章之懿績，才情之嘉會也。夫隱之為體，義生文外，秘響旁通，伏采潛發，譬爻象之變互體，川瀆之韞珠玉也。故互體變爻，而化成四象；珠玉潛水，而瀾表方圓。……

8　錢穆：《湖上閒思錄》，三聯書店2000年版，第1頁。

劉勰對「隱秀」的界說到此為止，以下一大段文字，是後人補作，故不錄。此外，宋人張戒《歲寒堂詩話》引有該篇「情在詞外曰隱，狀溢目前曰秀」之句，可幫助理解「隱秀」說的內涵。大體上，劉勰的「隱秀」之說，是從審美及創作的角度探討文學作品裡詞與意的關係問題；有關文外之旨或言外之意、詞外之情的認識，對後來中國文藝美學尤其是詩學裡的意象和意境理論很有啟發。為此，後世批評家也常把「隱秀」之說與意象或意境理論相提並論，如張戒是把劉勰「隱秀」之論與宋代詩人梅堯臣「含不盡之意見於言外，狀難寫之景如在目前」一句話一併引用的，而梅堯臣的這句話向來被認為是關於詩歌意象及意境的經典論斷。又清人馮班《鈍吟雜錄》說：「詩有活句，隱秀之詞也。直敘事理，或有詞無意，死句也。隱者，興在象外，言盡而意不盡者也；秀者，章中迫出之詞，意象生動者也。」都表明「隱秀」講的就是意象和意境的美學內涵；而意象和意境在詩歌創作中的生成和表現，又都在虛實隱顯之間。具體內容，我們在後面談及詩學問題時再去細說。這裡要指出的是，劉勰把文學創作及作品在「虛實」問題上的藝術規律熔鑄成「隱秀」這樣一個文論術語，這給後世文學理論批評乃至於整個文藝美學思想提供了一個重要的生長點；就「虛實」這對美學範疇本身而言，當然也有著舉足輕重的地位，儘管其說並非直接因「虛實」立論。推開來看，劉勰「隱秀」說的這種價值意義並非孤立的，而是那個時代文學思想對「虛實」問題認識深化的集中而概括的體現，比如前面提到的對「言」與「意」的分辨、對創作活動中「虛境」的追求以及對隱藏在文學作品背後那不可名狀的本體的認定等等，都從不同的方面促成了以「隱秀」論文從而也由文學藝術的審美本性延及「虛」「實」關係的理論批評。清人郝懿行曾有批語曰：

　　按〈神思〉篇云：「思表纖旨，文外曲致。」其隱之謂乎？陸士衡云：「苕發穎豎，離眾絕致。」其秀之謂乎？[9]

　　可見其時對「虛實」問題的審美認識非止〈隱秀〉篇一處。其他如沈約所謂：「相如工為形似之言，二班長為情理之説。」張戒以為此與劉勰「情在詞外曰隱，狀溢目前曰秀」之説「其實一也」（見《歲寒堂詩話》）；又鍾嶸《詩品》論阮籍詩曰：「言在耳目之內，情寄八荒之表。」也與「隱秀」之説意相彷彿。由此可見劉勰以理論範疇表達的「虛實」觀念，是魏晉以還文學家「虛實」之辨的「眾望所歸」。

　　在劉勰為「隱秀」立説的一段話中，有一個現象值得特別注意一下，即它把「隱」的旨意引申到了《易經》，並有「義生文外，秘響旁通」之論。這一申論引起了當今一些研究者的很大興趣，並由此給劉勰的文學觀以非常現代的闡釋。有關闡釋，對我們從語言文字的蘊含及功能去理解文學藝術的「虛實」之道，很有啟發。茲引葉維廉先生的一段論述。葉先生在一篇以「秘響旁通」為題的文章裡，詳細闡述了《文心雕龍》〈隱秀〉篇與《易經》的關係，最後總結説：

　　我們説：一首詩的文、句，不是一個可以圈定的死義，而是開向許多既有的聲音的交響、編織、疊變的意義的活動。詩人寫詩，無疑是要呈示他觀、感所得的心象，但這個心象的全部存在事實與活動，不是文字可以規劃固定的。像六十四卦象，每一個卦象都有旁通、爻變、互體的衍進，正表示天文、地理、人文的遞變當然不只六十四種，六十四種是動變時可以觀察到的大象（是可見的「律」與「秀」），

9　轉引自詹鍈：《文心雕龍義證》，上海古籍出版社1989年版，第1482頁。

其中還有數不盡的、還在不斷動變中未可見的「組合」（是「機」，是「隱」），但都潛含在呈現的形象裡；其能如此，則完全依賴實像與實像間互為指引的活動、和保持「在邊緣欲語未語」的aporia狀態。所以繫辭裡有「往來不窮謂之通」的話，又說：「書不盡言、言不盡意」。這句話與對老子的「道可道非常道」和「知者不言、言者不知」，竟然是完全相通的；這是因為，在文字表達性能的瞭解上，在「如何用文字來表意」這一個問題上，易經所呈現的，道家所瞭解的，儒門在易經繫辭裡所發揮的是完全一致的，即是，「義生文外」要「得意忘言」、要知「文辭無定義（即圈定的死義）」，文辭是旁通到龐大時空裡其他秘響的一度門窗。[10]

　　這是用一種非常現代甚至有點後現代的觀點去看待中國傳統詩學及哲學中的一個古老命題。它涉及語言文字的多義性、「互文性」或所謂「互為指涉性」，就是說，漢語裡的每一個字都與其所在語言系統裡的許許多多的字和詞相通，每一個文本都與其所在文化系統裡各類文本相通，這就像《易經》裡的變爻和變卦一樣。這樣，呈現在我們面前的文字及文本，其意義就不限於此一文字及文本固有的意思，而可以在一個大的語言系統及文化系統裡與各種各樣的文字及文本相互通融、互為指涉，從而也有了生成意義的無限空間。所謂「言不盡意」「文外之旨」，從語言的系統和結構看，正是這樣一種互為指涉並無限生發的功能；而文學語言較之它類語言的特異之處，也正在於有意識強化這種功能，以獲得較之普通語言更加豐厚的意蘊。這就是劉勰在

10　葉維廉：《秘響旁通：文義的派生與交相引發》，《中國詩學》，三聯書店1992年版，第81-82頁。

《文心雕龍》〈隱秀〉篇贊語裡所說：「深文隱蔚，餘味曲包。辭生互體，有似變爻。」在這方面，中國古典詩歌可以給我們提供無數的範例。在許多優秀的作品裡，一個詩句甚至是詩句裡的一個詞、一個字所包含的意思，若細細追究，是層出不窮的。其中的奧秘，從形形色色的「箋注」可窺見一斑；而「中國書中的『箋注』所提供的正是箋注者所聽到的許多聲音的交響，是他認為詩人在創作該詩時整個心靈空間裡曾經進進出出的聲音、意象、和詩式……」[11]。即便如此，箋注家所得仍是冰山露出海面的一角，還會讓人感嘆「詩家總愛西崑好，獨恨無人作鄭箋」（元好問《論詩三十首》）。可見「秘響旁通」的境域是多麼悠遠。這裡面也存在著一種「虛」「實」關係：語詞及文本是「實」，而因「秘響旁通」生出的無限豐富的意義及意蘊是「虛」。這跟「情在詞外」原本是一樣的效果，只是更加深刻地揭示出語言表意的審美功能。這在「隱秀」說所包含的「虛實」觀念中，是很獨特而精微的內涵，經人用現代文藝理論去闡釋，自當引起我們特別的關注。

　　劉勰的文學思想裡，除以上所談幾點外，還有一些觀念或範疇是由「虛」「實」關係立論，從而也體現了對「虛實」問題的審美的把握，如「風骨」「體性」「定勢」「情采」「比興」「誇飾」等。從這些觀念或範疇，可以看出「虛」「實」關係上的審美意識在文學創作和批評的各個方面、各個層次以及各種形態的表現。進而可見，「虛實」，是劉勰體察文學的本性、創作方法及美學風貌的一個重要的著眼點；也正因為從「虛」「實」關係入手，劉勰的文學理論批評才顯得那麼完整和豐滿，才能把文學這門藝術闡說得那麼透徹。而所有這些都表明，在劉勰的文學思想裡，包藏著一種出於對文學藝術根本認識並具有很強

11　葉維廉：《中國詩學》，三聯書店1992年版，第70頁。

批評功能的「虛實」觀，它是整個《文心雕龍》理論體系的一個潛在的支點。

如果要說魏晉南北朝文藝美學在「虛實」問題上有了怎樣的認識，那麼劉勰的文學思想和文學理論就是一個標誌，儘管種種認識並不一定是用「虛實」的字樣去標明。其間，像「隱秀」這樣的文論術語已經與「虛實」的美學範疇相當接近了，故而我們把它當作那個時代文藝美學中具有代表性的「虛實」之論多說幾句，想必沒有離題太遠。至於其他一些與「虛實」觀念有著潛在關係的理論觀點，在後面要談的詩學問題裡會再次提及。

第三節　「象外之象」──唐人對「虛境」的深化

在中國古代文學史上，魏晉南北朝除了文學創作的繁榮以外，還擔得起「批評的時代」之美譽，因為那時候的文學理論批評氣勢恢宏，溢彩流光，真可以說是「彌綸群言」（《文心雕龍》〈序志〉語），「體大思精」（章學誠《文史通義》〈詩話〉語）。以後各個歷史時期的文學，要想在理論批評上與之爭勝，已經是相當困難了。但這並不意味著整個中國文學思想到此為止。事實上，文學觀念的發展在歷朝歷代都沒有停止，只不過受各種條件的影響及限制，其演進的方式和看待問題的角度各有不同罷了。唐代，處於中國文學理論批評的高潮過後，沒有出現像劉勰、鍾嶸那樣的大批評家，也沒有人從事文學理論的總體建設，但在一些重要的文學觀念和創作方法上，卻有著深化和開拓之功。其中尤為後人稱道的是詩歌美學中圍繞著「境界」問題提出的觀點和命題，在中國文藝美學史上有著重要的價值和意義。這裡面，也包含著深入「文」心的「虛實」觀念；當然，其重心仍在於「虛」的

一方，或可理解為對「虛境」的深化。

唐代詩歌美學中的「境界」說，是從詩歌創作「取境」的問題延伸出來的。「境界」之名來自佛經[12]，但「境界」說的美學內涵卻在於文學創作中的「心」「物」關係，這在魏晉南北朝文論就已經是個重要的理論問題了，陸機、劉勰、鍾嶸、蕭子顯等都有論述。陸機《文賦》說：「佇中區以玄覽，頤情志於典墳。遵四時以嘆逝，瞻萬物而思紛；悲落葉於勁秋，喜柔條於芳春。」首倡文學創作中的「感物」之說。劉勰《文心雕龍》〈物色〉說：「春秋代序，陰陽慘舒，物色之動，心亦搖焉。」「詩人感物，聯類不窮，流連萬象之際，沉吟視聽之區：寫氣圖貌，既隨物以宛轉；屬采附聲，亦與心而徘徊。」鍾嶸〈詩品序〉說：「氣之動物，物之感人，故搖盪性情，形諸舞詠。」又說：「若乃春風春鳥，秋月秋蟬，夏雲暑雨，冬月祁寒，斯四時之感諸詩者也。」更申說了心物相感對文學創作的意義。心物相感的結果，是創作動機和心境的產生，這也是文學創作中境界之所以生的緣由。但上述言論所強調的都是詩人受物色相召而情不能已，並沒有談及詩人如何主動地去取境，因而所牽涉到的境界問題是指向了文學創作中審美主客體之間的關係，而沒有推導成為如何進行文學創作的方法。這一特點，在蕭子顯的有關言論中就更容易看出，其〈自序〉說：「若乃登高目極，臨水送歸，風動春朝，月明秋夜，早雁初鶯，開花落葉，有來斯應，每不能已也。」又說：「每有製作，特寡思功，須其自來，不以力構。」詩人之心相對於外物之色，是處於被動的地位，這裡面不存在構思，當然也就無所謂「取境」。但在唐人的「境界」理論裡，對這問題

12　饒宗頤《〈人間詞話〉平議》說：「境界本佛家語。」並引《翻譯名義集》：「爾焰，又云境界。由此能知之智，照開所知之境，是則名為過爾焰海。」見《王國維傳記資料》，台灣天一出版社。

的看法就有了很大的改觀，具體表現為不僅強調詩人因物而生感，而且強調詩人主動地去感物，進而借物色去取境。如王昌齡說：「夫置意作詩，即須凝心，目擊其物，便以心擊之，深穿其境。」（遍照金剛《文鏡秘府論》〈論文意〉引）以「心擊」而「深穿其境」，這和蕭子顯「須其自來，不以力構」當然有所不同，它要求詩人在進入創作之先就具備一種「審美注意」，並因此而運思取境。但這與創作心境的油然而生也並不矛盾，或者說可以互相調劑。所以王昌齡又說：「夫作文章，但多立意。令左穿右穴，苦心竭智，必須忘身，不可拘束。思若不來，即須放情卻寬之，令境生。然後以境照之，思則便來，來即作文。如其境思不來，不可作也。」（遍照金剛《文鏡秘府論》〈論文意〉引）這是深知創作甘苦的經驗之談，它看到了詩人所取之境既須苦思，也須自然而然。無論如何，「境生」是詩人創作的必要條件，當然也是重要的詩學問題。對這問題，王昌齡在《詩格》中有更周密的論述[13]。茲引錄有關言論於下，以見「取境」之論更深的美學內涵。

　　詩有三境：一曰物境。欲為山水詩，則張泉石雲峰之境極麗絕秀者，神之於心，處身於境，視境於心，瑩然掌中，然後用思，了然境象，故得形似。二曰情境。娛樂愁怨，皆張於意而處於身，然後馳思，深得其情。三曰意境。亦張之於意而思之於心，則得其真矣。

　　詩有三格：一曰生思。久用精思，未契意象，力疲智竭，放安神

13　《詩格》的真偽，歷來有爭議。王運熙、楊明所著《中國文學批評通史‧隋唐五代卷》據胡震亨《唐音癸籤》引文認定其真（見該書第209頁，上海古籍出版社1996年版）；而周祖譔《隋唐五代文論選》認為「即或非宋人偽托，亦已刪改非本來面目矣」（見該書97頁，人民文學出版社1990年版）。可參看。

思，心偶照境，率然而生。二曰感思。尋味前言，吟諷古制，感而生思。三曰取思。搜求於象，心入於境，神會於物，因心而得。

這兩段話，姑不論是否為王昌齡原作，所表達的美學思想都是十分深刻的，其主旨是對詩歌境界的體認以及對詩人取境方法的闡說。這話或許應該倒過來說，即由詩歌創作中的取境方法去體認詩歌境界的美學內涵。這樣看，「取境」之說與「虛實」觀念的關係就比較明了，那就是在詩學領域裡對「虛境」的深化。跟魏晉南北朝文論的有關言論相比，王昌齡對「心」「物」關係及其效用的認識，其細緻入微是有過之而無不及，以至於非得用「境」這樣一個意義更加虛渺的術語去表示。這裡面值得注意的是「象」或「意象」，它是詩人進行藝術思維所不可缺少的基本要素，所以劉勰把文學創作稱為「窺意象而運斤」（《文心雕龍》〈神思〉）。但是比「象」更深遠也更富有美學內涵的是「境」。「境」是對「象」的超越，也在更深的層面指向了文學藝術的本性。所以在王昌齡眼裡，詩歌創作最有成效的藝術手法是由「象」得「境」，即所謂「搜求於象，心入於境」。照這麼看，「取境」之說是在詩歌藝術的「虛」的層面又深入一步；而這一步也把中國傳統文論及文藝美學思想推向了一個新的境界。我們說唐代文學家、批評家對「虛境」的深化，即可由此而觀；唐代文學思想在「虛實」觀念上透露出的端倪，也可以由「取境」之說見得。

在「取境」問題上，還應該提到唐代另一位詩人、批評家皎然，他的詩論也為詩人取境著想，由此對境界問題的透視又別具隻眼。其《詩式》有「取境」之題云：「取境之時，須至難至險，始見奇句。」又在「辨體」的題下談到：「夫詩人之思初發，取境偏高，則一首舉體便高；取境偏逸，則一首舉體便逸。」而所謂「高」是指「風韻朗暢」，

「逸」是指「體格閒放」，這可以看作是詩歌境界的美學風貌。而就詩歌作品而言，「風韻」和「體格」顯然是在虛處，即超乎語言文字的「神會」。這一特點，在《詩式》「辨體十九字」的「靜」與「遠」二字更可以看出，即「非如松風不動，林狖未鳴，乃謂意中之遠」，「非如渺渺望水，杳杳看山，乃謂意中之靜」。這是強調詩歌境界不能夠坐實，它在人的意會和遙想之中，也在虛實有無之間。所以皎然又以「虛實」論境界，其《詩議》說：「夫境象非一，虛實難明。有可睹而不可取，景也；可聞而不可見，風也；雖繫乎我形，而妙用無體，心也；義貫眾象，而無定質，色也。凡此等，可以偶虛，亦可以偶實。」按這解釋，境界的美學內涵正可以「虛實」論。

前面說到，境界以「象」為本而又超出「象」外。對這個特點，劉禹錫也發表過頗為精闢的意見，叫作「境生於象外」。他在《董氏武陵集紀》中說：「詩者其文章之蘊邪？義得而言喪，故微而難能；境生於象外，故精而寡和。」由此可知，詩境之精，當於象外求之；詩義之微，當於無言求之。這義與言、境與象的關係也在虛實之間。處理好這種關係，詩歌作品就能收到「片言可以明百意」（《董氏武陵集紀》）以及「詞甚約而味淵然以長」（劉禹錫《答柳子厚書》）的效果。這些見解無疑都是很精當的，而且所提出「象外之象」以及「味」的說法，還給「境界」之說留下了很大發展和完善的空間，這在司空圖的詩歌美學中展示得更加充分，也更加完滿了。

司空圖的詩歌美學是以境界為核心的，而且把對境界的理解提到一個相當的高度。其《與王駕評詩書》中有「思與境偕」的命題，說：「五言所得，長於思與境偕，乃詩家之所尚者。」這裡談的是五言詩，實則是作為詩歌藝術的一般規律提出的，就像《二十四詩品》以二十四種詩境貽人以為詩之道。具體到詩歌境界的美學風貌，司空圖的理

解重在「象外之象」及「味外之旨」，其《與極浦書》説：「戴容州云：
『詩家之景，如藍田日暖，良玉生煙，可望而不可置於眉睫之前也。』
象外之象，景外之景，豈容易可譚哉？」《與李生論詩書》説：「倘復
以全美為工，即知味外之旨矣。」這些話，説的都是詩歌境界；而詩歌
境界的奧秘和成效正在「象外之象」和「味外之旨」。《與李生論詩書》
中還有一段話，向來被認為是司空圖詩學觀的精要所在，我們把它完
整地看一遍：

　　文之難，而詩之難尤難。古今之喻多矣，而愚以為辨於味，而後
可以言詩也。江嶺之南，凡足資於適口者，若醯，非不酸也，止於酸
而已；若鹺，非不鹹也，止於鹹而已。華之人以充飢而遽輟者，知其
鹹酸之外，醇美者有所乏耳。彼江嶺之人，習之而不辨也，宜哉。詩
貫六義，則諷喻、抑揚、渟蓄、溫雅，皆在其間矣。然直致所得，以
格自奇。前輩諸集，亦不專工於此，矧其下者耶！王右丞、韋蘇州澄
澹精緻，格在其中，豈妨於遒舉哉？賈浪仙誠有警句，視其全篇，意
思殊餒，大抵附於寒澀，方可致才，亦為體之不備也，矧其下者哉！
噫！近而不浮，遠而不盡，然後可以言韻外之致耳。

　　這段話裡有兩個關鍵的字眼，一是「味」，一是「韻」，它們在日
後都演化成重要的詩學觀念，比如「詩味」説、「神韻」説等等。而司
空圖挑選這兩個意義輕飄的字來表述他對於詩歌創作的審美趣味，又
是看取了言語及意象之外的「境」。事實上，司空圖對詩之「醇美」及
「全美」的種種描述，如「象外之象」「味外之旨」「韻外之致」等，
也都是詩「境」的美學特徵，或者説是詩歌藝術「思與境偕」的內在
規律。在這個意義上，「境」理當成為司空圖詩歌美學的核心，而「境」

的美學內涵，也在虛實遠近之間。這一特點，還可以結合司空圖另一篇詩歌美學的重要文獻《二十四詩品》去看。

《二十四詩品》是中國文學批評史上膾炙人口也產生很大影響的一篇作品，其本身就有相當高的美學價值。稱之為「作品」，是因為它以「取象」為能事，可視為以詩論詩之作。但由於取象過虛，其理論意義也如鏡花水月，不大容易一下子看清。僅就其主旨而言，歷來就有不同的說法，有認為是講評詩標準，有認為是講創作手法，有認為是講作品風格，還有的一言以蔽之，認為是講詩歌藝術的美學規律。這些理解都不算錯，但要以司空圖的本意而論，《二十四詩品》的要義實在是一個「境」字，即用來論詩的是二十四種詩境；而詩歌藝術的審美本質、創作方法及風格類型等，都涵括在這二十四種詩境之中了。特別值得關注的是，司空圖描述這二十四種詩境的手法，是超乎言意之表，把人引向「味外之旨」和「韻外之致」。後代箋注家嘆其「摹神取象」或「取神不取形」[14]，洵為得其用心之論。所以又有人稱司空圖作《二十四詩品》是「游神於虛」[15]。這個「虛」，不是一般的玄虛，而是指向詩歌藝術的虛境；或者說，司空圖展示的二十四種詩境，是以虛處為落腳點。這裡面既包含著對虛境的開拓，也包含著對詩歌藝術中「虛」「實」關係的理解。為把這一特點看得更清，我們從《二十四詩品》中選出數品略加說明。

一是「雄渾」。「雄渾」列在二十四詩品之首，既為詩歌（境）品類之一，也有提綱挈領的意思，因而它所表達出的觀念對整個詩歌藝術都有統率的作用。其言曰：

---

14 分別見清孫聯奎《詩品臆說自序》和楊廷芝《廿四詩品淺解凡例》。孫昌熙、劉淦校點《司空圖〈詩品〉解說二種》，齊魯書社1980年版。

15 劉泫：《詩品臆說序》，見《司空圖〈詩品〉解說二種》。

　　大用外腓，真體內充。返虛入渾，積健為雄。具備萬物，橫絕太空。荒荒油雲，寥寥長風。超以象外，得其環中。持之匪強，來之無窮。

　　這段話裡最能見「虛」「實」關係的是「返虛入渾」以及「超以象外，得其環中」。「返虛入渾」，孫聯奎《詩品臆說》認為：「即所謂『課虛無以責有，叩寂寞而求音』者也。」郭紹虞先生解釋說：「所謂真體內充，又堆砌不得，填實不得，板滯不得，所以必須復還空虛，才得入於渾然之境。」[16]這都是從詩歌創作的角度講「虛」的妙用，也可以看作是對詩歌藝術「虛」的特性的認定。「象外」，指跡象之外；「環中」，喻空虛之中。整個一句話的意思，郭紹虞先生說是：「一方面超出乎跡象之外，純以空運，一方面適得環中之妙，仍不失乎其中。這即是所謂『返虛入渾』。返虛入渾，也就自然成『雄』。所以不能虛也就不能渾，不能渾也就不能雄。」[17]這裡面，顯然包含著對詩歌藝術中「虛」「實」關係的深刻理解；而這個意思既以「雄渾」提起，就成為一條主線，貫穿於《二十四詩品》的各個品類。二是「含蓄」。其言曰：

　　不著一字，盡得風流。語不涉己，若不堪憂。是有真宰，與之沉浮。如淥滿酒，花時返秋。悠悠空塵，忽忽海漚。淺深聚散，萬取一收。

16　見郭紹虞：《詩品集解》，《詩品集解‧續詩品集解》，人民文學出版社1963年版，第3-4頁。

17　郭紹虞：《詩品集解‧續詩品集解》，第4-5頁。

　　按中國傳統美學思想，「含蓄」二字本身就包含著「虛實」的意思，如楊廷芝《廿四詩品淺解》說：「含虛而蓄實。」而「不著一字，盡得風流」和「淺深聚散，萬取一收」更表明詩歌藝術中「含蓄」的美學特徵是以少總多，把境界向詩外作極大的延伸。「不著一字」，恐怕不是像某些註釋者說的那樣，是「不著一字於紙上」，而是指不要把話說明說白。對詩歌創作而言，本來想要表達的意思卻深藏起來，只給人一點暗示，這樣做所得到的藝術效果往往要比什麼都說出來要好得多。因此在創作中，詩人不需要去滿紙鋪陳，而只須把「滿園春色」凝聚在那「一枝紅杏」之上，於是就有了「含蓄」，也就有了含實於虛的層次和境界。

　　三是「實境」。其言曰：

　　取語甚直，計思匪深。忽逢幽人，如見道心。清澗之曲，碧松之陰。一客荷樵，一客聽琴。情性所至，妙不自尋。遇之自天，泠然希音。

　　這是形容詩歌創作中那種以真率和實寫見長的境界，但「泠然希音」一句又告訴人們，「實境」的妙趣仍在虛處。楊廷芝《廿四詩品淺解》解得好：「『清澗』二句，就境寫境；『一客』二句，就人寫境。情性所至，無非是實。『妙不自尋』，蓋言妙境獨造，非己所自尋者也。『自天』，得之於天也。『希音』者，上天之載，寂然無聲，實固盡出於虛耳。」照此理解，則「實境」之妙，又妙在虛處。

　　把以上幾則與「味外之旨」「韻外之致」等說法合觀，便可以看出司空圖是以多種方式並從多個角度表達著對虛境的嚮往。他把這虛境看成了詩歌藝術的根本所在，這裡面既有審美趣味和觀念上的原因，

也有文學風格和流派上的原因，具體説是唐代山水田園詩的傳統。在這個問題上，司空圖的眼界未必就説得上宏通，但審美趣味上的偏好使他避「實」擊「虛」，從而在中國古典詩歌美學中留下異常精妙的一筆。我們討論中國傳統文藝美學史上「虛實」觀念的流變，自然要給這一筆以多多的關照。

第四節 「妙悟」與「入神」——宋人對「虛實」問題的 變通

中國古典詩歌由唐入宋，在總體風貌上出現了重大變化，從而也成就了兩種最具有代表性的詩風。這區別，歷來批評家多有評説，而以錢鍾書先生的斷語最為精當，即：「唐詩多以丰神情韻擅長，宋詩多以筋骨思理見勝。」[18]換一種説法，唐詩與宋詩的差異也未嘗不可以「虛實」論之。清代翁方綱説：「唐詩妙境在虛處，宋詩妙境在實處。」（《石洲詩話》）眼光獨到，頗能傳唐詩宋詩之神。此所謂「虛實」之分，乃是一種文學史觀。確如所説，宋詩與唐詩相比，其特長是在「實」處體現的。這個「實」，雖説是在詩歌風貌，卻也跟創作手法密切相關，比如説，宋人作詩好講道理，好堆砌故實，好雕琢字句等等，都是「實」的緣由。相應的，還有詩學觀念裡尚法的傾向以及種種「法度」和「活法」之論。所有這些，看上去都與唐詩大為異趣，似乎宋代詩人和批評家刻意要把唐人開拓的「虛境」給填塞起來，並在「虛」「實」關係上讓「實」的一面占據主導地位。可實際情況並非如此。

---

18 錢鍾書：《談藝錄》，中華書局1984年版，第2頁。

　　不錯，宋代詩歌與唐詩相比是以實境見長，但這並不說明宋代詩人、批評家在美學觀念上沒有認識到「虛」的重要性。恰恰相反，他們在把詩歌創作手法落在「實」處的同時，並未忘記詩歌藝術的本性在於「虛」；而在討論詩歌創作的「實際」問題時，也沒有忘記把這問題在「虛」處的意義給顯露出來。舉個例子說，宋代詩歌講究煉字，但煉字的目的和功效並不完全在字句本身，不如說主要是在字句之外。「春風又綠江南岸」，「綠」之所以比「過」好，在於它營造出一種境界；「紅杏枝頭春意鬧」，「鬧」之所以比「濃」好，也是此理。這樣的求「實」，顯然也是在務「虛」。因此，宋代詩歌美學中「實」處著眼的觀念和論斷，無不潛含著「虛」的意蘊；而唐詩與宋詩的虛、實之分，也是相對而言。具體說，宋詩重「實」的傾向雖然是對唐詩尚「虛」的轉變，但這轉變之中已經在相當程度上把唐人對「虛境」的開拓給承繼并包容下來。所以我們把宋人在「虛實」問題上的見解說成是一種「變通」，而這變通在中國古典詩歌及詩歌美學的流變過程中也是相當關鍵的一步。

　　上面說的這個觀點，我們可以拿宋代詩話裡的幾則著名的詩論作例證，其中最為後人稱道的當屬歐陽修《六一詩話》裡所引梅堯臣的一段話：「詩家雖率意，而造語亦難。若意新語工，得前人所未道者，斯為善也。必能狀難寫之景，如在目前；含不盡之意，見於言外，然後為至也。」「言外之意」的說法，和司空圖的「味外之旨」是一個意思，但不同的是，歐陽修所引這段話，是從「造語」問題說起的，這是很切實的詩歌創作手法，可見其論詩是虛實兼顧或由實入虛的。只不過要做到這一點，實在很不容易，歐陽修本人就是在這問題上給人找出毛病。魏泰《臨漢隱居詩話》中說：「凡為詩，當使挹之而源不窮，咀之而味愈長。至如永叔之詩，才力敏邁，句亦清健，但恨其少

餘味爾。」「詩味」之說，為司空圖所倡，並作為其所標「境界」的一個重要的審美特徵。這一點，是被宋代詩歌美學給繼承下來了，轉而成為精研詩歌作法時一個常常記取的標準。詩家造語，雖殫精竭慮，卻不可沒有餘味，因此也就要有詩境的虛活。我們再來看葉夢得《石林詩話》裡的兩段話，從中更可察識宋人論詩在虛實之間斡旋的用心。其一是論王安石的，說：「王荊公晚年詩律尤精嚴，造語用字，間不容髮。然意與言會，言隨意遣，渾然天成，殆不見有率率排比處。如『含風鴨綠鱗鱗起，弄日鵝黃裊裊垂』，讀之初不覺有對偶。至『細數落花因坐久，緩尋芳草得歸遲』，但見舒閒容與之態耳。而字字細考之，若經爐括權衡者，其用意亦深刻矣。」其二是論杜甫的，說：「詩人以一字為工，世固知之，惟老杜變化開闔，出奇無窮，殆不可以形跡捕。如『江山有巴蜀，棟宇自齊梁。』遠近數千里，上下數百年，只在『有』與『自』兩字間，而吞納山川之氣，俯仰古今之懷，皆見於言外。《滕王亭子》『粉牆猶竹色，虛閣自松聲』，若不用『猶』與『自』兩字，則餘八言凡亭子皆可用，不必滕王也。此皆工妙至到，人力不可及，而此老獨雍容閒肆，出於自然，略不見其用力處。今人多取其已用字模放用之，偃蹇狹陋，盡成死法。不知意與境會，言中其節，凡字皆可用也。」前一段話的主旨是談論「詩律精嚴」，這也是宋人論詩的一個常見的話題。但以論者之見，「詩律精嚴」的前提是「意與言會，言隨意遣」，否則就難入上乘。這裡面存在著一種以「言」與「意」為本的虛實關係，就是說，詩歌的作法、格律、結構等是要實實在在地去推敲，而進行這推敲的主導思想卻是詩人的用心和所要表達的詩意；也只有這樣，精心推敲出的詩句才能不顯筋露骨，而呈現出自然天成的風貌和韻味。後一段話可以歸類為宋代詩人和批評家津津樂道的「詩眼」之說。「詩眼」是中國古典詩歌的一個美學特徵，其他文體

裡也不同程度地存在著，説的是一首詩或一句詩裡由於一個字用得好而帶動整首或整句詩的精彩，因而詩人創作，就需特別地去「煉」這一個字。這方面的道理，在宋代詩論裡談得特別多，而煉字是實實在在的創作手法，可見那時候詩歌美學觀念的務「實」精神。煉字的見解雖多，然而具體到煉字的目的和效果，則論者的手眼不盡相同。有的是著眼於聲韻的優美，有的是看取了詞意的尖新，而眼界較高者，則顧及詩歌的境界，像《石林詩話》中這段就杜詩幾個虛字所發的議論就是如此。它強調的，是詩歌作品中有一兩個特別有分量的字能把詩意及境界極大地拓展開來，即所謂「遠近數千里，上下數千年」以及「吞納山川之氣，俯仰古今之懷」云云。這意思絕非詩歌作品的字句本身所能容納，它「見於言外」，是虛處的境界。若以「言不盡意」的美學觀而論，這「字」與「意」或「境」的關係，當然可以「虛實」視之。而我們在此舉這個例子，是要説明，宋人論詩（尤其是詩話中的論調）以求「實」見長，然而未嘗沒有留心於「虛」。或者可以説，高明的詩論，都是由「實」入「虛」或由「虛」論「實」的，不然的話，僅僅抓住字句和章法問題做文章，那隻是詩歌的修辭學，上升不到詩歌美學。也正是在「虛」的這一面，我們可以看到唐代詩歌美學中「境界」之説的傳承和流變，其中變化最顯著的，是在「虛」「實」之間找到一種關聯。從這一點看，宋代詩境妙在「實處」，但這並不一定與唐代的「虛」形成對立，不如説是一種繼承和變通。

宋人論詩注重實際的特點，跟詩人、批評家崇尚法度的觀念有很大的關係。儘管兩宋的詩壇並不缺少天才詩人，但從總體上看，尚「法」還是詩歌創作的大勢所趨。就連蘇軾這樣天才縱放的大詩人也有「法度法前軌」之論。尤其是江西詩派的興起，使得在傳統中求法度成為時尚，因而又有種種便於操作的「活法」，如「奪胎換骨」「點鐵成

金」之類，更是把作詩變成了實實在在的「學問」。這裡面固然有不少流弊，卻也不全是膠柱鼓瑟之舉。「活法」之稱，就表明為詩之法不能過於坐實，而要能在虛處貫通。我們來看一個實例：「『打起黃鶯兒，莫教枝上啼。幾回驚妾夢，不得到遼西。』此唐人詩也，人問詩法於韓公子蒼，子蒼令參此詩以為法。『汴水日馳三百里，扁舟東下更開帆。且辭杞國風微北，夜泊寧陵月正南。老樹挾霜鳴率率，寒花承露落毿毿。茫然不悟身何處，水色天光共蔚藍。』人問詩法於呂公居仁，居仁令參此詩以為法。後之學詩者，熟讀此二篇，思過半矣。」（《詩人玉屑》引《小園解後錄》）顯然，在高明的詩人看來，作詩之法是宜於意會而不宜言傳的，因而得「法」的途徑就是「參」而不是「摹」。這也可以理解為「法」之結穴在「神」不在「形」；而「神」的來由，當然是在虛處了。以此為論，「活法」之說也包含著對詩歌藝術中虛實關係的領悟。對這個問題談得最深最透並專門為「神」立說的，是嚴羽的《滄浪詩話》。

　　嚴羽寫《滄浪詩話》有著為學詩者指路的用心，所以開篇就談學詩的門道，他拈出的方法的「熟參」和「悟入」，這也就是所謂「妙悟」說。嚴羽以禪為喻解釋說：「大抵禪道惟在妙悟，詩道亦在妙悟。且孟襄陽學力下韓退之遠甚，而其詩獨出退之之上者，一味妙悟而已。惟悟乃為當行，乃為本色。」（《滄浪詩話》〈詩辨〉）之所以學詩為詩要「妙悟」，又因為詩的本性在於「神」，即嚴羽所說：「詩之極致有一，曰入神。詩而入神，至矣，盡矣，蔑以加矣。」（《滄浪詩話》〈詩辨〉）這個「神」，有點類似於老莊哲學裡的「道」，是不能夠用言語說得清楚的。但作為詩歌美學的觀念，它又與一些關於詩歌審美本性的論斷旁通，也不是完全不可理喻。下面這段話，便可看作是嚴羽對「入神」的旁證：

　　夫詩有別材，非關書也；詩有別趣，非關理也。然非多讀書，多
窮理，則不能極其至。所謂不涉理路，不落言筌者，上也。詩者，吟
詠情性也。盛唐諸人惟在興趣，羚羊掛角，無跡可求。故其妙處透徹
玲瓏，不可湊泊，如空中之音，相中之色，水中之月，鏡中之象，言
有盡而意無窮。（《滄浪詩話》〈詩辨〉）

　　嚴羽這段議論，是有感而發的，批評對像是那種「以文字為詩，
以才學為詩，以議論為詩」（《滄浪詩話》〈詩辨〉）的詩風，用以糾正
這詩風的，則是「妙悟」與「入神」；而這一段話，正是曉人以「神」
的風致。雖然話說得恍恍惚惚，又與禪道相比附，但宗旨仍不離於「言
外之意」「象外之象」以及「味外之旨」等。這乃是中國古典詩歌美學
一貫的意趣，只不過被嚴羽鋪展為一種理論學說，並穿上了禪學的外
衣罷了。當然，嚴羽論「神」，仍帶著宋代詩歌美學固有的特徵，那就
是照顧到為詩之「神」可以落在實處的那一面，所謂「多讀書，多窮
理」，即是此意。且其標榜的「詩法」也表述得相當具體，如「體制、
格力、氣象、興趣、音節」等，這跟司空圖完全省略「味外之旨」跟
語言文字的因緣或者說是把「味外之旨」當作對語言文字的否定，還
是有一定區別的。從這一點看，嚴羽的「入神」之說，又當受到唐代
一位大詩人杜甫的影響。杜甫的地位在宋代被大大地提高，以致於成
為江西詩派的「一祖」，而杜詩的詩風及其所蘊含的美學觀念，也影響
了宋代的詩歌創作和詩歌理論，其中重要的一項，就在於「神」。杜甫
作詩、論詩，都很注重「神」的效應，其論詩曰：「乃知蓋代手，才力
老益神。」（《寄薛三郎中據》）「文章有神交有道，端復得之名譽早。」
（《蘇端薛復筵簡薛華醉歌》）「醉裡從為客，詩成覺有神。」（《獨酌成
詩》）「揮翰綺繡場，篇什若有神。」（《八哀詩》〈贈太子太師汝陽郡

王璉〉）「感激時將晚，蒼茫興有神。」（《上韋左相二十韻》）「草書何太古，詩興無不神。」（《寄張十二山人彪三十韻》）「讀書破萬卷，下筆如有神。」（《奉贈韋左丞丈二十二韻》）「詩應有神助。」（《游修覺寺》）論畫也多用「神」或「神妙」，如「絕筆長風起纖末，滿堂動色嗟神妙。」（《戲韋偃為雙松圖歌》）「將軍善畫蓋有神。」（《丹青引贈曹將軍霸》）「國初已來畫鞍馬，神妙獨數江都王。」（《韋諷錄事宅觀曹將軍畫馬圖歌》）「韓幹畫馬，筆端有神。」（《畫馬贊》）等等，可一併而觀。凡此「神」字，含義不盡相同，有指詩（或畫）興，有指詩技，有指詩境。[19]但無論何指，都是把「神」當成了詩歌藝術的一個重要的審美特徵；而聯繫杜甫總體的詩歌美學觀及創作方法看，這個「神」字雖在虛處，卻並非完全無跡可尋，它有著詩人的涵養和匠心作基礎。最能說明這一特性的就是「讀書破萬卷，下筆如有神」。這個詩學觀點，看來嚴羽是接受了的，所以他在推闡「入神」之說的時候，一方面說作詩「非關書」也「非關理」，另一方面又提倡「多讀書」「多窮理」。這當然可以看作是一種折中或調和，但往深一層看，卻也包含著對詩歌藝術的深刻理解。就作詩這件事情而言，它的指歸是在不落言筌的妙境，但在創作過程中卻得憑藉深厚的學養和功力一步步地去完成；完成了的詩歌作品須不涉理路，但詩人自身卻不可以不明事理。這樣，真正可取的詩歌創作方法就是處理好虛實之間的關係，而這裡面最終被認定為詩歌的藝術本性的，則在虛的一面。所以嚴羽在講了許多道理之後，最為得意的仍是「羚羊掛角，無跡可求」，而且執意以禪道為喻，把詩歌藝術的妙處比作「空中之音，相中之色，水中

19　參見王運熙、楊明《中國文學批評通史》〈隋唐五代卷〉第二編第二章第四節之二「法與神」。

之月，鏡中之象」。這一點，被後世一些具有同樣審美趣味的人加以引申，成為更為玄虛的「神韻」說。此說除了看重「神」之外，還強調一個「韻」字。這個「韻」字，也是中國文藝美學思想發展的關鍵，其淵源可溯至魏晉時的人物品評，而宋人用以論書畫和詩，極大地強化了它的美學和文藝批評的內涵，並為後來的「神韻」之說提供了條件。

其實，當嚴羽用「相中之色」去說明詩的妙處時，就已經微微透露出些許「韻」的意思。但他主要說明的是「神」，而「神」與「韻」的效用還不完全一樣。如果說「神」是詩歌的通美，則「韻」多少有些偏至了，它偏向了那種散淡而閒遠的境界，這很像是書畫理論中的「逸品」或「逸格」。唐代張彥遠《歷代名畫錄》以五等論畫，分別是「自然」「神」「妙」「精」「謹細」，其中「自然」是「上品之上」。而這個「自然」就含有「逸」的意味。證之以司空圖《二十四詩品》裡的「自然」，它是「俯拾即是，不取諸鄰。俱道適往，著手成春。如逢花開，如瞻歲新。真與不奪，強得易貧。幽人空山，過雨采蘋。薄言情悟，悠悠天鈞」。所表達的「適道」「順性」「淡泊」「清幽」等意思，都可以括於「逸」字。不用說，對於藝術作品，凡此意思都在言外，它是一種「境界」。宋代黃休復《益州名畫錄》以四格論畫，分別是「逸格」「神格」「妙格」「能格」，並把「逸格」放在最上等，具體解釋是：「畫之逸格，最難其儔。拙規矩於方圓，鄙精研於彩繪，筆簡形具，得之自然，莫可楷模，出於意表，故目之曰逸格爾。」所崇尚的是「自然」，而這「自然」是要脫略形似，出於意表，儘可能與實際生活及其物象拉開距離。唯其如此，才能更充分地表達出散淡而閒遠的趣味和境界，且其審美特徵就不僅在「神」，也在於「韻」了。我們再來看蘇軾一段參之書法以論詩的名言：

予嘗論書，以為鐘、王之跡，蕭散簡遠，妙在筆畫之外，至唐顏、柳，始集古今筆法而盡發之，極書之變，天下翕然以為宗師，而鐘、王之法益微。至於詩亦然。蘇、李之天成，曹、劉之自得，陶、謝之超然，蓋亦至矣。而李太白、杜子美以英瑋絕世之姿，凌跨百代，古今詩人盡廢，然魏晉以來高風絕塵亦少衰矣。李、杜之後，詩人繼作，雖間有遠韻，而才不逮意。獨韋應物、柳宗元發纖穠於簡古，寄至味於澹泊，非餘子所及也。唐末司空圖崎嶇兵亂之間，而詩文高雅，猶有承平之遺風。其論詩曰：「梅止於酸，鹽止於鹹，飲食不可無鹽梅，而其美常在鹹酸之外。」蓋自列其詩之有得於文字之表者二十四韻，恨當時不識其妙，予三復其言而悲之。（《書黃子思詩集後》）

在這段不算太長的文字裡，蘇軾談到了中國書法與詩歌的歷史和美學的變遷，話語裡流露出的是對未變之前那種風味的神往。這風味，在書法是「蕭散簡遠，妙在筆畫之外」；在詩歌是「天成」「自得」和「超然」的「高風絕塵」，近代詩人能「發纖穠於簡古，寄至味於澹泊」者，被視為得其流風遺韻。畫論中的「自然」「逸格」，與此略相彷彿，可見「韻」是一種以蕭散簡遠、自然淡泊為特徵的風味，或如宋代一位詩評家范溫所說：

必也備眾善而自韜晦，行於簡易閒澹之中，而有深遠無窮之味，……夫綺而腴、與其奇處，韻之所從生，行乎質與癯而又若散緩不收者，韻於是乎成。[20]

20　《潛溪詩眼》佚文，轉引自錢鍾書：《管錐編》第四冊，中華書局1979年版，第1362-1363頁。

這個「韻」，包藏了「神」的審美內涵，而又發露為一種特殊的風貌，宜其為後世自命清高、寄情山水的文人墨客所取用。以詩境視之，則「韻」的境界虛而復淡，難以捉摸，於虛處又進一層。

第五節　從「神韻」到「肌理」──明清文藝思想在「虛實」問題上的爭論與調和

明清兩代的文藝思想較之先前是更加豐富也更加複雜了，表現為流派紛呈，觀念迭出，其間對「虛實」問題的探討也相當深入。但在這裡，我不去詳述各種文藝理論裡的「虛實」觀，而舉其大者，從詩歌美學中兩個重要觀念去對那幾百年間文學思想在「虛實」問題上的向度作一個歷史的把握。雖說這兩個觀念本身並非「虛實」之論，但其中所包含的對文學藝術「虛實」問題的理解，恐怕比一般的和具體的「虛實」之論深刻並具有代表性。當然，選取這兩個觀念，也是為了跟前面介紹的歷代文藝美學中的「虛實」之辨相貫通。這裡選取的兩個詩歌美學觀念是「神韻」和「肌理」，它們一前一後，顯示著中國古典詩學在盛極之後的沉澱與揚棄，其本身遞進的過程也留下了在「虛實」之間從偏至到折中的軌跡。「神韻」說的代表人物是清代一位有文壇領袖之尊的王士禎，但詩歌藝術中「神韻」的特徵以及詩人批評家對「神韻」的認識則遠遠早於王士禎。一般以為，司空圖和嚴羽的詩歌美學，都是王士禎「神韻」說的淵源，這一點，從前文對兩人詩歌美學的介紹中就可以看出，茲不再論。要提到的是，「神韻」說的標舉，與此前流行過的另一種詩論有密切關係，那就是「格調」說。「格調」說始於明初詩壇，茶陵派的領袖李東陽和「前七子」的魁首李夢陽都有過相關的論述，而以李東陽更有創說之功。「格調」說的主導思

想是擬古，要擬古，就得找出能夠做切實體認的門徑，這門徑便是「格調」。在李東陽的詩論裡，「格調」常常被落實到格律和聲調；而格律和聲調相配，又成為一種氣象。作詩，正是要從前人佳作中去體會並習得這種由格律和聲調構成的氣象。李夢陽對「格調」的闡說更為圓通，涉及詩歌藝術的多個方面，其《潛虬山人記》說：「夫詩有七難，格古、調逸、氣舒、句渾、音圓、思沖、情以發之，七者備而後詩昌也。」雖以「格調」為主，卻不唯「格調」是舉。但不管怎樣，他所說的這些，都是為學習古人指點迷津。在這個問題上，李夢陽與「前七子」的另一人物何景明有過激烈的辯爭，他的理由是：「文必有法式，然後中諸音度，如方圓之於規矩。古人用之，非自作之，實天生之也。今人法式古人，非法式古人也，實物之自則也。」（《答周子書》）因此，所謂「格調」，也可以法度視之。既然是法度，就不能故弄玄虛，讓人摸不著頭腦，而要具體明確，便於實際操作。以此而論，「格調」說的精神實質是務「實」；也正是這個原因，「格調」說受到文人士子的普遍歡迎，為的是它有助於叩開詩歌這門藝術的大門。

但對於那些才高氣盛的文人來說，「格調」之法就顯得很不夠用了；不僅不夠用，而且流於淺俗。畢竟詩歌是一門精微高妙的藝術，有許多東西是不能夠講得太具體的，否則豈不是學得一點古人的腔調，就可以自命為詩人了嗎？於是就有了王士禛這樣的才子加文壇領袖對「格調」說加以修正，以「神韻」取代「格調」。王士禛提出「神韻」說與「格調」說是有淵源關係的[21]，但在對詩歌藝術的理解上有了大幅度的轉向，這從「神韻」和「格調」兩個名目的比照中就可以看

21　參見郭紹虞《中國文學批評史》下冊第五篇第二章第二節第二目「從格調說的轉變」，百花文藝出版社1999年版。

出。以後來做調停工作的翁方綱之見，二者的區別正在虛實之間，即：「格調實而神韻虛，格調呆而神韻活，格調有形而神韻無跡也。」（《小石帆亭著錄》）這裡面尤其要注意一個「韻」字。按郭紹虞先生所說，王士禎拈出「神韻」，是受了嚴羽的啟發，但「滄浪只論一個『神』字，所以是空廓的境界，漁洋連帶說個『韻』字，則超塵絕俗之韻致，雖仍是虛無飄渺的境界，而其中有個性寓焉！」[22]這種含義的「韻」，跟唐代司空圖所說的「韻外之致」以及宋代畫論裡的「逸格」是很相似的，其中包含了一種人生態度和精神追求；而這種人生態度和精神追求又使得詩歌的境界更加虛渺空靈，以致於成為一種偏好。事實也是如此，王士禎論詩，專取「天然不可湊泊」一類，而且在司空圖的詩歌美學中找到知音。他在《鬲津草堂詩集序》說：「昔司空表聖作《詩品》凡二十四，有謂沖澹者曰：『遇之匪深，即之愈稀』；有謂自然者曰：『俯拾即是，不取諸鄰』；有謂清奇者曰：『神出古異，澹不可收』。是三者品之最上。」又曾表白自己最喜司空圖「不著一字，盡得風流」之論，說：「表聖論詩，有二十四品，予最喜『不著一字，盡得風流』八字。又云『采采流水，蓬蓬遠春』，二語形容詩境，亦絕妙，正與戴容州『藍田日暖，良玉生煙』八字同旨。」（《香祖筆記》）並舉李白「牛渚西江夜」和孟浩然「掛席幾千里」之詩演示「不著一字，盡得風流」的境界，說：「詩至此，色相俱空，政如羚羊掛角，無跡可求，畫家所謂逸品是也。」（《分甘余話》）這裡面，我們又看到「神韻」說與嚴羽詩論以及畫論中所謂「逸格」的關係。的確，前代批評家中，王士禎除了尊崇司空圖，也與嚴滄浪神交，不止一次地在其詩論中引用

22　郭紹虞：《中國文學批評史上之「神」「氣」說》，《照隅室古典文學論集》上編，上海古籍出版社1983年版，第72-73頁。

「羚羊掛角」之說，並對嚴氏以禪喻詩大加讚賞，說：「嚴滄浪以禪喻詩，余深契其說。」（《蠶尾續文》）至於繪畫，王士禎是偏愛以王維為代表的南宗畫的，並因此引出詩歌美學的標準，即所謂「興會神到」，曾說：「世謂王右丞畫雪中芭蕉，其詩亦然。如『九江楓樹幾回青，一片揚州五湖白。』下連用蘭陵鎮、富春郭、石頭城諸地名，皆寥遠不相屬。大抵古人詩畫，只取興會神到，若刻舟緣木求之，失其指矣。」（《池北偶談》）凡斯種種，都是可見王士禎標榜「神韻」說的用心和趣味。用這種趣味營造出的詩境，是閒適、淡遠、玲瓏剔透而又有著無窮的意蘊。用王士禎自己的話說，是「雋永超詣」（《漁洋文》）；用王士禎引錄別人的話說，是「縹緲俱在天際」（《漁洋詩話》）。這便是「神韻」的歸宿，也是王士禎把「韻」與「神」連帶一塊說的真實意圖。這個意圖，放到文藝美學思想中「虛實」觀念的背景下去看，就是不滿足於詩歌藝術境界的「虛」，還要把人生理想和精神境界的「虛」融入其中。這種尚「虛」的審美情趣，在司空圖的詩歌美學中就已經表露得很明顯了，而王士禎用「神韻」這樣一個很有號召力的觀念讓它再一次從詩歌創作和批評中浮現出來，成為清代文藝美學思想中一種非常令人神往的傾向，也讓我們看到那時代文學觀念在「虛實」問題上向「虛」的一面運動的一種態勢。

然而，把「神韻」之說推之過甚，也容易產生種種流弊。以其「虛」的特徵而論，從好的一面看是「雋永超詣」，而從壞的一面看，也未嘗沒有空疏的危險。放在清代學術文化的背景之下，這不利的一面更容易讓人窺破，因為那時候的學風是重實證。儘管學術研究和文學創作並不直接相關，但對中國傳統文人來說，這兩者常常集於一身，因而難免相互糾纏。在文學思想裡，把義理、考據和辭章融為一體的觀念也並不少見。為此，有相當一批詩人和批評家不願意讓「神

韻」把詩歌藝術的風光占盡，也就不是什麼奇怪的事情了。進而又有
人在理論上對「神韻」說發難，力圖把詩歌創作的方向從虛無縹緲的
路上給拉回來。翁方綱就寫了三篇《神韻論》，較為全面地剖析了「神
韻」之說的實質，其初衷是擔心此說「涉於虛無，為貽害於後學」
（《神韻論下》），因而反覆舉例說明「神韻」並不是什麼神祕兮兮的東
西，而體現在詩歌藝術各個方面：「有於格調見神韻者，有於音節見神
韻者，亦有於字句見神韻者，非可執一端以名之也。有於實際見神韻
者，亦有於虛處見神韻者，有於高古渾朴見神韻者，亦有於情致見神
韻者，非可執一端以名之也。」（《神韻論下》）經他一說，「神韻」說
就再也不「神」了，無非是詩歌創作的藝術手法和特徵。比較而言，
如果說王士禎是把「神韻」推向了詩歌藝術的彼岸，那麼翁方綱則讓
「神韻」回到了詩歌藝術本身。這裡面大體上是有個尚「虛」和務「實」
之分的。不僅如此，翁方綱還授人以如何務「實」之法，他向人們推
薦的是學問，說：

　　詩自宋、金、元接唐人之脈，而稍變其音，此後接宋、金、元
者，全恃真才實學以濟之。乃有明一代，徒以貌襲格調為事，無一人
具真才實學以副之者。至我國朝，文治之光，乃全歸於經術。是則造
物精微之秘，衷諸實際，於斯時發洩之。然當其發洩之初，必有人
焉，先出而為之伐毛洗髓，使斯文元氣復還於沖淡淵粹之本然，而後
徐徐以經術實之也，所以賴有漁洋首倡神韻以滌盪有明諸家之塵滓
也。其援嚴儀卿所云「鏡中之花，水中之月」者，正為滌除明人塵滓
之滯習言之。即所謂「詩有別才非關學」之一語，亦是專為駕博滯跡
者偶下砭藥之詞，而非謂詩可廢學也。須知此正是為善學者言，非為
不學者言也。（《神韻論下》）

　　從這段話，就可以看出翁方綱在「神韻」問題上的糾偏，是受到清代學術風氣的浸染的。翁方綱看到了王士禎的偏頗，卻未敢將他與明人一道算作不學無術之輩，而是曲為之說，把他那唯虛是尚的「神韻」說看成是以經術光大詩藝之前的準備工作。這顯然是找個台階，不讓那位詩名太大的先賢過於難堪，實際上他要推銷的，是學以養詩的道理。這在他自己的詩歌理論中，被名為「肌理」。對此，翁方綱不遺餘力地加以宣揚，說：「詩必研諸肌理，而文必求其實際。」（《延輝閣集序》）又說：「為學必以考證為準，為詩必以肌理為準。」（《志言集序》）從這話裡可以看出「肌理」的特點，它講究實際，就像學問裡的考據一樣。那麼「肌理」的內容又是什麼呢？這要聯繫翁方綱對「法」的認識去看。翁方綱是崇尚法度的，曾作有《詩法論》，彰明「詩文之賴法以定」的道理；又認為詩文之法有正有變，「法之立也，有立乎其先、立乎其中者，此法之正本探原也；有立乎其節目、立乎其肌理界縫者，此法之窮形盡變也」。由此可知，詩歌的「肌理」乃是法度的活學活用。當然，這法度也與學養和義理相關，所以翁方綱又說：「義理之理，即文理之理，即肌理之理也。」（《志言集序》）無論如何，由「肌理」論定詩歌藝術，並藉以彌補「神韻」說之不足，是一種著眼於實際問題的文學觀念，這也可以看作是從「實」處對詩歌藝術本性的理解；與「神韻」說合觀，則讓我們看到清代文藝美學中歷史地變化著的「虛實」觀念。而這樣的「虛實」觀念，在明清以還的文藝思想中是有著相當的代表性的。在這幾百年間，文學藝術領域門派繁多且標新立異，其觀點雖五花八門，但暗地裡卻都在「虛實」問題上有所作為，因而也可以用「虛實」觀念為標準去梳理、剔別。雖說種種觀點並不一定直接就「虛實」問題立論，但它們對各類藝術問題的討論——尤其是對文藝本質的探討——往往包藏著深刻的「虛實」

之辨。這是我們在把握中國傳統文藝美學史上「虛實」觀念時要特別注意的。以上所述，只是以明清詩歌美學中幾個重要觀念為例，去看待文學思想裡有關「虛實」問題的爭論和調和；而這種爭論及調和在其他各種文體及各個藝術門類裡都不同程度地存在著，還須作進一步深入領會。

第六節　小結

　　中國古代文藝美學思想有著異常豐富的內容，其中關於「虛實」問題的討論也十分可觀，這些我們暫時略去不談，留待後面分類的「虛實」問題論裡面去細說。上面所講的，是文藝美學史上重要理論及觀念所包含或牽涉到的「虛實」問題，或者說是整個中國古典文藝美學的「虛實」之辨。這種「虛實」之辨是融滲在歷代文藝家和批評家的審美意識和藝術觀念之中的，當然有時候也以「虛實」論的方式表達出來。從某種意義上說，「虛實」這對美學範疇有著元範疇的意味，更進一層看，它還具有最基本的美學和藝術觀念的意味，因而潛含於許多重要的文藝思想當中，也成為文藝美學思想發展和演化的內核和動因。從上面的介紹看，對文學藝術「虛」與「實」的特性的認識，一直在刺激著文藝美學思想的發展，其間對「虛」處的探測又是這發展過程的主導因素。這與中國古典文學藝術的精神實質在「虛」處，是相呼應的。以我們著重介紹的詩歌美學而論，自唐宋以來，中國古代詩人及批評家對詩歌藝術本性的體認，就一直是圍繞著「境界」之美而延伸的，而且著力於對「虛境」的開拓。這期間也有大量對詩歌創作實際問題的討論，但離開了境界，所有的實際問題都顯得蒼白甚至毫無意義了。從這一點，就能看出「虛實」之辨中對「虛」的看重及

其價值。當然這並不是說「實」的一面無關緊要或沒有價值。一個簡
單的道理是，「虛」是相對於「實」而言，而且只能依託於「實」來顯
現。因此，任何一種尚「虛」的觀念都應當是由「實」而生的，任何
一種「虛」的功效在根本上都來自「虛」「實」之間的關係。沒有了這
個前提，中國古典文學藝術以「虛境」為美的精神實質也無從談起了。
這個道理，我們在任何時候都不能忘記，只不過在分辨「虛」「實」之
間的關係及其所產生的效用時，應把握「虛」這一面的主導作用，並
以此去領略中國傳統文藝美學的內核以及中國古典文學藝術的精神所
在。

第三章

「化景物為情思」：詩學的「虛實」觀

上一章談論述中國傳統文藝美學思想裡的「虛」「實」之辨時已經涉及不少詩學問題，但中國古典詩學裡的「虛實」觀念或以「虛實」問題為內核的批評理論遠不止這些，這一章我們將對之作專門的討論。詩歌在中國古代文學眾體裡首屈一指，圍繞著詩歌的理論批評也最為豐富，足以成為專門之學。而詩歌因其文體特徵，又能在創作和批評上最充分、最靈活、最深邃地體現「虛」「實」關係的妙用。為此，「虛實」這對範疇在文藝美學思想裡的內涵，首先就得從詩學去看。

第一節　「比興」——「虛實」作為詩歌藝術手法

中國詩歌最古老的創作方法是「比興」，這是從《詩經》的詩歌藝術中總結出來的。而詩歌之所以要用「比興」，除了文學的形象性要求

之外，還出於詩歌創作中藝術思維和表現活動所固有的一種關係。這種關係以主客體的對立而論，其間便有著「虛」與「實」之分，就是說，詩人心裡蘊藏並要表達的東西是「虛」的，而出之以詩歌作品裡的藝術描寫後，則化「虛」為「實」了。當然，這「虛」與「實」兩個方面，在詩歌藝術中都是有特定要求的，並不是什麼樣的「虛」都成其為「詩人之心」，也並不是什麼樣的「實」都算作藝術描寫。從中國古典詩學觀念的發展也從詩歌藝術自身的審美本性看，這「虛」與「實」兩方面最突出的特點當分別是「意」與「象」，就是說，詩歌創作起於詩人心中看不見的意緒或情感，而最終變成具體可感的藝術形象。「比興」之論，講的正是這種由「虛」而「實」的手法及特徵。

但「比興」作為詩學觀念的具體含義，在中國古典詩學裡並不十分清晰，歷代詩論家的解釋也不很統一，有的甚至相去甚遠。如果從「比」「興」二字的本意作最通俗的解釋，那麼「比興」之說並不難理解，「比」是比方或比喻，「興」是興起或起興。這樣看來，「比興」就是詩歌創作中表達思想感情的手法，如宋代朱熹《詩集傳》所說：「興者，先言他物以引起所詠之詞也。」「比者，以彼物比此物也。」但這樣解釋，似乎說明不了「比興」作為詩歌創作方法的審美特徵。一個顯見的問題是，簡單地「以彼物比此物」，不能夠成其為詩。而中國古典詩學裡的「比興」之說的確還有更深的蘊義，歷代詩論裡的「比興」之論也都從不同的角度對這蘊義有所發明。種種觀點，又可以分為兩大類。一類是立足於倫理教化去強調「比興」的微言大義，如漢代鄭玄《周禮註疏》說：「比，見今之失，不敢斥言，取比類以言之；興，見今之美，嫌於媚諛，取善事以喻勸之。」鄭玄是經學大師，這樣解釋「比興」，合乎他思想和學術的邏輯。這解釋，雖從藝術的角度看顯得刻板和迂腐，卻也不能說完全沒有道理，因為《詩經》裡的「比興」

確有不少包含著倫理和教化上的寓意；並且中國古典詩歌很容易流露出倫理教化的意味，因而對「比興」的這種理解，一直到近代還能引起共鳴。但只取倫理教化的含義，顯然不能把「比興」作為一種詩歌創作的藝術方法的實質講清楚，甚至可以說是沒有把「比興」當作藝術手法去談。儘管在中國古典詩歌裡，倫理道德跟藝術特徵是有關係的——比如「主文譎諫」和「溫柔敦厚」有助於詩歌作品的含蓄蘊藉——但無論如何前者不能取代後者。因此，只從倫理道德立說，尚不能夠真正揭示「比興」作為詩歌藝術手法的本性。與之並行的另一類解釋，是從藝術思維和藝術形象的角度去闡說「比興」的審美內涵。這可以舉鍾嶸〈詩品序〉裡的有關論述為例，其中把「比」解釋為「因物喻志」，把「興」解釋為「文已盡而意有餘」。這個解釋未必精確，卻是出於審美和藝術的眼光，尤其是「文已盡而意有餘」之論，頗能道出詩歌藝術的真美，也對後世詩學觀念影響巨大。在這兩類解釋之間，還有一種折中的意見，它是把倫理的和審美的內涵糅合起來為「比興」立說。這方面的代表，是劉勰《文心雕龍》的〈比興〉篇。在這篇專論「比興」的文獻裡，劉勰融貫前人之說，對「比興」的性質、效果和方法作了較為全面的闡發，從而也將「比興」問題上升到文學觀念和文學理論的高度。

劉勰對「比興」的界說，在相當程度上吸收了經學家的見解，很堅決地肯定了「比興」的倫理內涵。他說：「詩文弘奧，包韞六義，毛公述傳，獨標興體，豈不以風通而賦同，比顯而興隱哉！故比者，附也；興者，起也。附理者切類以指事，起情者依微以擬議。起情故興體以立，附理故比例以生。比則畜憤以斥言，興則環譬以托諷。蓋隨時之義不一，故詩人之志有二也。」（《文心雕龍》〈比興〉）這定義，可以看作是對經學家見解的發揮，但論述得更為周全而深刻了。其中

值得注意的是指出「興」之為體「隱」而「微」的特點，這是因「起情」
而論，當涉及詩歌的藝術效果。〈比興〉篇中又有分別對「比興」之功
效的具體說明：「觀夫興之托喻，婉而成章，稱名也小，取類也大。」
「夫比之為義，取類不常：或喻於聲，或方於貌，或擬於心，或譬於
事。」如果不計內容上的區別（即「比」是「斥言」，「興」是「托
諷」），這兩段話當屬互文見義，即「比」也「婉而成章」，「興」也「取
類不常」，這是「比興」共有的效用。最後的贊語將「比興」合說：「詩
人比興，觸物圓覽。物雖胡越，合則肝膽。擬容取心，斷辭必敢。攢
雜詠歌，如川之澹。」這裡所謂「比興」，跟前面分別論述的「比」與
「興」意思稍有不同。前面將「比興」分述，更多地是把「比」與「興」
當作修辭手法來談，而贊語裡「比興」合稱，則文學理論的意味較多。
王元化先生說：「〈比興篇〉的篇名以及〈贊〉中所謂『詩人比興』，
都是包含了更廣泛的內容的。在這裡，『比興』一詞可以解釋作一種藝
術性的特徵，近於我們今天所說的『藝術形象』一語。」[1]就指出這一
點。但合稱的「比興」應當包含了分述的「比」與「興」的意義，因
此它的意思還當落在創作方法之上，這從「詩人比興」之「比興」用
如動詞以及對「擬容取心」的闡說就可以看出。

　　王元化先生指出「比興」之說「藝術形象」的內涵，是深有見地
的。結合《文心雕龍》整個的思路去看，「比興」的落腳點正在藝術形
象，這在劉勰的批評話語裡叫「意象」，〈神思〉篇所謂「窺意象而運
斤」，即是此旨；而「比興」也正是「窺意象」的手段，或者說，「比
興」的美學內涵是「象」。這個「象」有哲學思想上的淵源，是《易傳》

1　王元化：《釋〈比興篇〉擬容取心說》，《文心雕龍創作論》，上海古籍出版社1979年
　　版，第135頁。

裡的「觀物取象」說。〈繫辭傳〉說：「聖人有以見天下之賾，而擬諸其形容。像其物宜，是故謂之象。」又說：「古者包犧氏之王天下也，仰則觀象於天，俯則觀法於地，觀鳥獸之文，與地之宜，近取諸身，遠取諸物，於是始作八卦，以通神明之德，以類萬物之情。」這說的是聖人因取象而創造了文化。文學藝術作為文化的一部分，理應以取象為能事，而取象的手段之一，就是「比興」。這是劉勰為「比興」立說的哲學思想上的根源。當然，「比興」所取之象與一般的天文地理之像是有很大不同的，用今天的話說，它是藝術形象或審美意象；而之所以與美和藝術相通，又因為它是人心和人情作用的結果。這個意思，可以與《文心雕龍》中另外兩段論述參看，一是〈神思〉篇所說：「夫神思方運，萬涂競萌，規矩虛位，刻鏤無形，登山則情滿於山，觀海則意溢於海。我才之多少，將與風雲並驅矣。」一是〈物色〉篇所說：「詩人感物，聯類不窮，流連萬象之際，沉吟視聽之區。寫氣圖貌，既隨物以宛轉；屬采附聲，亦與心而徘徊。」正是有了「情滿於山」「意溢於海」以及「與心徘徊」的心理條件，詩人所取之象才富於美感，才能成為不同於一般物象的藝術形象。這心理條件，當為「比興」所必須；而由「比興」手法得來的藝術形象也就是融詩人之心於語詞之象的「意象」。由意象看「比興」，則「比興」之說也是從虛實兩個層面去體察詩歌藝術的本性。就創作手法而言，「心」為虛而「物」為實；就詩歌作品而言，則「意」為虛而「象」為實。詩歌藝術，正是這種虛實交感並交融的結晶。

劉勰對「比興」問題作了周全的闡述，但他的立論還是十分審慎的，基本上是對前此有關「比興」的各種意見的歸總。在他之後，「比興」仍作為一個重要的詩學課題而受到歷代詩人和批評家的關注，又因不同的創作實際和理論視野而生發出新的見解。其中不少看法頗有

創意，尤其是對「興」的解說，往往深化了詩歌藝術「虛」的一方面的內涵，且與「境界」之說逐漸相合。如唐代釋皎然說：「取象曰比，取義曰興，義即像下之義。」（《詩式》）這是把「興」當作「比」的更深一層意思。而皎然又曾申言詩歌創作的「重意」問題，說：「兩重意已上，皆文外之旨。若遇高手如康樂公，覽而察之，但見情性，不睹文字，蓋詩道之極也。」（《詩式》）興之取義，當與文外之旨相通。這層含義，清代幾位詩論家說得更為明確。方東樹《昭昧詹言》說：「詩重比興：比但以物相比；興則因物感觸，言在於此而義寄於彼，如〈關雎〉〈桃夭〉〈兔罝〉〈樛木〉。解此則言外有餘味而不盡於句中。又有興而兼比者，亦終取興不取比也。若夫興在象外，則雖比而亦興。然則興最詩之要用也。文房詩多興在象外，專以此求之，則成句皆有餘味不盡之妙矣。」李重華《貞一齋詩說》說：「興之為義，是詩家大半得力處。無端說一件鳥獸草木，不明指天時而天時恍在其中；不顯言地境而地境宛在其中；且不實說人事而人事已隱約流露其中。故有興而詩之神理全具也。」陳廷焯《白雨齋詞話》說：「托喻不深，樹義不厚，不足以言興。深矣厚矣，而喻可專指，義可強附，亦不足以言興。所謂興者，意在筆先，神余言外，極虛極活，極沉極郁，若遠若近，可喻不可喻，反覆纏綿，都歸忠厚。」這些論述，把「興」的含義向深處和虛處大大地推進一步，不僅遠遠超出了「比」，而且較之一般的詩歌境界也有過之而無不及，難怪有現代文藝理論家把「興」與西方文藝批評裡的「象徵」相提並論。如梁宗岱先生認為象徵「和《詩經》裡的『興』頗近似」，它們的特點是「融洽或無間」「含蓄或無限」：「所謂融洽是指一首詩底情與景，意與象底惝恍迷離，融成一片；含蓄

是指它暗示給我們的意義和興味底豐富和雋永。」[2]這跟方東樹說的「言外有餘味」，李重華說的「不明指天時而天時恍在其中」，陳廷焯說的「若遠若近，可喻不可喻」，不正是同一種詩歌境界嗎？有了這樣的境界，詩歌作品就顯得「極虛極活」。清代另一位詩論家吳喬在談到「比興」與「賦」的區別時便從「虛實」著眼，說：「比興是虛句活句，賦是實句。有比興則實句變為活句，無比興則實句變為死句。」（《圍爐詩話》）這就更明確指出了「比興」尚「虛」的特點，而這個特點在「興」的藝術手法及效果中表現得最為充分。實際上這也是繼承了前人的看法，明代一位批評家彭輅就專以「興」為虛，其《詩集自序》說：「賦實而興虛，比有憑而興無據，不離句字而有神存乎其間，神之在興者什九，在賦比者半之。此《國風》《小雅》不傳之秘，而靈均之騷所獨濡染而淋漓者也。」這話或許說得有點偏激，但「興」以「虛」為特色，卻是歷代批評家所公認的，它與「賦」的「實」相對，較之「比」的「虛」更深一層。只是通常人們因「虛實」設論，是將「比興」括於一說，而與「賦」相對而言的。完整地說，「比興」本身就包含著「虛」與「實」的關係，但在詩歌藝術中，它們都是以「虛」為指向的。

第二節　「情景」──「虛實」作為詩歌基本要素

　　在中國傳統詩學裡，「虛實」觀念是最大限度地包容在「情景」問題之中，這不僅因為「情景」問題與「虛實」問題經常連帶在一起，而且許許多多的「情景」之說都有意無意地傳達出一種「虛實」觀念，而且因這「虛實」觀念而顯得深刻、厚重。為此，有人甚至認為「情

<hr>

2　梁宗岱：《象徵主義》，《詩與真・詩與真二集》，外國文學出版社1984年版，第69頁。

景」與「虛實」原本就是一回事，如明代費經虞《雅論》引《類編》的話說：「又有前實後虛、前虛後實，亦不過『情景』二字易名耳。」這話雖看上去說得隨意，卻恐怕不是一兩個人的看法。至少有一件事可以證明「情景」問題與「虛實」觀念的相互交融，那就是中國傳統詩學裡「情景」論成立之時，「虛實」觀念就與之並行。因此，詩學裡的「虛實」觀念就非得從「情景」問題去看不可，而且要花較多的力氣去把握。這裡，我們不把問題鋪得太開，只選取詩歌美學史上分量較重影響較大的幾家去作些解釋。

一、宋元詩論裡的「情景虛實」說

詩歌創作中的「情景」問題，在中國古代文論中出現得很早，溯其源頭，恐怕上古詩歌總結出的「比興」之說，就包含著對「情景」的認識，因為「以彼物比此物」，就包括以景物比情感；而「先言他物以引起所詠之詞」，也有觸景生情的意思。但此時的「情景」問題仍蘊藏在更大的詩學觀念之中，處於蓄而未發的狀態。從魏晉至唐，批評家們對「情景」的論述逐漸多了起來，多有人把「情景」當作詩歌藝術的本質特徵，且給「景」的問題以專門論說。如《文鏡秘府論‧地卷》〈十七勢〉載：「理入景勢者，詩不可一向把理，皆須入景，語始清味。」又：「景入理勢者，詩一向言意，則不清及無味；一向言景，亦無味。事須景與意相兼始好。凡景語入理語，皆須相愜。當收意緊，不可正言。」這說的是「景」在詩歌創作中的功效，具體表現為「理」或「意」融於「景」。劉禹錫也有「坐馳可以役萬景」（《董氏武陵集紀》）之論，表明思理之妙，與景相關。這些都不同程度地涉及詩歌創作中「情」與「景」的問題，也都有會心之見，但從總體上看，並沒有對「情景」問題專門立說並展開討論。將「情景」提升到一個詩學課題並用以評析和指導詩歌創作，是宋代詩論家對中國傳統詩學

的貢獻。在宋代詩話裡，對「情景」問題的討論成為一個亮點，而且這討論一開始就跟「虛實」觀念結合在一起。我們來看范晞文《對床夜語》中有關「情景」的論述。

我們曾說，宋代詩學觀念有尚「實」的特徵，這特徵也體現在批評方法上，即注重文本的解讀，從對具體作品的評析演示出理論觀點。范晞文談論「情景」，就以杜甫詩為示例，其論如下：老杜詩：「天高雲去盡，江迴月來遲。衰謝多扶病，招邀屢有期。」上聯景，下聯情。「身無卻少壯，跡有但羈棲。江水流城郭，春風入鼓鼙。」上句情，下句景。「水流心不競，雲在意俱遲。」景中之情也。「捲簾唯白水，隱几亦青山。」情中之景也。「感時花濺淚，恨別鳥驚心。」情景相觸而莫分也。「白首多年疾，秋天昨夜涼。」「高風下木葉，永夜攬貂裘。」一句情一句景也。固知景無情不發，情無景不生。或者便謂首首當如此作，則失之甚矣。如：「淅淅風生砌，團團月隱牆。遙空秋雁滅，半嶺暮雲長。病葉多先墜，寒花只暫香。巴城添淚眼，今夕復清光。」前六句皆景也。「清秋望不盡，迢遞起層陰。遠水兼天淨，孤城隱霧深。葉稀風更落，山迴日初沉。獨鶴歸何晚，昏鴉已滿林。」後六句皆景也。何患乎情少？

在這段話裡，論者提出一個重要的命題，叫作「景無情不發，情無景不生」，確定了「情景」作為詩歌創作的最基本的元素。而這個命題，也包含了前代文論裡由「心物」「比興」等觀念所表達的意思。這意思還可以用宋代一位批評家李仲蒙論「比興」的話去印證，即：「索物以托情，謂之比，情附物者也；觸物以起情，謂之興，物動情者也。」（胡寅《與李叔易書》引）正因為詩人創作是緣情景相觸而生，

那麼詩歌作品裡也就無非情景了。所以「情」與「景」理應成為品評詩歌藝術的重要標準，而詩人的匠心，也得以由「情景」的表現及其關係而見。這一點，論者用杜甫的詩歌作了有力的說明。

「情景」是詩歌作品裡的藝術表現，若更深一層看，「情」「景」之間的關係又可以「虛實」論。因此，范晞文又將「虛實」引入「情景」問題，說：「周伯弜選唐人家法，以四實為第一格，四虛次之，虛實相半又次之。其說『四實』，謂中四句皆景物而實也。於華麗典重之間有雍容寬厚之態，此其妙也。昧者為之，則堆積窒塞，而寡於意味矣。」這是講作詩如何避免堆砌之病，從中可見「實」為景物，那麼「虛」就指的是情感了。對「虛」「實」之間的關係，論者又引述了以下一段精彩的見解：

> 「四虛」序云：不以虛為虛，而以實為虛，化景物為情思，從首至尾，自然如行雲流水，此其難也。否則偏於枯瘠，流於輕俗，而不足采矣。姑舉其所選一二云：「嶺猿同旦暮，江柳共風煙。」又：「猿聲知後夜，花發見流年。」若猿，若柳，若花，若旦暮，若風煙，若年，皆景物也，化而虛之者一字耳。此所以次於四實也。

這段話把「情景」和「虛實」問題說得很明白，所謂「以實為虛」，就是把情思化為景物描寫。這原本是中國古典詩歌的一貫做法，但在這裡，論者以「虛實」這種較之「心物」「比興」等更具有理論意味的術語加以表述，這在中國傳統詩學史上，是有著重要意義的，也是「虛實」這對美學範疇在文學批評裡的凸現。但要注意的是，所說的「四虛」，並非詩歌的最上乘，比「四虛」更高一等的是「四實」。從范晞文的解釋看，「四虛」是讓人看出了化虛為實的痕跡，如所舉詩

例中「化而虛之」的那一個詞。而「四實」恐怕是連這一個詞都略去，讓人看不出一點「化」的痕跡。這個意思，似乎可以用明代謝榛《四溟詩話》的一段賞析文字去說明：「韋蘇州曰：『窗裡人將老，門前樹已秋。』白樂天曰：『樹初黃葉日，人欲白頭時。』司空曙曰：『雨中黃葉樹，燈下白頭人。』三詩同一機杼，司空為優，善狀目前之景，無限淒感，見乎言表。」所舉三句詩的意象和思致略同，但前兩句都不同程度流露出「化」的痕跡，如韋詩的「將老」「已秋」，白詩的「初」和「欲」等，而司空曙的一句，全然不見點化之功，只是「景」的實寫，相反卻更有韻味。這可以看作是不化而化，不虛而虛。「四實」之所以高出「四虛」，道理就可以由此而見。這是詩學中的「虛實」問題所包含的辯證因素，在詩歌創作中，則是相反相成的藝術辯證法。范晞文在闡說「以實為虛」的手法和效用時，沒有忘記「四實」的最高境界，可見他在「虛實」問題上還有更深的領悟，這領悟在後世的詩學及畫論中，被更多地申說開來，此處且不深論。

《對床夜語》把「情景」「虛實」當作詩歌藝術的要領，在對具體的詩人詩作的評價上，也多因「虛實」立說；而這類詩評，從多方面豐富了「虛實」觀念的美學內涵。我們略舉幾則。如論虛字實字：「虛活字極難下，虛死字尤不易，蓋雖是死字，欲使之活，此所以為難。老杜『古牆猶竹色，虛閣自松聲』及『江山有巴蜀，棟宇自齊梁』，人到於今誦之。予近讀其《瞿塘兩崖》詩云：『入天猶石色，穿水忽雲根。』『猶』『忽』二字如浮雲著風，閃爍無定，誰能跡其妙處。他如『江山且相見，戎馬未安居』『故國猶兵馬，他鄉亦鼓鼙』『地偏初衣袷，山擁更登危』『詩書遂牆壁，奴僕且旌旄』，皆用力於一字。」這講的是虛字的妙用；而虛字之所以有妙用，又在於它能使詩歌表達的情思「虛活」，是所謂「化而虛之」的一字。類似的例子還有關於「顏

色字」的議論：「老杜多欲以顏色字置第一字，卻引實字來，如『紅入桃花嫩，青歸柳葉新』是也。不如此，則語既弱而氣亦餒。」這放在詩句排頭的「顏色字」，實際上也起著化虛為實的效用，具體說是因強化視覺印象而產生一種情韻，從而虛而難察的情思就由如在目前的「紅」與「青」傳達出來了。又如以「虛實」品評唐詩：「『故人江海別，幾度隔山川。乍見翻疑夢，相悲各問年。孤燈寒照雨，深竹暗浮煙。更有明朝恨，離杯惜共傳。』『暮蟬不可聽，落葉豈堪聞。共是悲秋客，那知此路分。荒城背流水，遠雁入寒雲。陶令門前菊，余花可贈君。』前一首司空曙，後一首郎士元，皆前虛後實之格。今之言唐詩者多尚此。及觀其作，則虛者枯，實者塞，截然不相通，徒駕宗唐之名而實背之也。」這是以唐詩為例示人以前虛後實之格並批評時人不知「虛實」之法。同樣的意思還有：「七言律詩極不易，唐人以詩名家者，集中十僅一二，且未見其可傳。蓋語長氣短者易流於卑，而事實意虛者又幾乎塞。用物而不為物所贅，寫情而不為情所牽，李杜之後，當學者許渾而已。」這是交代處置「虛實」「情景」問題時應注意的事項。作為文學批評，兩段話未免持論過嚴，但其中表達出的對「虛實」「情景」問題的理解，還是很有見地的，宜為詩人運用「虛實」之法所留心。除以上言論外，《對床夜語》中還有一些評詩的話語，雖不是專論「虛實」，也與其「虛實」觀念有內在的聯繫，值得一看。如：

詩在意遠，固不以詞語豐約為拘。然開元以後，五言未始不自古詩中流出，雖無窮之意，嚴有限之字，而視大篇長什，其實一也。如「舊裡多青草，新知盡白頭」，又「兩行燈下淚，一紙嶺南書」，則久別乍歸之感，思遠懷舊之悲，隱然無窮。他如詠開適，則曰「坐歇青松晚，行吟白日長」；狀景物，則曰「雲霞出海曙，梅柳渡江春」。似此

之類，詞貴多乎哉？劉後村有云：「言意深淺，存人胸懷，不繫體格。若氣象廣大，雖唐律不害為黃鐘大呂。否則手操雲和，而驚飆駭電，猶隱隱弦撥間也。」

　　「無窮」和「有限」的關係，先前許多詩論家都講過，像司空圖的「萬取一收」、歐陽修引述的「含不盡之意見於言外」、嚴羽所說的「言有盡而意無窮」等都是，在這裡，是與「虛實」問題放在一塊說，正可以看作「以實為虛」所應當有的效果，當然也就涉及「虛實」觀念的美學內涵了。

　　宋代詩話及詩論裡講到「虛實」和「情景」問題的地方還有不少，精彩的意見也屢見不鮮，但以范晞文《對床夜語》談得較為集中和透闢。此外還須一提的，是方回的《瀛奎律髓》。方回是元代人，但其詩評卻主要是承宋代詩學觀念的余緒，尤其受江西詩派的影響。《瀛奎律髓》是一部評點性質的書，目光所注，多在篇章字句，然而時常也能在「小結果」裡看出「大判斷」。對「情景」問題的認識，就有這個特點。其評杜甫《江亭》時說：「老杜詩不可以色相聲音求。如所謂『圓荷浮小葉，細麥落輕花』『市橋官柳細，江路野梅香』『柱穿蜂溜蜜，棧缺燕添巢』『細雨魚兒出，微風燕子斜』『芹泥香燕嘴，花蕊上蜂須』，他人豈不能之？晚唐詩千鍛萬煉，此等句極多。但如老杜『水流心不競，雲在意俱遲』，即如『片雲天共遠，永夜月同孤』，景在情中，情在景中，未易道也。又如『寂寂春將晚，欣欣物自私』，『江山如有待，花柳更無私』，作一串說，無斧鑿痕，無妝點跡，又豈只是說景者之所能乎？」又評賈島《僻居無可上人相訪》時說：「一體中四句極其工，而皆不離乎景，情亦寓乎景中。但不善措置者近乎冗。老杜則不拘。有四句皆景者，有兩句情、兩句景者，尤伶俐淨潔也。」兩段

話都在強調「情景交融」的重要性，而「情景交融」是中國古典詩歌
最普遍的審美特徵。其實，詩歌批評雖將「情」與「景」分説，但在
詩歌創作中二者是分不開來的。在優秀的詩歌作品裡，無景之情和無
情之景都極罕見。近代王國維有一句名言，叫作「一切景語皆情語」
（《人間詞話》），反過來看，一切情語又何嘗不是景語呢？方回將「景
在情中」與「情在景中」並提，就是對這個特點的概括而精到的説明，
而此一命題在中國傳統詩學的「情景」之論中也成為一個大的原則，
詩人和批評家們無論對「情景」問題怎樣發揮，都不能違背這一原則，
或者説是在這個原則之下去推闡其説了。

二、謝榛及明代批評家論「情景虛實」

　　經宋元詩論的張揚，「情景」與「虛實」就成為中國傳統詩學裡的
一個專門的課題，也成為批評家們探討詩歌藝術的一個重要的著眼
點。但就詩學的課題而言，宋元詩論裡的研討還比較有限，其中一些
精微的內涵也有待於進一步發掘。在這方面，明清兩代詩論家稟前人
之説，作了大量細密而富有成效的工作，從而也把「情景」「虛實」之
論更加推向詩歌理論批評的高處和深處。在明代，就有不少批評家從
不同角度為「情景」「虛實」立説，這裡面眼界最高且其觀點對那個時
代文藝美學思想產生深刻影響的，當首推謝榛。

　　謝榛是明代「後七子」的代表，但他的詩學觀念卻不受門派的限
制，而以詩歌藝術的自身規律為準的，故而精義妙論，隨處可見。其
《四溟詩話》對「情景」與「虛實」問題的闡説，很為後人稱道。下面
這段話，就堪為中國傳統詩學裡最有分量的「情景」論之一：

　　作詩本乎情景，孤不自成，兩不相背。凡登高致思，則神交古
人，窮乎遐邇，繫乎憂樂，此相因偶然，著形於絕跡，振響於無聲

也。夫情景有異同，模寫有難易，詩有二要，莫切於斯者。觀則同於
外，感則異於內，當自用其力，使內外如一，出入此心而無間也。景
乃詩之媒，情乃詩之胚，合而為詩，以數言而統萬形，元氣渾成，其
浩無涯矣。

　　這段話要講的道理，前人也講過，無非是「情」與「景」的相互
滲透、相互依存。但跟前代同類觀點相比，謝榛下的斷語更加有力，
也更具有本質論的意味，即所謂「孤不自成，兩不相背」；所用的比喻
也更加貼切，更能道出詩歌藝術的原質，即所謂「景乃詩之媒，情乃
詩之胚」。有了這樣一個論斷和一個比喻，謝榛就足以詩學名家了，但
他對「情景」問題的作為及貢獻，遠不止於一個論斷和一個比喻。上
引一段話，除了對「情景」作為詩歌藝術的根本的意義加以論定外，
還把問題延伸到了創作主體的心理層面，即所謂「觀則同於外，感則
異於內」。景由觀而來，情由感而生，而觀和感都繫於人心，為此詩歌
創作中的景與情都由人心統領。用現代文藝理論的術語說，「心靈」是
詩歌藝術中情與景的根基；而「一切景語皆情語」也正可以用這個創
作心理學上的道理去解釋。由於心靈，詩人對於創作中的情與景可以
應付裕如，「使內外如一」，其作品也可以囊括天地宇宙而渾灝流轉。
這很容易讓人想起黑格爾的那句論美的名言：「只有心靈才是真實的，
只有心靈才涵蓋一切。」[3]照這個意思，中國古代詩學裡的「情景」之
論，與其說是以「情」為主導，倒不如說在「情」與「景」這兩種要
素的背後，還有一個更深邃的「心」，它才是真正的「詩之胚」。
　　除以「情景」論定詩歌藝術的本質之外，謝榛還從多方面討論「情

3　黑格爾：《美學》第一卷，商務印書館1979年版，第5頁。

景」在詩歌創作中的效用和得失，層層展示「情景」說的蘊義。如：
「景多則堆垛，情多則闇弱，大家無此失矣。八句皆景者，子美『棘樹寒雲色』是也；八句皆情者，子美『死去憑誰報』是也。」又如：「詩乃模寫情景之具，情融乎內而深且長，景耀乎外而遠且大。當知神龍變化之妙：小則入乎微罅，大則騰乎天宇。此惟李、杜二老知之。」下面這段問答，也是謝榛暢論「情景」的得意之筆：

> 杜約夫問曰：「點景寫情孰難？」予曰：「詩中比興固多，情景各有難易。若江湖遊宦羈旅，會晤舟中，其飛揚坎坷，老少悲歡，感時話舊，靡不慨然言情，近於議論，把握住則不失唐體，否則流於宋調，此寫情難於景也，中唐人漸有之。冬夜園亭具樽俎，延社中詞流，時庭雪皓目，梅月向人，清景可愛，模寫似易，如各賦一聯，擬摩詰有聲之畫，其不雷同而超絕者，諒不多見，此點景難於情也，惟盛唐人得之。」約夫曰：「子能發情景之蘊，以至極致，滄浪輩未嘗道也。」

　　這話說得很在理，頗能言中古代文人為詩在「情景」問題上的難處和痛處。情多而不知熔鑄於景，景易而未嘗以情寫之，都在「情景」問題上失諸一端。那麼反過來看，謝榛的指失也是在旁證「情景」的意蘊何在了。

　　顯然，謝榛對「情景」問題的探討，是包含了某種「虛實」觀念的，這從種種對「情」與「景」及其關係的表述就體會得出，而且《四溟詩話》裡就有因「虛實」設論的詩評。不過，謝榛所論的「虛實」並不一定與「情景」相對應，而更多地是談論「情景」之作「虛」的審美特徵，如：「貫休曰：『庭花濛濛水泠泠，小兒啼索樹上鶯。』景

實而無趣。太白曰：『燕山雪花大如席，片片吹落軒轅台。』景虛而有味。」這裡面所說的「虛」是指寫景的闊大，包含了想像和誇張的意思，用中國傳統文論的術語說，則是「神思」或「入神」。以下兩段話，證明的也都是這個道理：「寫景述事，宜實而不泥乎實。有實用而害於詩者，有虛用而無害於詩者。此詩之權衡也。」「夫情景相觸而成詩，此作家之常也。或有時不拘形勝，面西言東，但假山川以發豪興爾。譬若倚太行而詠峨嵋，見衡漳而賦滄海，即近以徹遠，猶夫兵法之出奇也。」「不泥乎實」，就是不要太被眼前的景色牽著鼻子走，要能夠按藝術的規律對實景加以虛擬，這對於把景寫活寫出神來，是有好處的。「情景相觸而成詩」，這是一般的道理，但這並不是說詩興產生後，詩人非得寫他所能見到的景色，他的思緒完全可以在虛空中神遊，將藝術思維的觸角伸至千里萬里之外。凡此都可以「虛實」論，或者說是以「虛實」觀念對情景之說加以深化。這個看法稍加變通，還牽涉到詩歌描寫的「逼真與含糊」以及「濃與淡」的問題。這問題與「虛實」的聯繫不是很明顯，須旁及繪畫藝術及畫論才能認清。繪畫裡的「虛」不僅指「白」，也指「淡」和「暈」，這一點，我們在後面討論畫論的「虛實」時再細說。中國古典詩歌與繪畫原本就是相通的，因而繪畫的道理也可用之於作詩，下面這段話就是如此：「凡作詩不宜逼真，如朝行遠望，青山佳色，隱然可愛，其煙霞變幻，難以名狀；及登臨非復奇觀，惟片石數樹而已。遠近所見不同，妙在含糊，方見作手。」這很明顯是以繪畫之法論詩。中國古代山水畫對景物的遠近很有講究，具體說是近實遠虛，唐代王維《山水論》中說：「遠人無目，遠樹無枝；遠山無石，隱隱如眉；遠水無波，高與雲齊。」講的就是繪畫的遠近之理。詩人寫景，也與這道理相合。若景在遠處，而非得狀寫如在目前，就難免「實而無趣」。從「不宜逼真」和「妙在含糊」

的表述看，與景物拉開距離，恐怕是作詩的意趣所在。同樣的景色，遠看「隱然可愛」，近臨卻「非復奇觀」，這裡面多少包含著一點「審美距離」說的意思。瑞士美學家布洛認為距離產生美，說：「美，最廣義的審美價值，沒有距離的間隔就不能成立。」[4]此所謂「距離」，意在拉開審美與生活中功利目的距離。但就中國古代詩人與自然山水的關係而言，美感的產生及表現，不也常常需要與景物拉開實際的距離嗎？是所謂「可以遠觀，不可近褻」。以中國傳統文藝美學的觀點論，則其妙處就在虛實隱顯之間了。同樣的道理，也體現在「濃」與「淡」的關係上，謝榛說：「律詩雖宜顏色，兩聯貴乎一濃一淡。若兩聯濃，前後四句淡，則可；若前後四句濃，中間兩聯淡，則不可。亦有八句皆濃者，唐四傑有之；八句皆淡者，孟浩然、韋應物有之。非筆力純粹，必有偏枯之病。」用繪畫之色比擬詩歌描寫，意思當仍在寫景的輕重和遠近。參之繪畫，「濃」處自是實處，「淡」處則為遠為虛。律詩是否非得像謝榛說的那樣去分配濃句與淡句，還可以商榷。但以「色」之濃淡論詩，卻是論者超乎尋常的感悟，這和他整個詩學觀念裡的「情景虛實」說是相通的。

詩歌藝術的遠近濃淡問題，謝榛之前，李東陽也談到過，他看重的是「意」，主張詩「意」的淡遠，這與謝榛以寫景為例的「遠近濃淡」之說恰可相互發明。茲引錄李東陽《懷麓堂詩話》中一段相關論述，以見明代詩學在這一問題上的見識：

> 詩貴意，意貴遠不貴近，貴淡不貴濃。濃而近者易識，淡而遠者

4　轉引自北京大學哲學系美學教研室編：《西方美學家論美和美感》，商務印書館1980年版，第278頁。

難知。如杜子美「鉤簾宿鷺起，丸藥流鶯囀」，「不通姓字粗豪甚，指點銀瓶索酒嘗」，「唧泥點涴琴書內，更接飛蟲打著人」，李太白「桃花流水杳然去，別有天地非人間」，王摩詰「返景入深林，復照莓苔上」，皆淡而愈濃，近而愈遠。可與知者道，難與俗人言。

這裡面所說的「遠」很像是皎然所謂「意中之遠」，但這「意」是以寫景表現出來的，故而雖以「意」為主，卻將「景」的問題一併而論了。這與謝榛的「遠近濃淡」之說有異曲同工之妙，也是「虛實」觀念在一個具體的詩學問題上的表達，而且對「虛」「實」之間的辯證關係有更深的理解，即所謂「淡而愈濃，近而愈遠」。這說明，詩歌藝術中的「淡」與「濃」、「近」與「遠」的關係並非一成不變，而是可以轉化的：淡到極處，就成為濃；近在眼前之景，能傳遠在天邊之意。這裡面的矛盾越大，詩歌藝術就越富張力。在詩歌創作中，這道理對詩人處理「情景」「虛實」之間的關係，是良有助益的。

明代詩學裡的「情景虛實」之說，除謝榛論述詳切之外，陸時雍《詩鏡總論》也多有勝義。其論詩主「神韻」，說：「詩之佳，拂拂如風，洋洋如水，一往神韻，行乎其間。」又論何遜詩說：「何遜以本色見佳，後之采真者，欲摹之而不及。陶之難摹，難其神也；何之難摹，難其韻也。何遜之後繼有陰鏗，陰、何氣韻相鄰，而風華自布。見其婉而巧矣，微芳幽馥，時欲襲人。」觀此可知「神韻」之美，故其論詩多由「神」及「韻」，如：「精神聚而色澤生，此非雕琢之所能為也。精神道寶，閃閃著地，文之至也。晉詩如叢彩為花，絕少生韻。」分言之，則詩之妙處在「韻」，而「韻」之所由在「神」，如其所論：「『池塘生春草』，雖屬佳韻，然亦因夢得傳。『林壑斂暝色，雲霞收夕霏』，語饒霽色，稍以椎煉得之。『白雲抱幽石，綠篠媚清漣』，不琢而

工。『皇心美陽澤，萬象咸光昭』，不淘而淨。『杪秋尋遠山，山遠行不近』，不修而嫵。『猿鳴誠知曙，谷幽光未顯』『岩下雲方合，花上露猶泫』，不繪而工。此皆有神行乎其間矣。」因而詩之高下，多以「韻」論，如：「古樂府多俚言，然韻甚趣甚。」「謝玄暉豔而韻，如洞庭美人，芙蓉衣而翠羽旗，絕非世間物色。」「沈約有聲無韻，有色無華。」「詩有靈襟，斯無俗趣矣；有慧口，斯無俗韻矣。」由「神韻」進而引出「情景」「意象」及「虛實」問題，因為「情景」之妙，正在於有「韻」致：「凡情無奇而自佳，景不麗而自妙者，韻使之然也。」這以「情景」而見的「韻」致，又以含蓄蘊藉為能事，如論杜詩所說：「少陵七言律，蘊藉最深。有餘地，有餘情。情中有景，景外含情。一詠三諷，味之不盡。」又論「言情」「道景」之法說：「善言情者，吞吐深淺，欲露還藏，便覺此衷無限。善道景者，絕去形容，略加點綴，即真相顯然，生韻亦流動矣。此事經不得著做，做則外相勝而天真隱矣，直是不落思議法門。」還要求詩人敘寫情景時以含斂為尚：「詩不患無材，而患材之揚；詩不患無情，而患情之肆；詩不患無言，而患言之盡；詩不患無景，而患景之煩。知此始可與論雅。」言情佳者，是有「不知不言之妙」，道景妙者，是「每入幽微，語氣悠柔，讀之殊不盡纏綿之致」。總之，「此皆得意象之先，神行語外，非區區模仿推敲之可得耳」。這樣，情景之佳妙又可以「意象」見。《詩鏡總論》多以「意象」論詩，如「風格渾成，意象獨出」「其所別在意象之際」「然昌齡之意象深矣」「意廣象圓」等；而「意象」之論，又常與「虛實」相關，如：「實際內欲其意象玲瓏，虛涵中欲其神色畢著。」又：「古人善於言情，轉意象於虛圓之中，故覺其味之長而言之美也。」以「意象」論詩，其含義因上下文而不太確定，但大體上它跟情景是差不太多的。《詩鏡總論》談到唐詩矮於古人之處時說：「古人情深，而唐

以意索之，一不得也；古人像遠，而唐以景逼之，二不得也。」可見
「意」與「象」在詩學的話語中「情」與「景」相類；但含義要深廣許
多；「意」不止於「情」，「象」也不單單指「景」，而「意象」合為一
詞，又常有不可分之意義，它已經把「情」與「景」的要素融為一體。
這本身就包含了詩歌創作的「虛」「實」關係，即所謂「虛者實之」；
成為詩歌作品中的藝術形象，又當實者虛之，即「轉意象於虛圓之
中」，這是因為，詩歌藝術的本性是在「虛」處，或所謂「詩，虛境
也」。詩歌藝術中的「意象」無論用怎樣的材料和手法寫出，也無論描
寫有多麼具體，都不能板實，而應當「虛圓」。這「虛圓」二字，論者
用來評漢代蘇、李之古詩；古詩之美，以質樸見長，這裡面的「虛」
「實」關係，是令人深味的，也可見論者對詩歌藝術的審美本質及特徵
的把握，是以「虛」為重。「虛圓」的根本，在於言情，即所謂：「夫
虛實異致，其要於當情則一也。」言情能「虛圓」，又在於即景，即所
謂：「詩不待意，即景自成。意不待尋，興情即是。」以「神韻」論，
則詩人之意又在有無之間，證之以評五言古詩的一段話：「五言古非神
韻綿綿，定當捉衿露肘。劉駕、曹鄴以意撐持，雖不迨古，亦所謂『鐵
中錚錚，庸中姣姣』矣。善用意者，使有意如無，隱然不見。造無為
有，化有為無，自非神力不能。以少陵之才，能使其有而不能使其無
耳。」最終，凡此「情景」「虛實」及「有無」之論，又可歸結到一個
「韻」字，這是論者所力薦的詩歌之大美。有了「韻」的特徵，則詩歌
藝術的一切「情景」「虛實」之妙也俱在其中了，所以，陸時雍《詩鏡
總論》的最後有一段話以「韻」字總括全書的要旨，其言曰：

　　有韻則生，無韻則死；有韻則雅，無韻則俗；有韻則響，無韻則
沉；有韻則遠，無韻則局。物色在於點染，意態在於轉折，情事在於

猶夷，風致在於綽約，語氣在於吞吐，體勢在於遊行，*此則韻之所由生矣。陸龜蒙、皮日休知用實而不知運實之妙，所以短也。*

所用來表明「韻」的審美特徵的「生」「雅」「響」「遠」以及「點染」「轉折」「猶夷」「綽約」「吞吐」「遊行」等，均可「虛」以視之，也說明詩藝之妙，正在「虛」處；而皮、陸二氏沒弄明白的「運實之妙」，也正在一個「虛」字，即人們常說的「以虛運實」。陸時雍以「韻」論詩，並由「韻」而談及「情景」「虛實」及「意象」問題，雖明顯地有所偏好，但因此而表達出的「虛實」觀念，卻不能說沒有深刻見解。

明代詩學裡關於「情景」「虛實」的論述還有很多，以上所舉，只是較為突出的兩家，為的是這兩位批評家把此一問題當作理論批評的核心觀念，並給予較多和較深的闡說；其中又以謝榛的「情景虛實」說更為周密，也影響更大。其他的「情景虛實」之說，散見於各種論著和文章之中，雖不繫統，卻時有精彩之論，如何景明《與李空同論詩書》以「虛實」論詩之聲色：「夫聲以竅生，色以質麗，虛其竅，不假聲矣，實其質，不假色矣。苟實其竅，虛其質，而求之聲色之末，則終於無有矣。」何景明是「前七子」中敢與李夢陽抗顏的人，他反對李夢陽斤斤於古人之格調，而主張：「富於材積，領會神情，臨景構結，不仿形跡。」（《與李空同論詩書》）又以「意象」論詩，說：「意象應曰合，意象乖曰離，是故乾坤之卦，體天地之撰，意象盡矣。」（《與李空同論詩書》）由此可知其「虛實」之論雖以「聲色」為說，卻源出對詩歌藝術的本性的認識。對此，明代一位批評史家胡應麟極為贊同，說：「此論直指真源，最為吃緊，與往代作家大旨初無異同。」（《詩藪》）而胡氏本人對詩歌藝術的「虛實」問題也有獨到見解，體

現在他的「體格聲調」和「興像風神」之說，即：「作詩大要不過二端，
體格聲調，興像風神而已。體格聲調有則可循，興像風神無方可執。
故作者但求體正格高，聲雄調暢；積習之久，矜持盡化，形跡俱融，
興像風神，自爾超邁。譬則鏡花水月，體格聲調，水與鏡也；興像風
神，月與花也。必水澄鏡朗，然後花月宛然。詎容昏鑑濁流，求睹二
者？故法所當先，而悟不容強也。」（《詩藪》）這本來是說詩歌藝術中
「法」與「悟」的關係，但從其解釋看，「體格聲調」與「興像風神」
顯然是可以「虛實」分的，即所謂「有則可循」和「無方可執」，這裡
面所蘊藏的，就是一種「虛實」觀念。再來看明代一位標舉「性靈」
的文人袁宏道以「虛實」論詩的一段話：「青蓮能虛，工部能實。青蓮
唯一於虛，故目前每有遺景；工部唯一於實，故其詩能人而不能天，
能大能化而不能神。蘇公之詩，出世入世，粗言細語總歸玄奧，恍忽
變怪，無非情實，蓋其才力既高，而學問識見，又迴出二公之上，故
宜卓絕千古。至其遒不如杜，逸不如李，此自氣運使然，非才之過
也。」（《答梅客生開府》）將蘇軾凌駕於李、杜之上，其立論還大有商
榷的餘地；但以「虛實」論李、杜，卻有過人眼力，而且以天才論李
白之虛，又從創作心理的角度賦予「虛」的審美特徵以特殊的內涵。
凡斯種種「虛實」之論，在明代詩學裡比比皆是，且從各個方面對「虛
實」觀念有所發明，或用以評論詩人詩作及詩法詩派，或將「虛實」
觀念與其他詩學課題聯繫在一起，以見更深和更廣的理論批評的功
效，在此不能一一例舉，但它們的存在和意義是不容置疑的。

三、王夫之詩學體系中的「情景虛實」論

王夫之是清初一位大批評家，其詩歌美學思想的豐富和深刻，自
唐宋以來罕有其匹。尤值得重視的是，王夫之的詩歌美學有一個內在

的體系，其中「情景」之説占據了核心的位置[5]。這裡面所包含的「情景虛實」問題，自當有很高的含金量。

　　王夫之論詩不愧為大手筆，他看取的「情景」問題，多高屋建瓴，發前人所未發；即便是評點具體的詩歌作品，也時有高論宏裁。下面這段話，是王夫之品評謝靈運詩的借題發揮，但所涉及的問題顯然不限於一人一詩，大有為中國古典詩歌藝術提綱挈領的意思，應該將它看作王夫之詩歌創作論的總綱。其言曰：

　　言情則於往來動止縹緲有無之中，得靈蠁而執之有象；取景則於擊目經心絲分縷合之際，貌固有而言之不欺。而且情不虛情，情皆可景；景非滯景，景總含情。神理流於兩間，天地供其一目，大無外而細無垠，落筆之先，匠意之始，有不可知者存焉。……（《古詩評選》評謝靈運《登上戍石鼓山》）

　　這是告訴人們詩歌創作該怎樣言情取景以及言什麼樣的情取什麼樣的景，要義是情景雖各有其性，卻不可兩分，須虛實互用，兩相浹切，讓情有其宅，景有生機。這個基本的意思，王夫之在其詩論中，從「比興」「神理」「勢」等詩學觀念予以反覆申説，如：「興在有意無意之間，比亦不容雕刻。關情者景，自與情相為珀芥也。情景雖有在心在物之分，而景生情，情生景，哀樂之觸，榮悴之迎，互藏其宅。」（《姜齋詩話》）「情、景名為二，而實不可離。神於詩者，妙合無垠。巧者則有情中景，景中情。」（《姜齋詩話》）「夫景以情合，情

5　肖馳《中國詩歌美學》説：「我們能在王夫之的論詩筆記、評點中發現一個相當嚴整的體系。這個體系以情、景這對範疇為基礎。」見該書第56-57頁，北京大學出版社1986年版。

以景生，初不相離，唯意所適。截分兩橛，則情不足興，而景非其景。」（《薑齋詩話》）「含情而能達，會景而生心，體物而得神，則自有靈通之句，參化工之妙。」（《薑齋詩話》）「景中生情，情中含景，故曰景者情之景，情者景之情也。」（《唐詩評選》評岑參《首春渭西郊行呈藍田張二主簿》）「情景一合，自得妙語。撐開說景者，必無景也。」（《明詩評選》評沈明臣《渡峽江》）等等。可見「情景相合」乃是王夫之論詩的一個核心命題和評詩的一條重要標準。上升到美學的高度，則「情」「景」的關係也在「虛」「實」之間，但這並不是簡單地以「情」為「虛」、以「景」為「實」，而是說詩人言情取景，要在「虛」「實」之間達到一種默契，使虛中有實，實中有虛，最終創造出「妙合無垠」的詩歌境界。這境界亦可以「虛」視之，然而此所謂「虛」並非與「實」相對的「虛」，而是虛實相生的「虛」，或者說是由「實」而返的「虛」，其含義略同於司空圖所說的「返虛入渾」。如此，即可以說是得詩之「神理」；而「神理」之妙，又在於「勢」。這「神理」與「勢」，是王夫之對詩歌藝術中「情景」「虛實」問題的更深一層的論定。他說：「把定一題、一人、一事、一物，於其上求形模，求比擬，求詞采，求故實，如鈍斧子劈櫟柞，皮屑紛霏，何嘗動得一絲紋理？以意為主，勢次之。勢者，意中之神理也。唯謝康樂為能取勢，宛轉曲伸以求盡其意，意已盡則止，殆無剩語，夭矯連蜷，煙雲繚繞，乃真龍，非畫龍也。」（《薑齋詩話》）把「勢」說成是「意中之神理」，用現代文藝理論的觀點看，似乎可以理解為「合乎規律的自由」。「意」在詩人之心，它不受羈絆，任其所行；但對詩歌藝術而言，它又不是絕對自由，而須與「神理」相合。這「神理」就在情景之中，只不過它可意會而不可言傳，可湊泊而不可搜求，因而作詩之「意」就必須是一種自由自在的狀態。所以王夫之說：「以神理相取，

在遠近之間，才著手便煞，一放手又飄忽去。……神理湊合時，自然恰得。」（《薑齋詩話》）在有意無意之間，在「心中目中與相融洽」的一刹那，詩人之心已與「神理」同行，於是就有了促使詩人朝詩歌藝術之妙境逼近的「勢」。而這個「勢」，恐怕與另一個創作心理學的概念「氣」有著密切關係。「氣」是一種精神狀態，文學創作中「氣」的作用正與「勢」相配，是所謂「氣勢」。王夫之評點曹丕《雜詩》「西北有浮雲」說：「風回雲全，繚空吹遠。子桓論文云『以氣為主』，正謂此，故又云『氣之清濁有體，不可力強而致』。夫大氣之行，於虛有力，於實無影，其清者，密微獨往，益非噓呵之所得。」（《古詩評選》）可見「勢」之為用，以「氣」為本；而氣的特性乃在於「虛」，它是情景融洽、虛實相生的原動力。

　　正因為有了創作中的「勢」，詩歌作品的審美特徵也可以因「勢」而論。對此，王夫之援引畫理，有一段非常精彩的議論，他說：「論畫者曰：『咫尺有萬里之勢。』一『勢』字宜著眼。若不論勢，則縮萬里於咫尺，直是《廣輿記》前一天下圖耳。五言絕句，以此為落想時第一義。唯盛唐人能得其妙，如：『君家住何處？妾住在橫塘。停船暫借問，或恐是同鄉。』墨氣所射，四表無窮，無字處皆其意也。」（《薑齋詩話》）這裡所說的實際上就是中國古典詩學裡成為共識的「言盡而意不盡」的道理，這道理在絕句這種詩歌形式中能得到典型的體現，因為絕句的特點就是「句絕而語不絕」（《薑齋詩話》）。推及其他藝術，這個特點與繪畫的「虛白」十分相似，所以王夫之因畫設論，說明詩歌藝術中的「有無」「虛實」之理。繪畫中的「無」和「虛」是在空白之處，而詩歌裡的「無」和「虛」則是在言語之外，或者說是字面所無而境界未必沒有，並且可能是字面愈無而詩歌境界裡就愈有，這是詩歌藝術的辯證法。王夫之在評點前人詩作時，就常指出其不見

筆墨痕跡的妙趣，如評張九齡《奉和聖制送尚書燕國公説赴朔方》説：
「從始至末只是一致，就中從容開合，全不見筆墨痕跡。」（《唐詩評
選》）又評孫逖《江行有懷》説：「合化無跡者謂之靈，通遠得意者謂
之靈，如逖五言乃可以『靈』許之。」（《唐詩評選》）這説的都是詩歌
創作中「無字處皆其意也」的事例，也都體現出「勢」的作用。用中
國傳統文藝美學觀念去解釋，它的道理就在於有無相成和虛實相生。

　　説到這裡，王夫之詩歌美學中的「勢」看上去就講的是藝術思維
的方法以及詩歌作品的審美特徵；這固然不錯，但還沒有包舉王夫之
「勢」論的全部內涵。我們注意到，王夫之的詩學雖然主要講詩人之心
及作品之美，卻沒有忘記讀者的存在，而詩歌藝術的「勢」的效果是
需要讀者的參與才最終得到體現的。這是王夫之論詩而目光深邃之
處，也合乎現代文學理論把讀者考慮進作品本體的思路。這樣看來，
王夫之下面一段論《詩》之言就顯得特別重要了，它讓我們從另一側
面看清「勢」之所以產生的緣由。其言曰：

　　「詩可以興，可以觀，可以群，可以怨。」盡矣。辨漢、魏、唐、
宋之雅俗得失以此，讀《三百篇》者必此也。「可以」云者，隨所「以」
而皆「可」也。於所興而可觀，其興也深；於所觀而可興，其觀也審。
以其群者而怨，怨愈不忘；以其怨者而群，群乃益摯。出於四情之
外，以生起四情；游於四情之中，情無所窒。作者用一致之思，讀者
各以其情而自得。故〈關雎〉，興也，康王晏朝，而即為冰鑑。「訏謨
定命，遠猷辰告」，觀也；謝安欣賞，而增其遐心。人情之遊也無涯，
而各以其情遇，斯所貴於有詩。是故延年不如康樂，而宋、唐之所繇
升降也。謝疊山、虞道園之説詩，并畫而根掘之，惡足知此！（《姜齋
詩話》）

這原本是針對歷來說《詩》者的固陋而設論，但辯駁之中，也表述了一個與詩歌藝術的審美本性相關的道理，那就是「作者用一致之思，讀者各以其情而自得」。這意味著，詩歌作品所要傳達或讀者從詩歌作品所能得到的，絕不止於作品文字所表達的意思。說得極端一點，作品呈現的文字並不具有「詩」的意義，它是否成「詩」以及成為怎樣的「詩」，是要取決於讀者之「情」的。當代現象學美學認為，文字作品只是一種客觀存在，需要有人把它從物質屬性和靜止狀態中解放出來。著名的日內瓦學派批評家喬治·普萊就這樣描述閱讀的效用：「我拿在手裡的書到哪裡去了？它仍在那裡，同時它又不在那裡，哪裡都不在。對象還是那完整的、由紙張所製成的對象，如同那用金屬或瓷製成的對象。而一旦我閱讀那本書，那對象就不再或至少彷彿不再存在。因為那書不再是一個物質的實體。它變成依次出現的一系列語詞、意象和觀念。這新的存在在哪裡？肯定不是在紙質對象中。肯定也不是在外部空間中。惟有一個地方留給了這個新的存在：我最內在的自我。」[6]這表述的是一種以讀者為中心的文學本體論，王夫之不可能把問題推到這一步，但他指出的閱讀現象多少與當代的閱讀現象學有相通的地方，至少是看到了讀者在閱讀活動中的能動性，看到了好的詩歌作品給讀者閱讀留下的巨大的馳騁其情的空間。對此王夫之還有一個十分深刻的說法，叫作「意在言後」。他說：「『采采苤苢』，意在言先，亦在言後，從容涵泳，自然生其氣象。」（《姜齋詩話》）這言後之意是讀者（也可以是詩人自己）涵詠得來，它顯然比詩人想要在詩歌作品中表達的「意」多出許多，而且詩歌作品的「氣象」或者說是境界及其美感，正由此「意」而來。王夫之所列舉的《詩經》

6　喬治·普萊：《閱讀現象學》，《西方最新文論選》，灘江出版社1991年版，第4頁。

〈芣苢〉的句例，恰巧有一著名的閱讀實例可說明之，清人方玉潤說讀
這首詩時，「恍聽田家婦女，三三五五，於平原曠野，風和日麗中群歌
互答，餘音裊裊，若遠若近，忽斷忽續」（《詩經原始》）。這是經由閱
讀而生的「意」和「氣象」，它的內涵比作品那簡單的詩句不知多出多
少，而且有一個無限生發的空間，關鍵是讀者如何「各以其情自得」。
在這裡面，就蘊藏著給詩歌以生機和活力的「勢」；而在這個意義上，
詩歌藝術的「勢」與其說是在作品之中，還不如說是在讀者的心裡，
即喬治‧普萊所說的那個「內在的自我」。王夫之曾自述其閱讀杜詩的
心得：「『親朋無一字，老病有孤舟。』自然是登岳陽樓詩。嘗試設身
作杜陵，憑軒遠望觀，則心目中二語，居然出現，此亦情中景也。」
（《姜齋詩話》）可見詩句的意味是在讀者的「心目中」，其藝術魅力也
由讀者的感同身受作用而生。聯繫我們眼下所談論的話題看，詩歌藝
術之所以能有無相成，虛實相生，除了作品本身的精妙之外，還靠讀
者的積極響應。詩歌作品的藝術境界之所以在「無」在「虛」，也因為
詩歌藝術的終點不在作品本身，而在讀者心裡。正因為如此，詩歌藝
術的魅力才是開放的、無限的和永久的。所謂「勢」的效用，正應當
作如是觀；而由「勢」引申出的種種看法，也當包含著一種別緻的「虛
實」觀念，或者說是中國古典詩學中「虛實」觀念的別樣的內涵。

四、清代其他幾位批評家的「情景虛實」之說

　　清代詩學集中國傳統詩歌美學之大成，對「情景虛實」問題的討
論也采前人眾長而拓展之，因而有了像王夫之那樣以「情景」為核心
建立的詩學體系，這可以看作是此一問題在中國詩歌美學史上的一個
收束以及在理論上的昇華。但關於「情景虛實」的討論並非到王夫之
就停止了，王夫之的「情景虛實」之論雖豐富而深刻，畢竟也是一家
之言，在他後面，同樣的問題仍不斷引來詩人、批評家的關注和研

討，所提出的意見也多有可觀之處。因此，我們在專門介紹王夫之詩
學體系中的「情景虛實」之論後，再從清代詩話中抽取幾家對同一問
題的論述，藉以將此問題看得更周全一些。

吳喬的《圍爐詩話》是清代詩話中影響較大的一種，其中對「情
景虛實」問題多有會心。其「虛實」之論首先體現在對詩歌本性的認
識，這是將詩與文兩種文體對比而言。吳喬用了一個巧妙的比擬來說
明詩與文的區別，最後將二者的文體特徵落在了「虛實」之上。茲錄
其言：

問曰：「詩文之界如何？」答曰：「意豈有二？意同而所以用之者
不同，是以詩文體制有異耳。文之詞達，詩之詞婉。《書》以道政事，
故宜詞達；《詩》以道性情，故宜詞婉。意喻之米，飯與酒所同出。文
喻之炊而為飯，詩喻之釀而為酒。文之措詞必副乎意，猶飯之不變米
形，啖之則飽也。詩之措詞不必副乎意，猶酒之變盡米形，飲之則醉
也。文為人事之實用，詔敕、書疏、案牘、記載、辯解，皆實用也。
實則安可措詞不達？如飯之實用以養生盡年，不可矯揉而為糟也。詩
為人事之虛用，永言、播樂，皆虛用也。……以其為歌為奏，自不當
與文同故也。賦為直陳，猶不與文同，況比興乎？詩若直陳，《凱風》
《小弁》大詬父母矣。」

上段引文中所說的「詩」「文」，基本上是以《詩經》《尚書》為
例，從而就把詩與文在文體上的區別上溯到源頭。所謂「虛實」，主要
是對實際的功用而言，但也涉及創作方法和審美特徵，具體說是文因
「實」而「直」，詩因「虛」而「曲」。因為「直」，所以文貴詞達；因
為「曲」，所以詩貴含蓄。吳喬論詩，正以含蓄為主旨，說：「詩貴有

含蓄不盡之意。」（《圍爐詩話》）由此而論，詩歌這種文體因不切實用的「虛」就跟詩歌藝術營造境界的「虛」具有內在聯繫了。

既然如此，吳喬論詩就不可能置「情景」於不顧，而事實上他對「情景虛實」問題是相當看重的。《圍爐詩話》裡記載了他自己就此問題發表的見解：「余與友人說詩曰：『古人有通篇言情者，無通篇敘景者，情為主，景為賓也。情為境遇，景則景物也。』又曰：『七律大抵兩聯言情，兩聯敘景，是為死法。蓋景多則浮泛，情多則虛薄也。然順逆在境，哀樂在心，能寄情於景，融景入情，無施不可，是為活法。』又曰：『首聯言情，無景則寂寥矣，故次聯言景以暢其情。首聯敘景，則情未有著落，故次聯言情以合乎景，所謂開承也。此下須轉情而景，景而情，或推開，或深入，或引古，或邀賓，須與次聯不同收，或收第三聯，或收至首聯，看意之所在而收之，又有推開暗結者。輕重虛實，濃淡深淺，一篇中參差用之，偏枯即不佳。』又曰：『意為情景之本，只就情景中有通融之變化，則開承轉合不為死法，意乃得見。』……」這是授人以詩歌創作中「情景」設置的具體方法，為的是「情景」的設置能給詩歌帶來「輕重虛實，濃淡深淺」之效。以論者之見，「情景」的功效顯然是可以「虛實」論的。總的看來，吳喬在「情景」之間是把「情」放在了主導地位，說：「夫詩以情為主，景為賓。景物無自生，惟情所化。情哀則景哀，情樂則景樂。」（《圍爐詩話》）這跟他以「虛」為詩歌特性的說法是一致的。前引以飯與酒辨詩與文一段，吳喬有「況比興乎」的話，表明他認定「比興」為詩歌之本；而在他眼裡，「比興是虛句活句」。這也可旁證其以「虛」為本的詩學觀，「情景」之論自與這詩學觀相通。

冒春榮《葚原詩說》對「情景虛實」也有專論，而且也是由具體的作法談及詩歌藝術的本性，所論為詩之法頭頭是道，遍及詩歌作品

的每一細節。其中論「中二聯」的作法說：「中二聯或寫景，或敘事，或述意，三者以虛實分之。景為實，事意為虛，有前實後虛、前虛後實法。凡作詩不寫景而專敘事與述意，是有賦而無比興，即乏生動之致，意味亦不淵永，結構雖工，未足貴也。善詩者常欲得生動之致，淵永之味，則中二聯多寓事意於景。」這是明確以「虛實」區分「事意」與「景」，其論詩主旨大體上是要化虛為實，把「事意」融化在寫景之中。對於寫景，他也有具體要求，即所謂「無景之景」，說：「詩家寫有景之景不難，所難在寫無景之景，此惟老杜能之。如『河漢不改色，關山空白寒』，寫初月易落之景，『日長惟鳥雀，春遠獨柴荊』，寫花事既罷之景，偏從無月無花處著筆。」細玩其意，詩歌寫景也有虛實之分，直指景物本身，是實寫；不把景物說破，而以旁襯之筆烘托或暗示之，是虛寫。這使人想起宋代詞學家沈義父在《樂府指迷》中所要求的「語句須用代字」，他說：「煉句下語，最是緊要。如說桃，不可直說破桃，須用『紅雨』『劉郎』等字；說柳，不可直說破柳，須用『章台』『灞岸』等字。又用事，如日『銀鉤空滿』，便是書字了，不必更說書字；『玉箸雙垂』，便是淚了，不必更說淚。如『綠雲繚繞』，隱然鬒髮；『困便湘竹』，分明是簟；正不必分曉，如教初學小兒，說破這是甚物事，方見妙處。往往淺學俗流，多不曉此妙用，指為不分曉，乃欲直捷說破，卻是賺人與耍曲矣。如說情，不可太露。」這種代字之法也於「虛實」關係有所作為，但它所包含的「虛實」關係只在語言文字的層面，審美的功效十分有限，而且容易流於僵化，對此，近代王國維曾有過尖銳批評。如果不把問題侷限於代字，而擴及寫景的手段，則其間所包含的「虛實」關係也未嘗不對增強所寫之景的韻味有所幫助。冒春榮所指出的「無景之景」就是一種對景物加以虛寫的方法，但所用的手法不是代字，而是以相關景物描寫所特有的氛圍

及其給人的感受去烘托出雖未寫而曉人的景物。這裡面就隱含著「虛實」關係的妙用了，從而詩歌創作中的寫景也有了雙重的「虛實」關係，與「事意」相比，它是「實」；而它自身也有著虛寫和實寫之分，其中當然是以虛寫更加高明。

言情寫景之外，《葚原詩說》又有以風神和字句論「虛實」，說：「近人作七言律，或有宗仰盛唐，專主氣格，識見非不高，但矯枉過正，又如笨伯，不能行動。大抵氣格固不可廢，風神亦不宜減，此在虛實之間，善自探討。」這「氣格」和「風神」都是詩歌創作中不太容易用語言說清的東西，大體上「氣格」在外在近，而「風神」在內在遠，故而須於「虛實」之間去體悟。關於詩歌之句，《葚原詩說》說：「句之所忌者，最忌虛中之虛，實中之實，須虛中有實，實中有虛。」至於詩「句」的「虛實」怎樣區分？跟「言情」「寫景」的關係又如何？冒春榮沒有舉例說明。所以只好把「虛中有實，實中有虛」的話作為詩歌藝術的一個總的原則，而這個原則對於詩歌藝術的每一方面都是具有指導作用的。對於詩歌作品的「字」——具體說是虛字，他卻見微知著，引出一番匠心獨到的話：「虛字呼應，是詩中之線索也。線索在詩外者勝，在詩內者劣。今人多用虛字，線索畢露，使人一覽略無餘味，皆由不知古人詩法故耳。或問線索在詩外詩內之說，曰：此即書法可喻。書有真、有行、有草，行草牽連繫帶，此線索之可見者也，真書運筆全在空中，故不可見，然其精神顧盼、意態飛動處，亦實具牽繫連帶之妙。此惟善書者知之。故詩外之線索，亦惟善詩者得之。」這是以書法為譬，說明虛字作為線索的妙用。書法講究筆與筆之間的呼應，這在行書、草書可以從筆勢及其牽連看出，是所謂「牽絲」。而真書（今所謂楷書）用筆規矩，並無看得見的牽連和映帶，但這並不妨礙筆與筆之間保持潛在的聯繫，只不過這聯繫不在字內，而

在字外，可謂不見筆墨處顯精神。詩歌裡虛字的運用也是這個道理。虛字有助於文勢，使全詩意脈貫通，但這條線索不宜過於明顯，或如冒氏所說，宜在詩外而不宜在詩內，以求得空靈蘊藉之效。這外與內的分別，也當是詩歌藝術中「虛實」關係的一種體現了。

最後來看吳景旭《歷代詩話》〈錄品〉裡引用的一段談論「情景虛實」的話：

> 屠赤水曰：詩有虛有實，有虛虛，有實實，有虛而實，有實而虛，並行錯出，何可端倪？乃右實而左虛，而謂李、杜優劣，在虛實之辨，何與？且杜若《秋興》諸篇，托意深遠；《畫馬行》諸作，神情橫逸。直將播弄三才，鼓鑄群品，安在其萬景皆實？而李如《古風》數十首，感時托物，慷慨沉著，安在其萬景皆虛？夫品格既高，風韻自遠；凌空駕語，何害大雅？屈大夫傷時眷主，見諸篇什，誠然實景；至其遠遊等篇，凌虛徑度，豈不高哉？大人、凌雲，疇非佳境？仙遊、招隱，亦是美談。今夫登閬風、坐天姥、傍日月、挾飛仙，即不能至，言以快心，思之神王，豈必據寸壤、處蓬茨，盤跚蹩躄食飲而已，然後為實景可貴哉？

這段議論，是針對有人揚實抑虛並據此而崇杜貶李的論調而發。吳景旭所主張的，是一種通達的「虛實」觀，即詩人在創作中用「虛」抑或用「實」，是千變萬化、難以定論的，關鍵要看其品格和風韻。即便以「虛」「實」分，對詩人筆下的虛境和實境也不宜輕易軒輊。從話語裡，看得出他給了虛境以更多的關照；而他所理解的虛境，除了含有中國傳統詩學一以貫之的「神」「韻」等特徵外，還多少有些理想和浪漫的意思，以與實景的寫實和「沉著」相對應。凡此，也應當是「虛

實」觀念的又一方面的內涵。

第三節　「形神」──「虛實」作為詩歌審美特徵

「形神」與「虛實」的關係很容易看出，也很容易理解，前面講的「入神」及「神韻」等就已經透露出這方面的消息。但那主要是就詩歌藝術的根本特性而言，並且是單取「神」字。而把「神」與「形」放在一塊講，意思又略有些不同，至少裡面更多地具有了藝術辯證法的內涵，也容易跟「虛實」觀念形成對應；準確地講，是「形神」觀念包含著對事物「實」與「虛」兩個方面的認識，而這「實」與「虛」之間的關係及效用，往往就是美和藝術生成的緣由。這個道理不僅適用於詩歌，也適用於其他任何一門藝術，尤其是在繪畫藝術體現得特別突出，正因為如此，詩學裡的「形神」論就經常與畫論交織在一起。這並不奇怪，因為「形神」本身就是一對涵括力很強的美學範疇，且有深厚的哲學基礎，能夠用來說明各類藝術的審美本性。但在本節，我們先只談詩學裡的「形神」論，其他藝術理論裡關於「形神」的說法，留待後面另說。

「神」的觀念進入文藝美學，應當是順理成章的事情，因為這觀念在中國傳統哲學思想裡源遠流長，地位崇高。先秦諸子裡，除孔子「不語怪力亂神」外，其他思想家多多少少地都談到過「神」。當然，各家所談之「神」，所指和含義都不盡相同，甚至有根本差別，而各種談「神」之論對「神」的態度也相去甚遠。這裡面，對「神」的認識較虛且能開啟後代審美和藝術認識論的，當屬《老子》《莊子》和《易傳》所論之「神」。《老子》以「神」去形容世界和宇宙深不可測的本體；《莊子》把「神遇」及「神化」當作認識事物的特殊方式；《易傳》說：「陰

陽不測之謂神。」又説：「知幾其神乎！」以「神」去表示事物發展規律的微妙難察。這些，都預示了「神」這個觀念日後進入文藝理論批評的趨向，因為跟世界的本體及演變規律一樣，文藝的本質和規律也是淵兮深兮，神乎其神。

漢代人開始將「形」「神」並論，這是緣於「神」的另一種含義，即人的精神。人是有生命有形體的，而人之所以為人，就是因為既有生命又有形體，這正可以看作「神」與「形」的結合，如司馬談論道家思想説：「凡人所生者，神也；所托者，形也。」又説：「神者，生之本也；形者，生之具也。」（《史記》〈太史公自序〉引「論六家之要旨」）這裡面，「神」顯然是占據著主導地位。對這個問題，《淮南子》裡有多處論述，而且開始跟藝術有所關聯，如〈精神訓〉説：「故心者，形之主也；而神者，形之寶也。」〈詮言訓〉説：「神制則形從，形勝則神窮。」〈原道訓〉説：「夫形者，生之舍也；氣者，生之充也；神者，生之制也。一失位則三者傷矣。」又：「以神為主者，形從而利；以形為制者，神從而害。」又以藝事説明「神」的主宰作用，如〈說山訓〉説：「畫西施之面，美而不可説；規孟賁之目，大而不可畏：君形者亡焉。」〈說林訓〉説：「使但吹竽，使工厭竅，雖中節而不可聽，無其君形者也。」這些話，雖然還算不上真正意義上的文藝批評，卻已先期表達出中國古代文藝美學思想在「形神」問題上的基本看法，即在「形」「神」之間重「神」而輕「形」；而所重之「神」從根本上講又是人的生命的體現，它包含了人的氣質、個性、才情以及精神等等。這些意思，漢代思想家們沒有去特別地去強調，而到了魏晉時期，由於人的個性的解放、精神的超越，加上玄學、佛學對虛無之境的渲染，「形神」之「神」的種種蘊義得到盡情的發揮，也真正在文藝創作和美學思想裡產生反響。《世說新語》〈巧藝〉裡記載了一樁顧愷

之畫人的逸事，居然成了中國文藝史上「傳神」之說的經典事例，也
為後世「形」「神」關係之論定下一個基調。這逸事說的是：「顧長康
畫人，或數年不點目精。人問其故，顧曰：『四體妍蚩，本無關於妙
處。傳神寫照，正在阿堵中。』」這段記載，任何一個對中國古代藝術
有所瞭解的人恐怕都耳熟能詳，也被歷代文藝家翻來覆去地引證、發
揮，到今天都還是形形色色的文藝思想中的一個源頭。究其原因，倒
不一定因為顧愷之的名頭太大，也不見得這話裡有什麼微言大義，而
是由於這簡短的記載有力地表達了中國古代藝術中一個蘊藏著深刻民
族心理的審美理想，那就是藝術的精髓在於「傳神」。

「傳神」之論在魏晉之際為文藝家所注重，隨後在文藝理論批評中
產生連鎖反應，畫論、書論及詩論、文論裡均可看見因「神」立論的
觀念和賞評。受影響最深的，當屬畫論，文學理論裡相關的概念和術
語，大都與畫論相通，有的就是從畫論傳來，其中的詳情，這裡不一
一細說，我們仍把注意力放在詩學。指出這一點，是為了照顧到這樣
一種情況，即詩學裡關於「形神」問題的討論，往往與繪畫藝術牽扯
在一起，或因畫而論詩，或將詩畫相互參照。一個最著名的例子就是
蘇軾那首詩畫並論並貶抑「形似」的論畫詩。此詩雖因論畫而連及詩
歌，但對日後詩學的影響卻非常深遠。我們對詩學裡「形神」問題及
其所涉及的「虛實」觀念的介紹，就從這首論畫詩說起。詩曰：「論畫
以形似，見與兒童鄰；賦詩必此詩，定非知詩人。詩畫本一律，天工
與清新；邊鸞雀寫生，趙昌花傳神。何如此兩幅，疏澹含精勻；誰言
一點紅，解寄無邊春。」（《書鄢陵王主簿所畫折枝二首》之一）這首
詩不長，表達的美學思想卻很豐富，我們只取其中對「形神」問題的
見解。顯然，蘇軾是重「傳神」而輕「形似」的。這個態度，蘇軾在
其他論畫論詩之作裡都有過明確表達。此說既出，便給文藝批評裡的

「形神」問題埋下一個伏筆，也引出後人關於「形似」和「神似」的爭議，所表達的觀點，與蘇軾頗有異同。與蘇軾同時的晁說之有和詩云：「畫寫物外形，要物形不改；詩傳畫外意，貴有畫中態。」表示畫貴「傳神」，但並不一定排斥「形似」，這裡面當包含著對蘇軾之說的有節制的修正。這之後，金代的王若虛進一步在「形似」與「神似」之間通融，力圖表明二者之間並非水火不容。其《滹南詩話》說：「東坡云：『論畫以形似，見與兒童鄰；賦詩必此詩，定非知詩人。』夫所貴於畫者，為其似耳；畫而不似，則如勿畫。命題而賦詩，不必此詩，果為何語？然則坡之論非歟？曰：論妙在形似之外，而非遺其形似。不窘於題，而又不失於題，如是而已耳。」這個觀點，得到元代劉因的讚同，其《田景延寫真詩序》說：「清苑田景延善寫真，不惟極其形似，並與東坡所謂意思，朱文公所謂風神氣韻之天者而得之。夫畫形似可以力求，而意思與天者，必至於形似之極，而後可以心會焉。」這話是以蘇軾之說為據推崇「風神氣韻」，卻把「形似」當作得到「風神氣韻」的必要條件，其立意顯然疏於蘇軾而近於王若虛。對此，明代李贄又有高見，他說：「東坡先生曰：『論畫以形似，見與兒童鄰；作詩必此詩，定知非詩人。』升庵曰：『此言畫貴神，詩貴韻也。然其言偏，未是至者。晁以道和之云：「畫寫物外形，要物形不改；詩傳畫外意，貴有畫中態。」其論始定。』卓吾子謂，改形不成畫，得意非畫外，因復和之曰：『畫不徒寫形，正要形神在；詩不在畫外，正寫畫中態。』杜子美云：『花遠重重樹，雲輕處處山。』此詩中畫也，可以作畫本矣。唐人畫桃源圖，舒元輿為之記云：『煙嵐草木，如帶香氣，熟視詳玩，自覺骨夏青玉，自入境中。』此畫中詩也，絕藝入神矣。」（《焚書》〈詩史〉〈詩畫〉）他也主張形神並重，並以畫中有詩為入神。清代趙翼順著這個話題又做出翻案文章，其《論詩》詩說：「作詩必此

詩，定知非詩人。此意出東坡，意取象外神。羚羊眠掛角，天馬奔絕
塵。其實論過高，後學未易尊。詩文隨世運，無日不趨新。古疏後漸
密，不切者為陳。譬如雲駕馬，將越而適秦，灞滻終南景，何與西湖
春。又如寫生手，貌施而昭君，琵琶春風面，何關苧蘿鬟。是知興會
超，亦貴肌理親。吾試為轉語，案翻老斲輪。作詩必此詩，乃是真詩
人。」這顯然有借題發揮的意思，即借對蘇軾「形神」之論的翻案，去
敲打風靡一時的「神韻」說。趙翼對天下詩人震於王士禛之名而趨奉
「神韻」的風習深為不滿，曾有「一代正宗才力薄，望溪文章阮亭詩」
之譏，因而主張為詩要有起碼的務實精神，先把詩寫得像詩。他順手
牽來由蘇軾引起的關於「形神」問題的一段公案，也在歷代方家都發
言後表了個態。

　　上述由蘇軾一首論畫詩引出而又延續了好幾個朝代的關於「形神」
問題的爭論，最終並沒有一個了結——恐怕也只能不了了之，因為各
位論家都站在自己的立場說話，既受自身心性趣味的影響，也與一定
時代的美學思潮牽連；況且這問題無論從哪個角度去談，都不能說完
全沒有道理。我們引錄諸家之言，主要是為了說明中國傳統詩學對「形
神」問題的看重，而爭論正是重視的表現；同時也從爭論中體察「形
神」問題到底有怎樣的美學內涵，這跟傳統詩學裡的「虛實」觀念是
有關係的。從各家發表的意見看，「形神」之「神」跟「傳神」之
「神」、「入神」之「神」以及「神韻」之「神」，都是相通的。但將「形」
「神」並舉而立說，則此說又有了「傳神」「入神」和「神韻」諸說所
沒有或不明顯的意思，這就是從「虛」「實」兩個方面對詩歌藝術作一
個完整的把握，儘管經由這把握而對詩歌藝術的本性的理解最終會偏
向某一方（比如「神」）。這種「二元」式詩歌（包括繪畫）藝術論，
當然有它特殊的價值。在中國傳統文藝美學裡，因「神」而立論的「傳

神」「入神」「神韻」諸說未必能成為範疇，而「形神」卻具有範疇的
效用，因為它處於文藝和美學觀念的更高層次。而且這對範疇是極富
彈性和涵蓋力的。這一特點倒是主要體現在「神」這一面，具體說是，
「形」是有限而固定的，而「神」的含義卻可以無限伸張，舉凡藝術作
品裡難以言傳而又動人心魄的藝術意蘊，都可「神」以視之，並「神」
以名之。中國古代文藝批評也確實是這麼做的，以「神」論藝，簡則
一字括之，繁則千言萬語：論其定性，可一言蔽之；數其變幻，則難
以名狀。與「形」合觀，則「形神」之名本身就體現了文學藝術有限
與無限、確定與不定、可言和不可言等諸多矛盾的對立統一。所有這
些，若換個角度，從「虛實」觀念看，則無不蘊含著一種同樣是對立
統一的「虛實」關係。如果我們把「虛實」當作一對具有元範疇意義
的觀念，那麼「形神」之說就是對這觀念的美學內涵的最精妙的表達。
與此相應的是，對文藝創作和文藝批評而言，「形神」之論的確是經常
在表達著由「虛實」關係而來的美學內涵及審美特徵。這從我們前面
討論過的與「神」相關的種種詩說中，就可以清楚地看出，而更多的
「形神」之論則讓我們從各個方面認識詩歌藝術在「有無」「虛實」之
間運轉和生成的特性。我們舉清代詩話裡的幾段議論來看這個問題。

宋大樽《茗香詩論》說：「有形無神者無論已，形神離合之故云
何？陶貞白有言：凡質象所結，不過形神。形神合時，則是人是物；
形神若離，則是靈是鬼。其非離非合，佛法所攝；亦離亦合，仙道所
依。今問以何能而致此？仙是鑄煉之事極，感變之理通也。鑄煉云
何？曰：以藥石煉其形，以精靈瑩其神，以和氣濯其質，而以善德解
其纏，則其本也。詩之鑄煉云何？曰：善讀書，縱遊山水，周知天下
之故而養心氣，其本乎！感變云何？曰：有可以言言者，有可以不言
言者；其可以不言言者，亦有不能言者也，其可以言言者，則又不必

言者也。」這是以「形神」論詩人的修養，所看取的是道家「亦離亦合」之法，既「煉其形」，亦「瑩其神」。對於詩人，則是通過身體力行去養心養氣，以達到精神上的「感變」。中國古代文人自魏晉以來，多有與道家結緣者，清代文人浸染此風者也為數不少，有的是為了求仙，有的是為了養神，其中頗有人以為道家修練之「神」與為詩為文之「神」相通。如戴名世說：「蓋余昔嘗讀道家之書矣，凡養生之徒，從事神仙之術，滅慮絕欲，吐納以為生，咀嚼以為養，蓋其說有三：曰精，曰氣，曰神。此三者，煉之凝之，而渾於一，於是外形骸，凌雲氣，入水不濡，入火不熱，飄飄乎御風而行，遺世而遠舉，其言云爾。余嘗欲學其術而不知所從，乃竊以其術而用之於文章。……今夫神仙之事，荒忽誕漫不可信，得其術而以用之於文章，亦足以脫塵埃而游乎物外矣。」（《答張伍兩生書》）他根據自己的切身體會，深信道家之術通於為文之用心；習得此術，則身心俱適，超然物外。這很有點像六朝人所說的「神超形越」，所謂「亦離亦合」大概就是指的這種境界；而詩人之「神」，也彷彿於此。這可以看作是一種著眼於創作主體的「形神」論，所謂「形」，是指詩人之身；「神」，則是指詩人之心。取法於道家，是因為道家之術身心並重，這跟佛家很不一樣。佛家之「神」，是以對「形」的否定而得，即所謂「忘身」或「枯槁」。那種方法也可以用於文藝創作，即蘇軾在稱讚文與可的畫時所說的「嗒然遺其身」（《書晁補之所藏與可畫竹三首》）。但中國古代詩人更多的是傾向於身心並用，通過身體可以感受得到的方法去求得創作之「神」。為此，歷代詩論文論中「養氣」之說大行，並由「養氣」而主張「內游」與「外游」的相輔相成。這樣的「養氣」之事正是由身及心而形神並用的。

李重華《貞一齋詩說》開篇有一長段議論表明他對詩歌藝術的根

本的認識，並當作為詩的要領介紹給初學。這段話裡包含很深刻的對形神問題的理解，茲全錄於下：

> 詩有三要，曰：發竅於音，徵色於象，運神於意。何謂音？曰：詩本空中出音，即莊生所云「天籟」是已。籟有大有細，總各有其自然之節。故作詩曰吟、曰哦，貴在叩寂寞而求之也。求之果得，則此中或悲或喜，或激或平，一一隨其音以出焉。如洞簫長笛各有竅，一一按律調之，其淒鏘要眇，莫不感人之深。今不悟其音而惟吾所為，猶斷竹而妄吹之也。如是以為文字且不可，奚當於詩？何謂象與意？曰：物有聲即有色，象者，摹色以稱音也。如舞曲者動容而歌，則意愜悉關飛動，無論興比與賦，皆有恍然心目者。故詩家寫景，是大半工夫。今讀古人詩，望而知為誰氏作，象固然矣，斯不獨徵聲，又當選色也。意之運神，難以言傳，其能者常在有意無意間。何者？詩緣情而生，而不欲直致其情；其蘊含只在言中，其妙會更在言外。《易》曰：「鼓之舞之以盡神。」善寫意者，意動而其神躍然欲來，意盡而其神渺然無際，此默而成之，存乎其人矣。曰：是三者孰為先？曰：意立而像與音隨之，余所以先論音，緣人不知韻語由來，則綴輯牽合舉謂之詩，即千古自然之節胥泯焉；若悟其空中之音，則取象命意，自可由淺入深。故指示初學，音特居首也。

這篇議論裡所謂「音」「象」「意」等詩之「三要」，可以看作是依次遞進的三個層面；而這樣討論詩歌作品，顯然是觸及了當代文學理論非常看重的文學作品的「存在方式」問題。按現象學美學家英加登的分析，一部文學作品是由多個層面構成，其中最基本的是聲音層面、意義層面和世界層面。美國文學理論家韋勒克將這分析加以變

通，劃分出文學作品的若干個層面，包括聲音層面、意義單元、意象
和隱喻以及「世界」和「神話」等等。[7]顯然，這種劃分跟李重華提出
的「三要」不無所見略同之處。而以現象學和結構主義文論看，聲音
的層面尤為要緊，它表現為「諧音、格律和節奏」，並且不可以跟語言
文字實際的聲音混淆。再看李重華的「三要」說，對聲音之事同樣十
分看重，並把它放在詩學的首要位置，其眼光之精微獨到，令人擊
節。而我們在此對這眼光特加讚賞，為的是「三要」之說對詩歌這種
語言藝術的「存在方式」的體察，也蘊藏著一種基於「作品」的「形神」
觀。具體說，「音」是詩之「形」——這個自不待言；「意」傳詩之
「神」——這一點論者已經指明，即所謂「運神於意」。「象」則居於二
者之間，是「形」與「神」的中介。當然，說得更細一些，詩歌之「音」
已經不是作品的「本形」，而有了超乎其形的審美效用；詩歌之「神」
也不是一般的「意」，而是難以言傳、渺然無際的言外之妙會。這些特
點，若從中國傳統詩歌美學的基本原理去看，當然可以「虛實」論。

　　清代詩論裡有以龍為喻者，常與「形神」問題相關，附此一提。
如毛先舒《詩辯坻》論詩歌佈置說：「古風長篇，先須構局，起伏開
合，線索勿紊。借如正意在前，掉尾處須擊應；若正意在後，起手處
先須伏脈。未有初不伏脈而後突出一意者，亦未有始拈此意而後來索
然不相呼應者。若正意在中間，亦要首尾擊應。實敘本意處，不必言
其餘；拓開作波瀾處，卻要時時點著本意，離即之間方佳。此如畫
龍，見龍頭處即是正面本意，餘地染作雲霧。雲霧是客，龍是主，卻
於雲霧隙處都要隱現爪甲，方見此中都有龍在，方見客主。否是，一
半畫龍頭，一半畫雲霧耳，主客既無別，亦非可為畫完龍也。」這是以

7　韋勒克、沃倫：《文學理論》，三聯書店1984年版，第165頁。

畫龍比擬詩的作法，大旨是詩之正意要如龍駕雲霧，虛虛實實，若隱
若現，且有主有從，前後呼應。其效用，即為有「神」。毛氏在表述他
對詩歌藝術的總體把握時，把「神」放在了最高境界，說：「神者，不
設矩矱，卒歸於度，任舉一物，旁通萬象。於物無擇，而涉筆成雅；
於思無豫，而往必造微。以為物也，是名理也；以為理也，是象趣
也。攬之莫得而味之有餘，求之也近而即之也遠。神乎神乎，胡然而
天乎？」此所謂「神」，是論者設定的詩歌藝術的極詣，並不能完全落
實到創作實際，不然的話，他苦心孤詣研討出的種種詩法豈不成了多
餘？雖然如此，詩人創作，心中有一個「神」的遠景或理念，卻是必
要的，而許許多多的創作手法最終都總歸於這個「神」。因此，各種詩
法的背後，也都暗藏著這樣一個作為詩歌藝術之理念的「神」，無論它
在具體的詩歌作品裡是演示為「意」「脈絡」「波瀾」還是其他；而在
以龍為喻去說明詩意的隱顯虛實時，其心思及立論正在形神之間。這
層意用，如果說上舉毛先舒的一段話裡還不太明顯，那麼在其後趙執
信以龍為喻的更為有名的一段詩論裡，就顯而易見了。趙執信這段話
的出處，便是一名為《談龍錄》的詩話之作，而且這段話被放在了書
的開篇，可見論者對這個龍的比喻頗為自得。話裡記載的，是一場爭
辯，而且與「神韻」說大有關係。其言曰：

　　錢塘洪昉思（昇），久於新城之門矣，與余友。一日，並在司寇宅
論詩，昉思嫉時俗之無章也，曰：「詩如龍然，首、尾、爪、角、鱗、
鬛，一不具，非龍也。」司寇哂之曰：「詩如神龍，見其首不見其尾，
或雲中露一爪一鱗而已，安得全體！是雕塑繪畫者耳。」余曰：「神龍
者，屈伸變化，固無定體；恍惚望見者，第指其一鱗一爪，而龍之首
尾完好，故宛然在也。若拘於所見，以為龍具在是，雕繪者反有辭

矣。」昉思乃服。

這場爭論的背景是「神韻」說。所謂「嫉時俗之無章」，就是指時人唯「神韻」是尚，把詩歌藝術最基本的體制和作法都拋在腦後，大有「以『神韻』文淺陋」之勢的風氣和習氣。此風此習，洪昇看不過去，憤然發難，從而引出這場關於「形神」的爭論。其間，洪昇是為糾「神韻」之偏而重「形」，王士禛為袒護他的追隨者們而揚「神」貶「形」。趙執信來了個折中，認為「形」固然要緊，但在詩歌創作中不能面面俱到；「神」難能可貴，但在詩歌創作中也不能沒有著落。所以他主張作詩要有神來之筆，但這神來之筆得讓人看出通篇完整，不然的話，東一鎯頭西一棒子，連作詩起碼的規格都不講，還談什麼「神韻」，那未免有點太離譜了。所有這些意思，都是用一個「龍」的比喻去表達的。這也是中國詩歌美學史上一個著名的喻例。趙執信雖然看上去是說了幾句公道話，實際上卻意在糾王氏「神韻」說之偏。《談龍錄》裡就有與王士禛唱反調的話，如：

司空表聖云：「味在酸鹹之外。」蓋概而論之，豈有無味之詩乎哉！觀其所第二十四品，設格甚寬，後人得以各從其所近，非第以「不著一字，盡得風流」為極則也。嚴氏之言，寧堪並舉？馮先生糾之盡矣。

王士禛對司空圖、嚴羽佩服得五體投地，而趙執信卻卑之無甚高論，顯然是不買這位文壇盟主的賬，而駁王的主要根據，就是「神形並重」。這個意思，也見於《談龍錄》對具體的詩歌創作問題的批評，如在當時鬧得沸沸揚揚的尊唐或尊宋的問題上，趙執信就不是簡單地

反對一切模仿，而是強調模仿中是否有自己的「神」與「形」，他說：
「吾第問吾之神與其形，若衣冠，聽人之指似可矣。如米元章著唐人衣
冠，故元章也。苟神與形優矣，無所著而非優也。是亦足以暢曩者談
龍之指也。」可見，「形神並重」是趙執信論詩的主旨，而這主旨隨著
那個「龍」的比喻以及因這個比喻而展開的論爭登上了清代詩學的高
處，也給千百年來詩學觀念中的「形神」問題以一個醒目而又較為合
理的説法。

其實，批評家們在「形神」問題上的爭議及各執一詞，總是受到
美學思潮、創作風氣及個人趣味的支使，而在創作實際裡，無論詩人
持何種觀念，都不能在「形神」問題上偏得太多，也大體上都要遵從
「以形寫神」的一般規律。這倒不是誰特別規定的，而是中國文藝創作
的經驗及美學思想的民族特色使然。以詩歌而論，作詩的基本元素是
「情景」，而在大多數時候，情感要託付給寫景去表達。詩人能不能寫
好景並富有審美意味地去借景言情，在相當程度上決定於是否把景寫
出「神」來。這個「神」，既可以是景物的神態風韻，也可以是由寫景
而傳達的言外之意、味外之旨，而這兩種「神」在一首詩裡面又往往
是交融或重疊在一起的。分而言之，則前一種「神」可由傳統詩學裡
的「緣情體物」之説見，如宋代葉夢得《石林詩話》論杜詩：「詩語固
忌用巧太過，然緣情體物，自有天然工妙，雖巧而不見刻削之痕。老
杜『細雨魚兒出，微風燕子斜』，此十字殆無一字虛設。雨細著水面為
漚，魚常上浮而淰，若大雨則伏而不出矣。燕體輕弱，風猛則不能
勝，唯微風乃受以為勢，故又有『輕燕受風斜』之語。」這説的是詩人
由細心體察、用字精確而寫出事物的神態。又詩歌寫人，也可算作一
「景」；而寫出人物的「態度」，並是傳神妙筆。許顗《彥周詩話》説：

詩人寫人物態度，至不可移易。元微之《李娃行》云「鬌鬢峨峨高一尺，門前立地看春風」，此定是娼婦。退之《華山女詩》云「洗妝拭面著冠帔，白咽紅頰長眉青」，此定是女道士。東坡作《芙蓉城詩》，亦用「長眉青」三字，云：「中有一人長眉青，炯如微雲淡疏星」，便有神仙風度。

這議論聽上去頗有一些現代文藝理論中「典型」說的意味，但在古人眼裡，如此寫「景」的妙處正在形神之間。如果非要跟現代文藝理論掛鉤，那就來看看近代王國維的兩則詞評。其《人間詞話》評周邦彥說：「美成《青玉案》詞：『葉上初陽干宿雨。水面清圓，一一風荷舉。』此真能得荷之神理者。」又評馮延巳《南鄉子》「細雨濕流光」五字「皆能攝春草之魂者也」。王國維是接受了西方文藝美學思想影響的，他所謂「神理」，當包含了「個別」與「全體」以及「理念的感性顯現」等意思。然而，他的詩歌美學又是因「情景」及「境界」而立論，這裡面就有著中西詩學觀念的相通。我們指出這一點，並沒有在中西詩學之間作比較的用意，而是想表示一下中國傳統詩論裡「形神」之說作為詩學範疇的美學內涵。其中「形」並非一般的形體或形態，它是一種由「緣情體物」而來的感性的和形象的描寫；「神」也不是一般的精神或某些詩論家故弄玄虛的「精神恍惚」，它是隱藏在事物背後的「神理」、特質和典範。這樣，詩人借景言情，就是以具體的形象去傳達精微的神理；而此舉在美學上的規定，就是以形寫神。從這裡面，我們不是可以看出，「形神」問題正是「情景」問題在詩歌美學的更高一個層次的體現嗎？若再往深處看，則「形神」問題的內核又在「虛實」觀念，或者說，「形神」之說是以「虛實」觀念為核心並對這觀念的美學內涵加以演繹。至於後一種「神」也即表示詩歌作品言外

之意、味外之旨的「神」的意義，是由前一種「神」也即表示特質、
典範的「神」的美學內涵延伸出來的，因為藝術形象對「神理」的表
達是間接、虛渺而且不斷生成的。中國古典詩歌的形式、手法，以及
漢語言文字的特性，在這方面有著特殊的功效，因而可以在有限的篇
幅及描寫中包孕無限的意蘊。自然，這也在一個更大的空間裡把詩歌
藝術的「虛實」關係給展示出來。關於這個意義的「神」所包含的「虛
實」觀念，前面談論「境界」及「情景」問題時已作過説明，茲不贅
述。

第四節　幾個相關詩學觀念的闡釋

由「比興」之説緣起，借「情景」之論而充分體現，又因「形神」
問題而展示並深化其美學內涵，這是中國傳統詩學裡「虛實」觀念之
大要，卻不是這觀念的全部。我們説過，「虛實」觀念在中國古代文藝
美學裡，既具有範疇和元範疇的意義，也成為藝術理論的觀點和方法
而運用到鑑賞和批評的各個方面。這樣，它在中國傳統詩學裡牽涉的
問題就相當地多，也可以説，在許許多多的詩學觀念裡都包含著「虛」
「實」關係的問題。在這裡面，我們選擇幾個關係較近或基於「虛實」
立論的觀念再作些説明，以將中國傳統詩學裡的「虛實」觀看得更深
更遠一些。

一、「清空」

「清空」是中國古代詞論裡的一個重要觀念，歷代批評家也用相同
或相似的説法論詩，從而使之成為傳統詩學裡很有影響的審美標準。
經常與「清空」對舉的術語是「質實」，從名目就可以看出這對術語與
「虛實」相關。事實上，「清空」與「質實」在很多時候的確是著眼於

「虛實」及其相互關係去把握詩、詞作品的審美特徵的。

　　「清空」作為一個批評觀念的完整的提出，是在宋代詞學家張炎的一部論詞專著《詞源》，其中有以「清空」為題的一段論述，原文如下：

　　詞要清空，不要質實：清空則古雅峭拔，質實則凝澀晦昧。姜白石詞如野雲孤飛，去留無跡。吳夢窗詞如七寶樓台，眩人眼目，碎拆下來，不成片段。此清空與質實之說。夢窗《聲聲慢》云：「檀欒金碧，婀娜蓬萊，游雲不蘸芳洲。」前八字恐亦太澀。如《唐多令》云：「何處合成愁，離人心上秋；縱芭蕉不雨也颼颼。都道晚涼天氣好，有明月，怕登樓。前事夢中休，花空煙水流，燕辭歸客尚淹留。垂柳不縈裙帶住，謾長是，繫行舟。」此詞疏快卻不質實。如是者集中尚有，惜不多耳。白石詞如《疏影》《暗香》《揚州慢》《一萼紅》《琵琶仙》《探春》《八歸》《淡黃柳》等曲，不惟清空，又且騷雅，讀之使人神觀飛越。

　　詞在宋代被認作「別是一家」（李清照《詞論》語），其體制上的特點跟詩大有區別，故而文人作詩論詩和作詞論詞所取的態度是很不一樣的。但詩與詞畢竟又有共同的源流，在本質上也有共同的「詩性」，因此詞論和詩論在一些重要的美學問題上又殊途同歸，遲早要走到一起。其中「清空」一說，就在後來的詞論詩論裡都發揚光大，成為一個「詩學」的觀念。當然，之所以如此，更深遠的原因還在於美學傳統裡重空靈蘊藉的審美趣味。這種趣味，至少是在魏晉以還，就在文人生活及各個藝術領域裡表現得相當明顯了。詩歌批評裡有一個典型的事例，那是《詩品》裡記載的湯惠休對謝靈運和顏延之這兩位

詩人的比較，說是「謝詩如芙蓉出水，顏如錯彩鏤金」，結果顏延之聽後心中恧恧，「終身病之」。可見不管是怎樣詩風的詩人，都以「芙蓉出水」為尚，而「芙蓉出水」大體上是疏朗自然之美。這一特點，比照鍾嶸《詩品》對顏詩的評價就可知其大概：「其源出於陸機。尚巧似，體裁綺密，情喻淵深。動無虛散，一句一字，皆致意焉。又喜用古事，彌見拘束，雖乖秀逸，是經綸文雅才。」其中「巧似」「綺密」「淵深」「拘束」等評語，都與「芙蓉出水」相對立，因此把這些評語的反義詞找出來，再加上「秀逸」，差不多就能說明「芙蓉出水」的詩風了；而後來詩學裡的「清空」之說，顯然是與這詩風及其所表達的審美趣味一脈相承的。但這只是美學思想上的背景，具體到對某一種特定的文體的評價，「清空」之說又有自己特定的內涵。在張炎的詞論裡，與「清空」對舉的不是「錯彩鏤金」，而是「質實」。「質實」的缺點是「凝澀晦昧」，也就是不靈動、太沉悶，使人覺得「隔」得厲害。這些毛病，不光在詞意和詞境，還可一字一句地去查找，比如夢窗詞《聲聲慢》頭八個字就被認為「太澀」。從這些評語看，張炎以「清空」論詞，多半是為詞的作法著想的，這也與《詞源》一書的用意相吻合，因為此書之作就是為填詞指出法門。但這並不意味著「清空」之說了無蘊義。事實上，張炎論詞的主要思想跟中國傳統的詩學觀念是聯繫在一起的，一些重要的提法都是從中引申過來，如論用事說：「詞用事最難，要體認著題，融化不澀。」論詠物說：「體認稍真，則拘而不暢；模寫差遠，則晦而不明。要須收縱聯密，用事合題，一段意思，全在結句，斯為絕妙。」論言情有「景中帶情」以及「情景交煉，得言外意」之語，論詞人詞作有「咀嚼無滓，久而知味」之評，如此等等，都在前人詩論中有根有據。把這些話語聯繫起來看，「清空」之說的美學內涵還是相當可觀的，它雖然著眼於作詞之法的實際問題，卻感悟

並昭示了詞這種文體特有的空靈蘊藉的韻致，加之與「質實」相提並論，自當對詩學中的「虛實」問題有所會心，至少所提出的命題是豐富了「虛實」觀念的美學內涵的。張炎講「清空」，於姜夔最為推崇，而姜詞在後世詞學裡之所以頗得好評，也正因為以「清空」見長。清陳廷焯《詞壇叢話》論詞壇五家之長，於姜夔的評語就是「清虛」，又在《白雨齋詞話》中說姜詞「清虛騷雅」。戈載《宋七家詞選》評「白石之詞，清氣盤空，如野雲孤飛，去留無跡」，意思略同。而這「清空」或「清虛」自然偏向虛處生神的審美特徵，如陳銳《裒碧齋詞話》拿姜詞與夢窗詞比照所說：「白石擬稼軒之豪快，而結體於虛；夢窗變美成之面貌，而煉響於實。」而虛為神之所托，故又有人目姜詞為神品，清陳撰說：「先生事事精絕，率妙絕神品。」（《玉幾山房聽雨錄》）這些評價，不能說完全沒有溢美之詞。事實上，姜夔在詞史上的地位如此之高，有中國古代文人生存狀況及生活情趣上的原因。用今天的眼光看，姜夔在兩宋詞人裡只能說是大家之一，還不能說是魁首；其「清空」的特色，也只是一種詞風，而不能說明詞之為體的所有好處。但就「清空」之事而論，姜詞的確是最典型代表，而「清空」的特徵自張炎論定以來，如此被歷代詞學家看好，幾乎成了詞之為體的固有特徵。因而姜夔的地位也隨之高漲，幾於「詞聖」（陳廷焯《白雨齋詞話》評姜詞《八歸》「芳蓮墜粉」用語）。這些詞學史上的事情，我們不去深究，扯出這話題，是為了從一個特例去瞭解一下「清空」這個詞學觀念的美學內涵。這內涵，甚至可以用姜夔自己的詩論作註解，即《白石道人詩說》裡的「自然高妙」，是所謂：「非奇非怪，剝落文采，知其妙而不知其所以妙，曰自然高妙。」由此可以看出「清空」在中國傳統詞學中的分量及其與「虛實」觀念的聯繫。對這兩方面的意義，詞學發達的清代，多有人予以有力的肯定。田同之《西圃

詞說》說：「《樂府指迷》云：『詞要清空，不要質實。』此八字是填詞家金科玉律。清空則靈，質實則滯，玉田所以揚白石而抑夢窗也。」這是把張源的「清空」之說強調到詞學根本大法的高度。賙濟《且介齋論詞雜著》說：「初學詞求空，空則靈氣往來。既成格調求實，實則精力彌滿。」這是把「清空」當作學詞的門徑。較之專尚「清空」的論調，賙濟的看法又較為通達，他沒有簡單地把「空」與「實」當成對立面，而是看到了兩者之間的內在聯繫，因此在對具體的詞人詞作加以品評時主張「虛實並到」，如其《宋四家詞選目錄序論》論夢窗詞說：「若其虛實並到之作，雖清真不過也。」對於一個專尚「寄託」的詞學家來說，能有這樣的「虛實」觀念是很不容易的，何況他還把「空」放在了學詞的第一位。

我們把「清空」當成一個詩學觀念，因為它不僅用來論詞，詩論裡也有各種含義的「清空」之說；儘管不一定用「清空」這兩個字，但所表達的意思是差不太多的。這很容易理解，詩與詞雖文體不同，卻都在更高一層意義上屬於「詩」，也都有著相通的審美本性。這個問題再推開一步看，恐怕所有文體乃至於中國古代的一切藝術都得講究一點「清空」。這倒不是哪家哪派的趣味使然，而可歸結到中國古典藝術精神的根本，即從老莊思想裡流變而來的「虛」與「空」的觀念。在文學裡面，詩歌因體制的限制，就更得發揮「空」的效用，因而批評家們也較多地談論詩歌眾體的「空」的特性及手法，把它看作詩之所以為美的依託。當然，這個「空」，跟內容或蘊含的空洞無物絕不是一回事，它往往是與「神」「厚」「實」等構成一種辯證統一的關係。這一特徵，從我們以下要列舉的有關詩之「清空」的理論批評就可以看出。

這裡讓我們來看幾個清代詩學裡的例子。清人論詩，將詩歌藝術

各方面的精蘊發掘殆盡，可謂用心良苦，故其詩學縝密周全，蔚為大觀。這裡面，「清空」的特點為詩論家們喜聞樂見，並引以為對詩之妙味的賞會。如張謙宜《繭齋詩談》說：「詩品貴清，運眾妙而行於虛者也。譬如觀人，天日之表，龍鳳之姿，雖被服充玉，其丰神英爽，必不溷於市兒；若乃拜馬足，乞殘鯖，即荷衣蕙帶，寧得謂之仙人耶？由斯以談，清在神不在相，清在骨不在膚，非流俗所知也。」這是以能識詩之「清」品而自詡，話語裡多少有些賣弄，但把詩歌之「清」的來由說成是「運眾妙而行於虛」，以及「清」品要以「神」以「骨」而論，還是很有見地的。此所謂「虛」與「神」，跟「神韻」說較為近似。施補華《峴傭說詩》論「清空」，把這層關係表達得更明顯，說：「五律有清空一氣不可以煉句煉字求者，最為高格。如太白『牛渚西江夜』『蜀僧抱綠綺』，襄陽『掛席幾千里』，摩詰『中歲頗好道』，劉眘虛『道由白雲盡』諸首，所謂『羚羊掛角，無跡可求』。」這也是把「清空」的妙用歸為「神」，儘管話語裡沒有出現「神」字，但把這話放到王漁洋論「神韻」的詩話裡去，恐怕可以亂真。以上兩例詩話講「清空」之「神」，都看重它「空」的一面。也有人看到了「清空」與「神」的關係的另一面，認為「清空」不是單純的「空」，還得考慮進「實」的因素。如田同之《西圃詩說》說：「詩之妙處無他，清空而已。然不讀破萬卷，又豈易言空哉！杜詩云：『讀書破萬卷，下筆如有神。』『神』者，清空之謂也。而『清空』二字，正難理會。」這與其詞論一樣，讓「清空」成為詩歌藝術的眾妙所歸，在這個意義上，「清空」與一個更高級的詩學觀念「神」可以等而視之。但這個「神」，不是「羚羊掛角」之「神」，而是「讀書破萬卷，下筆如有神」之「神」，因而就不是絕對的「空」，而是有「實」為基礎並將「實」的東西化為清氣的「空」。應當說，這樣理解「清空」比單純地把「清空」解釋成一種虛無縹緲

的韻致更為穩妥，更為深刻，更符合詩歌創作的實際。正因為符合實際，有人講授作詩要領，就既講「空」，也講「厚」，把兩種看上去是相反的特點糅合在一起。查為仁《蓮坡詩話》記曰：「家伯初白老人嘗教余詩律。謂詩之厚，在意不在辭；詩之雄，在氣不在直；詩之靈，在空不在巧；詩之淡，在脫不在易；須辨毫髮於疑似之間。」這裡所說的「厚」「雄」「靈」「淡」都是詩的審美特徵，其中「厚」與「靈」、「雄」與「淡」在詩歌創作中都可以相反相成，而且應該相反相成，從而詩歌藝術中的「清空」，正當以「厚」為底蘊。對這關係，有的詩論家談得更好，比如賀貽孫《詩筏》就把「厚」「神」與「清空」一併而論，先說「厚」的來由以及什麼是「厚」：「詩文之厚，得之內養，非可襲而取也。博綜者謂之富，不謂之厚；穠縟者謂之肥，不謂之厚；粗僮者謂之蠻，不謂之厚。」「『厚』之一言，可蔽《風》《雅》。《古詩十九首》，人知其澹，不知其厚。所謂厚者，以其神厚也，氣厚也，味厚也。即如李太白詩歌，其神氣與味皆厚，不獨少陵也。他人學少陵者，形狀龐然，自謂厚矣，及細測之，其神浮，其氣囂，其味短。畫孟賁之目，大而無威；塑項籍之貌，猛而無氣，安在其能厚哉！」概言之，這講的是「厚」的來由雖有實際生活中的積累和養成，就其作為詩歌藝術的特徵而言卻在神不在貌，在虛不在實。這樣的「厚」就是由實而虛，集充實和「清空」於一體，用論者的話說，是「厚」與「無厚」的統一。這論述十分精彩，深得中國古典美學思想中虛實相生、有無相成的神理，其言曰：「《莊子》云：『彼節者有間，而刀刃者無厚。』所謂『無厚』者，金之至精，煉之至熟，刃之至神，而厚之至變至化者也。夫惟能厚，斯能無厚。古今詩文能厚者有之，能無厚者未易覯也。無厚之厚，文惟孟、莊，詩惟蘇、李、《十九首》與淵明。後來太白之詩，子瞻之文，庶幾近之。雖然，無厚與薄，毫釐千

里，不可不辨。」這裡面「夫惟能厚，斯能無厚」的立論是極為精審的，論者援《莊子》之說以為例，實際上還當隳栝孟子「充實之謂美」的思想及其「養氣」之說。由「內養」而來的「清空」，自有「厚味」於其中，故空而不疏，淡而不薄，輕而不佻，是所謂：「清空一氣，攢之不碎，揮之不開，此化境也。然須厚養氣始得，非淺薄者所能僥倖。」如此取境，便庶幾於「神厚」了；而「神」之效用，在「養」、在「化」、在「遠」，如論者說：「詩文有神，方可行遠。神者，吾身之生氣也。老杜云：『讀書破萬卷，下筆如有神。』吾身之神，與神相通，吾神即來，如有神助，豈必湘靈鼓瑟，乃為神助乎？」「神者，靈變惝恍，妙萬物而為言。讀破萬卷而胸中無一字，則神來矣，一落滓穢，神已索然。」這裡又引用了杜詩名句，尋論者之意，「讀書破萬卷」是學養，「下筆如有神」則是融化，故而詩人「內養」又有「學」與「舍」的關係：「不貴能學，貴於學而能捨，舍之乃所以為學也。無所不舍，斯無所不學矣。」能捨即能化，能化即能神，以此為詩，學養、功力及作用均化作「清空一氣」，「段落無跡，離合無端，單復無縫。此屈宋之神也，惟《古詩十九首》彷彿有之」。這樣的「清空」正是「夫惟能厚，斯能無厚」，也可見「清空」作為詩學觀念的含義遠不止於其字面意思，而有植根於中國美學傳統的深刻內涵。這內涵，當詩論家把「清空」與「厚」「神」等相提並論時，就顯其精妙了；又因為詩論家們取法於中國美學傳統為「清空」及「厚」「神」立說，其於「虛實」觀念的領悟和運用也可想而知。

「清空」之說之所以如此為詩家看好並多方立說，除了美學傳統、審美趣味以及詩學觀念上的原因外，還牽涉到中國古典詩歌尤其是近體詩的一個特徵，也可以說是一個創作課題，這就是用事。用事是在詩中用往代成事或成語以明義，故又稱為「事義」或「典故」。這在中

國古典詩歌創作中是一個十分普遍的現象，於近體律詩幾乎必不可少；
其歷史淵源也甚為久遠，或可追尋到《詩經》中的成語。[8]但詩歌創作
以用事為時尚並在文學觀念上予以確立，則是魏晉南北朝的事情，尤
以齊梁為甚。它與聲律說一道為近體詩打下基礎，也給後世詩歌創作
及詩歌理論提出一個須進一步深入研討的課題。而這課題在當時就存
在著爭議，問題的關鍵在於，用事的初衷是在於明「理」[9]，而詩歌藝
術的本性是言情寫景，如何將這兩種在本性上並不完全相侔的手段統
一到詩歌藝術當中，就是一個需要加以認真解決的詩學課題。對這問
題，當時的批評家們意見就不統一，總的來講，是「用事派」占了上
風，如沈約、蕭統、劉勰等以用事為成「文」的特徵。但也有反對意
見，如鍾嶸就力陳用事之非，深以為此風不可長。而他反對用事的出
發點是以自然為美的詩學觀，這裡面就已經暗含了後人以「清空」論
用事的旨意。〈詩品序〉有一段著名的評論：「夫屬詞比事，乃為通談。
若乃經國文符，應資博古，撰德駁奏，宜窮往烈。至乎吟詠情性，亦
何貴於用事？『思君如流水』，既是即目；『高台多悲風』，亦惟所見；
『清晨登隴首』，羌無故實；『明月照積雪』，詎出經史？觀古今勝語，
多非補假，皆由直尋。」鍾嶸的批評是針對當時由於「競須新事」且
「蠹文已甚」的詩風而發，故而話說得稍稍有些過分。事實上，詩歌用
事的害處還沒有像他講得那麼嚴重；而文人作詩，要讓他完全不用
事，似乎也不盡情理。所以儘管鍾嶸把用事駁得體無完膚，儘管他駁

8　參見王國維：《與友人論〈詩〉、〈書〉中成語》（一）（二），《觀堂集林》第一冊，
　　中華書局1959年版。

9　參見朱自清《〈文選序〉「事出於沈思義歸乎翰藻」說》，其對「事義」的解釋是：「『事
　　義』的『事』實在包含著古事和成辭兩個意思了。古事和成辭所含的理，通於今古，
　　所以能夠援古證今；『義』便指這種理而言。」見《朱自清古典文學論文集》上冊，
　　上海古籍出版社1981年版，第41頁。

斥用事的這段話也為歷代詩人所激賞，中國古典詩歌卻並不因此把用事排擠出去，詩人們可以為鍾嶸的議論叫好，但等到自己作詩時，還是照用其事，而且把事用得越來越精，越來越深。這倒不是說鍾嶸的話講得沒有道理，而是因為，用事已經成為中國古典詩歌藝術的有機組成部分，把詩人在這方面的愛好和才能強行封殺，恐怕並非明智之舉，也很難辦到。因此後來的詩歌理論批評對此課題的討論，就不是一個能不能用事的問題，而是一個怎樣用事的問題。尤其是中國古典詩歌經唐而入宋，學問和議論大行其道，以至於理過其意，意過其韻，危及詩歌藝術自身的本性。從而批評家們也意識到問題的嚴重性，把用事當作一個亟須解決的重要問題來討論了。有關意見，在宋代詩話裡就有很多，嚴羽《滄浪詩話》就詩的「別材」「別趣」發的那一大通議論，是高屋建瓴者。其他散見於具體詩評中的心得體會，也多有可觀。如《竹坡詩話》說：「凡詩人作語，要令事在語中而人不知。余讀太史公《天官書》：『天一、槍、棓、矛、盾動搖，角大，兵起。』杜少陵詩云：『五更鼓角聲悲壯，三峽星河影動搖。』蓋暗用遷語，而語中乃有用兵之意。詩至於此，可以為工也。」《對床夜語》說：「前輩云，詩家病使事太多，蓋皆取其與題合者類之，如此乃是編事，雖工何益。李商隱《人日》詩云：『文王喻復今朝是，子晉吹笙此日同。舜格有苗旬太遠，周稱流火月難窮。縷金作勝傳荊俗，翦采為人起晉風。獨想道衡詩思苦，離家恨得二年中。』正如前語。若《隋宮》詩云：『玉璽不緣歸日角，錦帆應是到天涯。』又《籌筆驛》云：『管樂有才真不忝，關張無命應如何。』則融化斡旋如自己出。粗精頓異也。」都以實例說明怎樣用事方為好，大體上是講究融化，反對堆砌。而「清空」的特色，正可針砭用事過甚及用事不化之病，所以詞學裡張炎在以「清空」反「質實」時，特別提到用事的「融化不澀」。

對此，後來詩學基本上持一致意見，且對用事常常以「清空」去作美學上的要求。從而對「清空」的討論就多連及用事，或以用事之妙去表明「清空」之美，或以「清空」的境界去示人以用事之法。清代詩學秉前人之說，對這問題有不少觸類旁通之見，如薛雪《一瓢詩話》說：「作詩用事，要如釋語，水中著鹽，飲水乃知。」這顯然是遠紹嚴羽「鏡花水月」之論，以空靈之境要求用事。又如袁枚《隨園詩話》說：「嚴冬友曰：『詩文妙處，全在於空。譬如一室內，人之所游焉息焉者，皆空處也。若窒而塞之，雖金玉滿堂，而無安放此身處，又安見富貴之樂耶？鍾不空則啞矣，耳不空則聾矣。』范景文《對床錄》云：『李義山《人日》詩，堆砌太多，嚼蠟無味。若其他懷古諸作，排空融化，自出精神。一可以為戒，一可以為法。」袁枚論詩主「性靈」，對「清空」自然偏愛；而他援引的事例，則來自虛處生神的美學觀。

對「清空」與用事的關係，比袁枚論述得更為詳切而有針對性的，是朱庭珍。他的《筱園詩話》，對自宋代以來詩學裡容易產生歧義而時人又多有偏見的用事和議論給予了正面的闡述。他說：「近人主王、孟、韋、柳一派，以神韻為宗者，謂詩不貴用典，又以不著議論為高，此皆一偏之曲見也。名手制勝，正在使事與議論耳。嚴滄浪謂用典使事之妙，如鏡中之花，水中之月，可以神會，不可言傳。又謂如著鹽水中，但辨其味，不見其形。所喻入妙，深得詩家三昧。大抵用典之法，在融化剪裁，運古語若己出，毫無費力之痕，斯不受古人束縛矣。正用不如反用，明用不如暗用。或借賓以定主，或托虛以襯實。死事則用之使活，熟事則用之使生。渲染則波瀾疊翻，熔鑄則爐錘在握。驅之以筆力，馭之以才情，行之以氣韻，俾自在流出，如鬼斧神工，不可思議，而一歸於天然，斯大方家手筆也。杜陵句云：『美

人細意熨貼平，裁縫滅盡針線跡。」放翁云：『天機云錦用在我，剪裁妙處非刀尺。』皆個中精詣也，學者詳之。」這意思是，用典為詩歌藝術必不可少，關鍵要能融化；融化到天衣無縫的地步，則神韻自在，而典故也蘊於其中了，這才是高手之作。而單單講究神韻，或以神韻排斥用典，並沒有把詩歌藝術看完整、看真切。與此相關的還有議論，其中的道理，與用事相通，可以參看。朱庭珍認為：「自宋人好以議論為詩，發洩無餘，神味索然，遂招後人史論之譏，謂其以文為詩，乃有韻之文，非詩體也。此論誠然。然竟以議論為戒，欲盡捐之，則因噎廢食，膠固不通矣。……人但知敘事中之敘事，議論中之議論，與夾敘夾議之妙，而抑知敘事外之敘事，議論外之議論，與夫不敘之敘，不議之議，其筆外有筆，味外有味，尤為玄之又玄，更臻微妙乎！」這裡說的是議論如何入詩。議論是「理」，經詩人妙筆經營而融化為情與韻並有了味外之味。這樣的「理」，在詩中是看不見、摸不著，只可意會而不可言傳的；它已經不是一般的道理，而成為「不涉理路」的藝術表現。用事之妙，亦可由此類推。要之，用事和議論為詩歌藝術所不可少，但要真正把用事和議論化為詩歌藝術，斷不能將事與理如實寫來，而須虛實相生，曲盡其妙，因為詩歌藝術的審美本性乃在於「空」、在於「神」。對此，朱氏又引莊子「無厚」之說予以發微：「詩家之用筆，須如庖丁之用刀，官止神行，以無厚入有間，循其天然之節，於骨肉理湊肯綮處，銳入橫出，則批卻導窾，遊刃恢恢有餘，無不迎鋒而解矣。」具體表現為「正寫不見透徹，則左右側寫，或對面著筆以返照之。實寫不覺玲瓏，則虛處傳神，或傍敲側擊以射注挑剔之」等等。「無厚」也就是「空」，「批卻導窾」是為了「虛處傳神」。以朱氏之意，詩家如能於「空」處「虛」處著眼並著筆，則為詩之道思過半矣。由此而論用事，則用事的歸宿也在於「空」，這乃

是中國古典詩歌的藝術本性所決定。而中國古典詩歌美學裡的「清空」
之論若結合用事這樣一個特殊的詩學課題去看，其中包含的「虛實」
觀念也更容易認清了。至於直接由「虛實」論用事的，如明代王世懋
《藝圃擷餘》說：「使事之妙，在有而若無，實而若虛。」清代陳僅《竹
林答問》也說「用事之法，實事虛用」等，其「虛實」觀念已在字面，
不必多說。

　　由此連帶的一個問題是，「清空」之說在提出時，是與「質實」相
對立的，這主要是就兩種不同的詩風而言。若從詩歌創作手法立論，
則「清空」與「質實」更深一層的關係在於相互轉化，上述種種關於
用事的討論，多著眼於這種相互轉化的關係。從這一點看，「質實」未
必就一定是詩家之病。因此，詩歌理論裡也有對「質實」的另一種理
解，並以「質實」為詩歌藝術所當有。如清代潘德輿《養一齋詩話》
說：「或言詩貴質實，近於腐木濕鼓之音，不知此乃南宋之質實，而非
漢魏之質實也。南宋以語錄議論為詩，故質實而多俚詞；漢魏以性情
時事為詩，故質實而有餘味。分辨不清，概以質實為病，則淺者尚詞
采，高者講風神，皆詩道之外心，有識者之所笑也。」這裡面就區分出
不同性質和特點的「質實」。其間論者對「神韻」一派詩學觀的非議另
當別論，但對「質實」的分辨卻有助於我們更完整和準確地理解「清
空」與「質實」的關係以及這關係中所蘊含的「虛實」觀念。

　　二、「理」「事」「情」

　　「理」「事」「情」這三個概念，講的都是中國古典詩歌的要素，
單從字面上，不大容易看出其與「虛實」觀念的聯繫。但清代一位批
評家葉燮把這三個要素作為他論詩的出發點及其對詩歌藝術本性的理
解，在他對「理」「事」「情」的論述中，就表達出一種基於對詩歌藝
術總體把握的「虛實」觀念。這要當作中國古典詩學裡「虛實」觀念

裡的一項內容專門說一下。

葉燮論詩有「在物」和「在我」之分，在物者為「理」「事」「情」，在我者為「才」「膽」「識」「力」；合而觀之，便包舉了詩歌藝術的全部道理。其中「在我」用以論詩人，「在物」則用以論詩的藝術規律和審美特徵。而「在物」之所以可以用來說明詩歌藝術，又因為世界上所有事物的發展規律都不外乎「理」「事」「情」，詩歌自不例外。葉燮說：「曰理、曰事、曰情三語，大而乾坤以之定位，日月以之運行，以至一草一木一飛一走，三者缺一，則不成物。文章者，所以表天地萬物之情狀也。然具是三者，又有總而持之、條而貫之者，曰氣。事、理、情之所為用，氣為之用。譬之一木一草，其能發生者，理也；其既發生，則事也；既發生之後，夭矯滋植，情狀萬千，咸有自得之趣，則情也。苟無氣以行之，能若是乎？」（《原詩》〈內篇〉）「理」「事」「情」再加上「氣」，就成為萬事萬物發生、發展及其情狀的根本所在，詩歌藝術的本性即可由此而見。然而，詩歌藝術的「理」「事」「情」與一般事物的「理」「事」「情」又有不同，產生歧義的主要是「理」與「事」。對此，葉燮在《原詩》中以問答的形式予以充分闡說。其設問和回答都有對詩歌藝術中「虛」「實」關係的深刻理解，宜一併而觀。先看設問：

或曰：「先生發揮理、事、情三言，可謂詳且至矣。然此三言，固文家之切要關鍵，而語於詩，則情之一言，義固不易，而理與事，似於詩之義未為切要也。先儒云：『天下之物，莫不有理。』若夫詩，似未可以物物也。詩之至處，妙在含蓄無垠，思致微渺，其寄託在可言不可言之間，其指歸在可解不可解之會，言在此而意在彼，泯端倪而離形象，絕議論而窮思維，引入於冥漠恍惚之境，所以為至也。若一

切以理概之，理者，一定之衡，則能實而不能虛，為執而不為化，非
板則腐，如學究之說書，閭師之讀律，又如禪家之參死句，不參活
句，竊恐有於乖風人之旨。以言乎事，天下固有有其理而不可見諸事
者；若夫詩，則理尚不可執，又焉能一一征之實事者乎？而先生斷斷
焉必以理、事二者與情同律乎詩，不使有毫髮之或離，愚竊惑焉！此
何也。」（《原詩》〈內篇〉）

　　這話裡對「理」與「事」作為詩之本性的疑慮，正在虛實之間。
照一般的說法，「理」是衡量事物的標準，它「能實不能虛」，「事」是
生活中實際發生的「實事」，同樣是「能實不能虛」，而詩歌藝術的妙
道是在「不涉理路」「不落言筌」且不能一一征之實事的虛境，這兩種
性質不同的特徵如何統一於詩呢？對這設問，葉燮的回答是，詩人所
看取的「理」和「事」，與常人所見之可執之理、可征之事大不相類。
在詩歌藝術中，「必有不可言之理，不可述之事，遇之於默會意象之
表」。那麼這是一種什麼樣的理和什麼樣的事呢？葉燮舉杜甫詩句為例
作了具體的說明：

　　今試舉杜甫集中一二名句，為子晰而剖之，以見其概，可乎？如
《玄元皇帝廟作》「碧瓦初寒外」，逐字論之：言乎外，與內為界也。初
寒何物，可以內外界乎？將碧瓦之外，無初寒乎？寒者，天地之氣
也。是氣也，盡宇宙之內，無處不充塞，而碧瓦獨居其外，寒氣獨盤
踞於碧瓦之內乎？寒而曰初，將嚴寒或不如是乎？初寒無象無形，碧
瓦有物有質；合虛實而分內外，吾不知其寫碧瓦乎？寫初寒乎？寫近
乎？寫遠乎？使必以理而實諸事以解之，雖稷下談天之辯，恐至此亦
窮矣。然設身而處當時之境會，覺此五字之情景，恍如天造地設，呈

於象，感於目，會於心。意中之言，而口不能言；口能言之，而意又
不可解。劃然示我以默會想像之表，竟若有內有外，有寒有初寒，特
借碧瓦一實相發之，有中間，有邊際，虛實相成，有無互立，取之當
前而自得，其理昭然，其事的然也。昔人云：「王維詩中有畫。」凡詩
可入畫者，為詩家能事，如風雲雨雪，景象之至虛者，畫家無不可繪
之於筆。若初寒內外之景色，即董、巨復生，恐亦束手擱筆矣！天下
惟理、事之入神境者，固非庸凡人可摹擬而得也。（《原詩》〈內篇〉）

　　這一段話，實在是把詩歌藝術中的「理」與「事」連同詩歌藝術
的本性闡說得很透徹，堪為中國傳統詩歌美學中的經典論述。其中尤
值得注意的是「虛實相成，有無互立」的提法，這乃是比「理」「事」
「情」更深一層的詩歌藝術規律。詩人筆下的「理」和「事」，不可以
實相求，而只能以虛境論，就像「碧瓦初寒外」的詩句一樣，是畫筆
不到而意想可及。這樣的「理」和「事」，在「虛實」「有無」之間，
只可意會，不可言傳，正當為詩人所看取。所以葉燮又說：「要之作詩
者，實寫理、事、情，可以言言，可以解解，即為俗儒之作。惟不可
名言之理，不可施見之事，不可徑達之情，則幽渺以為理，想像以為
事，惝恍以為情，方為理至、事至、情至之語。」（《原詩》〈內篇〉）
這「幽渺」「想像」「惝恍」是針對「實寫」而言的，當以「虛」為特性；
具體到詩歌作品，可視之為虛境。這虛境是由生活中的實理、實事變
幻而來，是虛實相成的結果；然而就詩歌藝術的審美規律而論，它的
本質又在於「虛」。正因為「虛」，方能使人「默會於想像之表」，生出
無窮的興味。這與一般的理和事，相差不可以道裡計，儘管都以「理」
和「事」為名。對這問題，葉燮憑他精妙的藝術感受和出幽入微的思
理詳為之說，若概而論之，則其立腳點仍在「虛實相成」的美學原則。

從這個意義講，葉燮關於「理」「事」「情」的著名論斷未嘗不可以看作是中國傳統文藝美學中「虛實」觀念在詩學裡的一次精彩的演示。

三、「活法」

「活法」這個概念，是宋代詩論裡提出的，那是詩人和批評家們在一個崇尚法度的時代裡為詩歌創作尋找取法於前人而又能夠出奇制勝的門道，以致於弄出許多舊瓶裝新酒或新瓶裝舊酒的花樣。這在後代招來不少非議，也使一些成就並不算低的詩人背了很長時間的黑鍋，為此，「活法」這個概念受到牽連，名聲並不太好。但平心而論，用「活法」來表示中國古典詩歌某一類型的創作手法，並非完全沒有說服力。這跟中國古典詩歌基本的體式及特性有關，就是說，中國古典詩歌因為體制的相對短小和固定，一些基本的創作手法是具有相當的因襲性的。因此，在傳統中出新，在有限的空間內求得變化，就是每一位詩人都面臨的課題。所謂「活法」的意義和價值，即在於此。但在這裡，我們提到「活法」，不是為了談論歷史上的傳統與創新的問題，而是借用一下這個名稱，來看看一些因「虛實」立論的詩歌技法。說實話，這些技法雖以「虛實」為名目，但與文藝美學中的「虛實」觀念的關係並不十分深切，甚至比不上許多不以「虛實」為名卻隱含著「虛實」觀念的命題和論斷，這從我們前面介紹的一些詩學觀就可以看出。可是這些以「虛實」為名的技法之論畢竟是以「虛實」為名，且不能說其中完全不包含論者於詩歌藝術中「虛」「實」關係有所作為的用心。故而我們在談論中國傳統詩學中「虛實」觀念之大要時，也給這類「虛實」之說留些餘地，或許從中多少能看出些許詩歌美學中「虛實」觀念的延伸和運用。姑以「活法」名之，為的是這類技法都是為了把作詩的手段盤活。

此類「活法」多著眼於篇章字句，用當今的文論去比附，或可稱

之「文本的批評」或「細讀的批評」。這也跟中國古典詩歌的特性及其
文化背景有關，就是說，中國古代各體詩歌都有既定的程式，雖然其
意象和意境千變萬化，但是創造意象和意境的手法還是有類可循，有
的批評家就是致力於發現並總結各「類」手法，以示初學以入門須知
的規矩。對這現象，我們應當給予相當的理解，因為詩歌在中國古代
並不像今天這樣成為一門「純藝術」，而在更大範圍內是文人修身並進
身的必備條件。習者既多，也就需要非常實用的「詩家法數」。流風所
及，詩歌批評裡就有相當一部分實用的或「文本的」批評，且不說「童
蒙訓」及「金針詩格」一類的手冊，就是像樣的詩論也往往讓人嗅出
授人以法門的味道。這在宋代詩話裡就成為習氣，連一些在詩學史上
提出過重要問題或有重大貢獻的著作也不例外。比如眼下所談的「情
景虛實」問題，就是以詩法和詩格為論而提出的，而且具體到了字
句，這從前面介紹范晞文《對床夜語》所載「情景虛實」說就可以看
出，其他如謝榛、王夫之以及吳喬、冒春榮等論「情景虛實」也都多
少跟詩的具體作法相關。更具代表性的如薛雪《一瓢詩話》論作詩的
起承轉合及實寫虛寫：「起須劈空，承宜開拓，一聯蜿蜒，一聯崒嵂，
景不雷同，事不疏忽；去則辭樓下殿，往則回龍顧祖；意外有餘意，
味後有餘味；不落一路和平，自有隨手虛實，是章法也。」「詩有從題
中寫出，有從題外寫入；有從虛處實寫，實處虛寫；有從此寫彼，有
從彼寫此；有從題前搖曳而來，題後迤邐而去，風雲變幻，不一其
態。要將通身解數，踢弄此題，方得如是。」此所謂「虛實」，就是因
章法立論的，屬文本或技法層面的「虛實」問題。又如吳喬《圍爐詩
話》論對聯：「起聯以引起下文而虛做者，常道也。起聯若實，次聯反
虛，是為定法。」意旨略同。類似這樣的「虛實」之論在歷代詩學尤其
是清代詩學論著裡可以找出許多，然而由於過於坐實，雖有功於初

學，卻略乏美學內涵，其中高者可啟人由技悟道，低者則多有八股氣息了。有鑒於此，有的批評家就對以「格」以「法」立「情景虛實」之說的做法頗不以為然，並且以更為圓通的觀念為作為創作手法的「情景虛實」立說。比如前面提到過的朱庭珍對這一問題就頗有高論，而他所要破除的陳套，正是在詩學史上開「情景虛實」問題之先河的周伯弼的「四虛四實」之法。其《筱園詩話》有一大段議論，全錄如下：

自周氏論詩，有四實四虛之法，後人多拘守其說，謂律詩法度，不外情景虛實。或以情對情，以景對景，虛者對虛，實者對實，法之正也。或以景對情，以情對景，虛者對實，實者對虛，法之變也。於是立種種法，為詩之式。以一虛一實相承，為中二聯法。或前虛後實，或前景後情，此為定法。以應虛而實，應實而虛，應景而情，應情而景，或前實後虛，前情後景，及通首言情，通首寫景，為變格、變法，不列於定式。援據唐人詩以證其說，臚列甚詳。予謂以此為初學說法，使知虛實情景之別，則其說甚善，若名家則斷不屑拘拘於是。詩中妙諦，周氏未曾夢見，故泥於跡相，僅從字句末節著力，遂以皮毛為神骨，淺且陋矣。夫律詩千態百變，誠不外情景虛實二端。然在大作手，則一以貫之，無情景虛實之可執也。寫景，或情在景中，或情在言外。寫情，或情中有景，或景從情生。斷未有無情之景，無景之情也。又或不必言情而情更深，不必寫景而景畢現，相生相融，化成一片。情即是景，景即是情，如鏡花水月，空明掩映，活潑玲瓏。其興象精微之妙，在人神契，何可執形跡分乎？至虛實尤無一定。實者運之以神，破空飛行，則死者活，而舉重若輕，筆筆超靈，自無實之非虛矣。虛者樹之以骨，煉氣熔淬，則薄者厚，而積虛為渾，筆筆沉著，亦無虛而非實矣。又何庸固執乎？總之詩家之妙

悟，不應著跡，別有最上乘功用，使情景虛實各得其真可也，使各逞
其變可也，使互相為用可也，使失其本意而反從吾意所用，亦可也。
此固不在某聯宜實，某聯宜虛，何處寫景，何處言情，虛實情景，各
自為對之常格恆法；亦不在當情而景，當景而情，當虛而實，當實而
虛，及全不言情，全不言景，虛實情景，互相易對之新式變法。別有
妙法活法，在吾方寸，不可方物。六祖語曰：「人轉《法華》，勿為《法
華》所轉。」此中消息，亦如是矣。

　　朱庭珍講這段話的大意，概括起來說就是「破法立神」。他承認所
謂「四實四虛」之法及其變格有助於初學，卻堅持認為高手述作不當
為法所限，而要以「神」為主，將「情景虛實」運使得得心應手，無
跡可尋。通觀其論，所謂「神」和「妙」，當感染了歷史上的「神韻」
及「妙悟」之說，多少有點故弄玄虛；對以往的「情景虛實」之法的
非難似乎也有些過頭，沒有顧及或有意遮掩了如是之法不光有助初學
也為大家所用的事實。但他主張為詩之法宜活而不宜死，宜神妙而不
宜呆滯，這思路還是大體上可取的，能夠提醒詩人和批評家不要一頭
紮在篇章字句裡而不知詩歌藝術妙在言外。就「情景虛實」而論，如
朱氏所言，問題原本就是以詩法或詩格的形式提出的，也意在對學詩
者起到法和格的作用。但這問題的美學和詩學的內涵，絕不止於詩法
和詩格，而關係到詩歌藝術的本性。這一點，論者沒有看錯，而他就
「情景虛實」所發的一大通議論，儘管讓人看了有些頭暈目眩不知所
從，但原其初衷，仍是為了把這問題從低層次的技巧和手法中解放出
來，上升到詩歌藝術的創作方法和審美特性的高度。言「法」求「活」
至此，也可謂煞費苦心；論其成效，則給有關「情景虛實」問題的「文
本的批評」注入更多的美學內涵。

　　然而這一切並不能扭轉傳統詩學偏愛文本並喜歡在篇章字句上做
文章的傾向。朱庭珍以前人的「律詩法度」為非，而他自己論詩，就
時常言及煉字煉句以及字法句法。這倒不一定是自相矛盾，而是字與
句對於中國古典詩歌有著相當重要的意義，是批評家們論詩評詩迴避
不了的，關鍵在於如何把字法句法談得既實用又合乎詩歌藝術的內在
規律。這方面的論述在中國傳統詩學裡非常之多，其中最能體現「文
本批評」的是字法。宋代詩論裡的「詩眼」之說，恐怕是以字論法的
一個直接原因。「詩眼」可以是句，也可以是詞，但最能體現「眼」的
功效的則是字。因此批評家在評價詩歌作品時，多大談一字兩字的妙
用，其實例舉不勝舉。宋代以後，此風不息，又有人專論虛字實字的
用法，且將詩中虛字實字與詩歌藝術的虛實問題聯繫起來。如謝榛《四
溟詩話》說：「五言詩皆用實字者，如釋齊己『山寺鐘樓月，江城鼓角
風』。此聯盡合聲律，要含虛活意乃佳。詩中亦有三昧，何獨不悟此
邪？」這講的是詩句以實字連用而虛處生意，並視之為詩家三昧。又
說：「律詩重在對偶，妙在虛實，子美多用實字，高適多用虛字。惟虛
字極難，不善學者失之。實字多則意簡而句健，虛字多則意繁而句
弱。趙子昂所謂兩聯宜實是也。」這顯然是把用字的虛實跟詩句表意的
虛實看成是相互關聯的兩個方面。還有引別家之論說：「李西涯曰：『詩
用實字易，用虛字難。盛唐人善用虛字，開合呼應，悠揚委曲，皆在
於此。用之不善，則柔弱緩散，不復可振。』夏正夫謂涯翁善虛字，若
『萬古乾坤此江水，百年風日幾重陽』是也。西涯虛實，以字言之；子
昂虛實，以句言之。二公所論，不同如此。」諸人之論，也都把虛字或
句當成詩歌藝術要領之一。至清代詩學，批評家們對虛字實字問題看
得更細，也談得更深。前舉幾位暢論「情景虛實」的批評家，對虛字
實字也都發表過意見。如賀貽孫《詩筏》說：「高、岑五言古、律，俱

臻化境，而高達夫尤妙於用虛。非用虛也，其筋力精神俱藏於虛字之內，急讀之遂以為虛耳。以此作律詩更難。如達夫《途中寄徐錄事》云：『落日風雨至，秋天鴻雁初。離憂不堪比，旅館復何如？君又幾時去，我知音信疏。空多篋中贈，長見右軍書。』『君又』『我知』等虛字，豈非篇中筋力？但覺其運脫輕妙，如駿馬走阪，如羚羊掛角耳。且其難處，尤在虛字實對，仍不破除律體。」又說：「下虛字難在有力，下實字難在無跡。然力能透出紙背者，不論虛實，自然渾化。彼用實而有跡者，皆力不足也。」賀貽孫是講究「詩眼」的，曾說：「詩有眼，猶弈有眼也。詩思玲瓏，則詩眼活；弈手玲瓏，則弈眼活。所謂眼者，指詩弈玲瓏處言之也。」可見其虛字實字之論承前人「詩眼」說而發，意用當不止於用字。朱庭珍《筱園詩話》論虛字實字也有見地，說：「宋人七律句中好用虛字，每流於滑弱，南渡後尤甚。趙松雪力矯其失，謂七律須有健句壓紙，為通篇警策處，以樹詩骨。此言極是。又謂七律中二聯，以用實字無一虛字為妙，則矯枉過正，未免偏矣。詩之工拙，句之軟健，在筆力氣勢，不在用字虛實也。用虛字者，能莊重精當，使虛字如實字，則運虛為實，句自老成。用實字者，能生動空靈，使實字如虛字，則化實入虛，句自峭拔。是在平日體貼之功，臨文運用之妙耳。用筆果超妙，運氣果雄渾，則勿論用虛用實，皆可成妙句也，何必定忌虛字耶？」朱氏的本意是詩歌下字用虛還是用實，這本身並不重要，重要的是詩人的「筆力氣勢」。但從他對活用虛字實字之法的描述，可知虛字的特性是生動空靈，實字的特性是莊重精當，用字之妙，則在於使虛字實字體現出對方的特性，從而能夠運虛為實，化實入虛，熔老成與峭拔於一爐。上述兩位批評家，對「情景虛實」或「形神」「清空」等問題均有過高論，虛字實字只是其詩論中的枝節問題，聯繫在一起看，則枝節問題最終還是要歸

結到作為詩歌藝術本性的「情景虛實」中去。這樣，傳統詩學中「虛字實字」之說與「虛實」觀念的聯繫就不僅僅在字面，而在整個詩歌藝術的美學特徵。

虛字實字在中國傳統詩學裡受到廣泛關注並能引出一些有價值的詩學觀念，如前所說，是跟中國古典詩歌及漢語言文字的特性有關的。這在其他語言文學的理論批評裡似乎並不多見，甚至可以說是絕無僅有。而傳統詩學裡的這部分內容，也讓我們看到中國古代文學批評的一個很值得玩味的特色。這特色用一句通俗的話來說，就是「於細微處見精神」；套用古人的話，也可以說是在字句筋節中去發掘微言大義，當然，這「微言大義」指的文學作品的藝術意蘊。我們把傳統詩學著眼於字句篇章的分析和評價說成是「文本的批評」，實際上這「文本的批評」與當代西方文論裡那種以語言為本，把文學作品當作一個封閉的系統而抽繹出「結構」「肌質」及「文學性」的做法，是有很大區別的。重要的一點，是中國式的「文本批評」雖由實處入手，卻始終趨向於一種超出語言文字之外的「虛神」——這很符合漢語言文字「意內而言外」的特性；並且在由實入虛的過程中，須臾不離開批評家自身的藝術感受。因此，這樣的「文本批評」就能夠充分地葆有文學批評所應有的美感和韻味。相比之下，當代西方文論裡的「文本批評」常常以犧牲批評家的美感和藝術氣質（如果有的話）為代價，把本應該喚起人們美感和情趣的批評活動變成類似於人體解剖的展示和說明。二十世紀西方文論中的形式主義、結構主義及新批評相繼衰微，就與它們批評方法的冷漠和乏味不無關係。而中國傳統詩學裡的「文本批評」恰能在作品的最具體最實在處傳達出極大的妙趣，其中「虛字實字」之說正是這特色的典型表現之一。更值得一提的是，這方法及特色還不止於詩論，文章之論裡的「虛字實字」之說也是一道好

看的風景，不僅數量多、議論精，而且因文章體式上的特點，所揭示的虛實相生之法也別出心裁。這方面實例極多，我們只取其一，與詩學裡的「虛字實字」之說參閱，以見中國古代文藝美學中的「虛實」觀念在一個特殊問題上的運用和成效。這個例子取自明代李騰芳《文字法三十五則》中的用字之法。其言曰：

　　字法甚多，有虛實、深淺、顯晦、清濁、輕重、偏滿、新舊、高下、曲直、平仄、生熟、死活各樣。第一要活，不要死。活則虛能為實，淺能為深，晦能為顯，濁能為清，輕能為重，以致其餘，莫不皆然。若死則實字反虛，深字反淺，清字反濁，以致其餘，莫不皆然。自一字、二字、三字，以至十百千萬，不可勝數，皆用虛實輕重等相配，挑搭陪襯，俱有妙用。……韓公〈原道〉：「博愛之謂仁，行而宜之之謂義，由是而之焉之謂道。足乎己，無待於外之謂德。」「博」「愛」「行」「宜」俱是實字，「由是而之焉」六字俱是虛字；然「之」字虛實皆包。這一個字，可謂一以貫萬矣。「農之家一，而食粟之家六；工之家一，而用器之家六；賈之家一，而資焉之家六。」「食粟」「用器」俱是兩個實字；「資焉」卻一實一虛。然一「資」字，何等妙用！一「焉」字陪「資」字，又何等陪得有情！歐公《醉翁亭記》：「峰迴路轉，有亭翼然臨於泉上者，醉翁亭也。」一「翼」字，將亭之情、亭之景、亭之形象俱寫出，如在目前，可謂妙絕矣。此等不可勝言。……

　　這段文字在中國古代文學批評史上算不上「大判斷」，且其斤斤計較於字句的做法很可能招人鄙夷。的確，論者很像一個勘探者，手拿放大鏡，在古人文章的字裡行間去尋找妙味和神采。他的目光十分細

微，目的也十分明確，就是要對虛字和實字說出個所以然來。這與大講「神韻」「境界」的批評家似不可同日而語。但就在這立意並不太高的批評文字裡，我們不是也能感受到一種流動的情韻，不是也能隨論者的得意而對中國文學的語言藝術有所會心嗎？至於其中所談的「虛字實字」問題，雖未必非得以「法」視之，但多少是能讓我們領悟古人為文在細微之處去體現虛實相生的道理的。這道理，跟詩學裡關於虛字實字的道理一樣，是把文藝美學中的觀念落在實處；參照著看，就更能夠發傳統詩學裡「虛實」觀念之微妙了。

第五節　小結

　　中國傳統詩學裡的「虛實」觀念，散見於各種理論學說和批評方法之中，內容極為豐富。以上所述，只是提取幾個重要而又在詩歌史上有較大影響的範疇及相關觀念，以見詩歌美學中「虛實」觀念及其美學內涵之大要。這裡面，「情景」之說是「虛實」觀念集中而典型的體現，它遠紹上古詩歌的「比興」之法，又以「形神」為其美學內涵。這三個範疇原本就是整個中國傳統詩學的支點，用它們來闡釋「虛實」觀念在詩歌創作和批評中的效用及意義，當在情理之中。與此相關的詩學課題還可以找出許多，但我們刪繁就簡，只選取古人就「清空」和「情」「理」「事」以及「活法」等問題的討論，為的是對這些詩學課題的討論和闡說不同程度地表達出「虛實相生」或「虛處生神」的美學觀。要注意的是，傳統詩學中的「虛實」觀念往往在詩歌藝術的不同層面，也表達出不盡相同的含義。而且在不同批評家的筆下，「虛」與「實」這兩個字眼所取的意思常因人、因批評對象和批評話語而有所變化，或許彼以為「虛」者，此以為「實」，而彼以為化「虛」

為「實」者，此以為由「實」入「虛」。但這些差異並不影響各家之論
對「虛實相生」這條美學原則的理解和運用。在這條原則的統領下，
所有批評話語和概念上的歧義都可以理清。要之，中國傳統詩學裡的
「虛實」觀念，當從作為中國古典詩歌最基本要素的「情景」及其相互
關係去看；而作詩之法雖千變萬化，又不外乎「化景物為情思」，至於
如何去「化」，就牽涉到種類繁多的詩學課題。對此，我們不能再為羅
列，也仿宋代詩學呈詩例教人參悟的辦法，引一條關於「化景物為情
思」的詩話，或可把詩學裡的千言萬語濃縮於其中。這段話見於宋代
羅大經《鶴林玉露》裡的「詩家喻愁」條，說的是：

　　詩家有以山喻愁者：杜少陵云：「憂端如山來，澒洞不可掇。」趙
嘏云：「夕陽樓上山重疊，未抵春愁一倍多。」是也。有以水喻愁者：
李頎云：「請量東海水，看取淺深愁。」李後主云：「問君都有幾多愁，
恰似一江春水向東流。」秦少游云：「落紅萬點愁如海。」是也。賀方
回云：「試問閒愁知幾許？一川菸草，滿城風絮，梅子黃時雨。」蓋以
三者比之愁多也，尤為新奇。兼興中有比，意味更長。

第四章

「傳奇貴幻」：小說學與戲曲學的「虛實」觀

中國古代文學史上的小說、戲曲，跟詩歌相比，都是晚生的文體，相應的創作觀念及理論批評也較詩學晚，其成就主要在明清兩代。小說戲曲與詩歌既不同體類，產生和滋長的土壤也不盡相同，因而其理論批評的建樹也大相逕庭。但是，換一種眼光看，無論是小說、戲曲還是詩歌及其他各種文體，都是生長在中國傳統文學及文化這個大的背景之下，也都浸染於相同或相近的民族心理和審美意識，從而在觀念上也未嘗沒有相通或疊合之處。這裡面，「虛實」就是小說、戲曲理論與詩學及其他文學理論共有的命題。詩學裡的「虛實」觀念及其美學內涵已見上述，而在小說、戲曲理論批評裡，對「虛實」問題的討論也層出不窮，其中尤以小說理論為多，誠如黃霖先生所說，「虛」與「實」是「我國小說理論中長期討論的一個問題」[1]。當然，

1　黃霖、韓同文選註：《中國曆代小說論著選》上，江西人民出版社1982年版，第21頁。

小說理論中討論的「虛實」問題與詩學裡的「虛實」問題是有很大差別的，這乃是文體及創作方法的不同所致。確切地説，這兩種類別的「虛實」之論，在美學內涵上有其相通及神似之處，而落實到創作觀念和方法，則各顯其能了。如果對小説理論中的「虛實」觀作一個概括，那麼它主要體現在以下幾個方面的問題，即小説與歷史的關系、小説創作中的實錄與虛構、人物形象的傳神寫照以及各種虛實相生的敘事技巧等等。下面對這些問題分別作些探討。

第一節　唐以前「小説」觀念中實錄與虛構之辨

用今天的標準去衡量，唐以前的「小説」還不能説是嚴格意義上的小説，只能説是小説的胚胎或雛形。但所謂「今天的標準」，大體上是以近代以來西方傳入的小説觀念為準，從中國小説自身的傳統看，則魏晉至唐的小説仍是一種「小説」，只不過它所包含的觀念及所運用的手法，跟今天人們對小説的理解有較大出入罷了。以此為據，唐以前的小説自當包括在中國傳統的「小説」這一概念之內；而那時候小説作者對他們所寫的作品的性質的表白，也就成為早期的小説觀。這裡面一個常常需要澄清的重要問題，就在「虛實」；而這問題的來由，要從「小説」這個術語最初的含義以及人們對它的態度説起。

「小説」一詞，最早出現在《莊子》〈外物〉，原話是：「飾小説以干縣（懸）令，其於大達亦遠矣。」這講的是，專靠那些不經之談去沽名釣譽，是算不上什麼大本領的。這話顯然是鄙夷的口吻，而所謂「小説」，是指那種不足掛齒的議論和不知道從哪兒聽來的小道消息，具有不真實、不可靠的特點。這特點為日後人們對小説是虛是實的分辨埋下了伏筆。然而，儘管小説不真實、不可靠的特點人所共見，儘管有

莊子這樣的高人對「小説」嗤之以鼻，但還是有許多人樂於擺弄這等小玩意兒，以致於到了漢代，小説之道不僅不見消衰，反而欣欣向榮，居然成「家」，迫使學者著書立説時為它網開一面，而且態度大有緩和。桓譚《新論》説：「若其小説家，合叢殘小語，近取譬論，以作短書，治身理家，有可觀之辭。」班固《漢書》〈藝文志〉在介紹「小説家」時也説：「小説家者流，蓋出於稗官，街談巷語，道聽塗説者之所造也。孔子曰：『雖小道，必有可觀者焉，致遠恐泥。是以君子弗為也。』然亦弗滅也。閭裡小知者之所及，亦使綴而不忘。如或一言可採，此亦芻蕘狂夫之議也。」桓譚是思想家，班固是史學家，他們都對那些不著邊際的閒言碎語不感興趣，只是看到小説在數量和社會影響上都勢頭不小，不好閉著眼睛裝看不見，才勉強給了個説法。如果説這説法能夠表示一定的小説觀念，那麼這觀念的旨趣當是正統思想家和史學家所要求的純正和真實。兩位學者的意思是，小説家的那些東西，雖是東拉西扯，胡編亂造，但是也許包含著某些道理和事實，此即所謂「可觀之辭」，這是人們所當取用的；而那些讓人「綴而不忘」的奇談怪論，只是哄人上當的外衣，把它扔掉就行了。按這種要求，作為當時小説一個顯著特徵的故事和傳説是沒有價值的，這也就在觀念上把小説得以朝文學的方向發展的可能性給封殺。事實上，無論是桓譚還是班固，都壓根兒沒有把小説看作文學，甚至沒有把小説看作著作。他們能給小説在諸子百家中留一個位置，已經很不容易了；而他們對小説及小説家的界定，在以後很長一段時間內製約著小説這種文體的發展，而且造成小説作者在觀念和創作實際上的矛盾。這矛盾到了魏晉，就表現得很突出了。

　　漢以前的小説是何等模樣，由於真正傳下來的作品不多，我們已經難知其詳了，想必跟桓譚、班固描述的差不太多。而魏晉小説之見

於目錄所載及後人輯錄者，已顯露出蓬勃發展之勢。其中最為流行的是「志怪」，這類題材原本是刺激小說藝術及觀念的一個非常有利的因素，因為「志怪」小說大都是蒐集神話傳說及天方夜譚，並加工、潤色和編纂而成，這為小說創作所必須的想像和虛構提供了難得的契機。如果小說家們真能抓住這一契機，那麼中國古典小說或者說敘事文學在魏晉之際就可能會大顯身手，出現成就堪與荷馬史詩及希臘神話相媲美的鴻篇大制也未可知。但是很可惜，那時的小說家們沒有在這一方面放開膽子，而是在處理「志怪」題材時顯得縮手縮腳，小心翼翼，並且一定要聲明自己沒有說謊，沒有虛誇，他們所寫或所記錄的一切都真實地發生過，事情本身並不奇怪，只不過常人眼界有限，孤陋寡聞，以不怪為非常可怪罷了。就像給《山海經》作注的郭璞所菲薄的那樣：「及談《山海經》所載而咸怪之，是不怪所可怪，而怪所不可怪也。不怪所可怪，則幾無可怪矣；怪所不可怪，則未始有可怪也。」（《注〈山海經〉敘》）而《搜神記》的作者干寶更是把神話傳說當作史實，以其著作「足以明神道之不誣」（《搜神記序》）而自負。但實際上，他作品裡記述的事情不能屬實，是明眼人都看得出來的。所以儘管他力表自己為求實求信而費盡心機，但後人對《搜神記》的評價還是「博采異同，遂混虛實」（《晉書》〈干寶傳〉）八個字。這評語實在沒有冤枉他，那時的「志怪」小說的創作的確是虛實不分，也只能這樣。但小說家們做的是一套，說的又是一套，明明是在裝神弄鬼，卻偏偏要聲明自己說的都是大實話，於是就有了小說觀念和創作實際上的矛盾。說句公道話，「志怪」小說的作者們未必就不知道自己所寫或所述的事情純屬子虛烏有，但迫於來自傳統及現實的各方面的壓力，他們只能打個實錄的幌子，以開脫自己散佈「怪力亂神」的罪責，何況有時還要看人主的臉色。王嘉《拾遺記》裡記載了一個掌故，

很能說明這一問題，說是張華以其睿思和文才作《博物誌》四百卷呈晉武帝，未得褒獎，卻招來一通數落：「帝詔詰問：卿才綜萬代，博識無倫，遠冠羲皇，近次夫子，然記事采言，亦多浮妄，宜列刪翦，無以冗長成文，昔仲尼刪詩書不及鬼神幽昧之事以言怪力亂神，今卿《博物誌》驚所未聞，異所未見，將恐惑亂於後生，繁蕪於耳目，可更芟截浮疑，分為十卷。」就這樣，一部規模宏大的故事及神話作品集被刪繁就簡，剩下那麼可憐的一丁點兒。從武帝的訓示看，張華所做的刪削工作，一是壓縮篇幅（即所謂「無以冗長成文」），二是去掉那些特別讓人感到不可思議的咄咄怪事（即所謂「將恐惑亂於後生」）。經此刪削，作品中想像和誇張的成分自然大大減少，其小說的意味也肯定較未刪時遜色許多。從這個例子，我們就能看出，中國古典小說在魏晉時，原本應該有一個大的飛躍，但由於觀念的限制，小說創作中想象和虛構的翅膀終於沒能完全張開，而那時候已嶄露頭角的「志怪」也只是在一個十分有限的意義上被稱作「小說」，或許稱之為「前小說」更為恰當，因為小說最基本的文體特徵在「志怪」裡還很不發達。這情形到南北朝仍沒有根本的改觀，「志怪」小說自不必論，蕭綺《〈拾遺記〉序》對這類小說提出的要求是：「刪其繁紊，紀其實美，搜刊幽秘，捃采殘落，言匪浮詭，事弗空誣。推詳往跡，則影徹經史；考驗真怪，則葉附圖籍。」即便是後起的「志人」，也意在真人真事——至少作者認為他寫的人和事是真實的，在「虛」的方面沒有太大的作為。從而，整個魏晉南北朝小說，雖說在題材和具體的寫作上不乏虛擬的因素，但小說創作的觀念卻以崇實為主導傾向，還沒有形成虛構的自覺意識。這個特點，拿來跟以後的唐代傳奇相比，就看得更清，如胡應麟《少室山房筆叢》所說：「凡變異之談，盛於六朝，然多是傳錄舛訛，未必盡幻設語。至唐人乃作意好奇，假小說以寄筆端。」這「盡幻

設語」和「作意好奇」是小說創作的自覺意識，也是魏晉南北朝與唐代小說的一個重要的分野。用中國傳統的美學觀念及文論術語說，這裡面就有個「虛」「實」之分。在此問題上，魏晉南北朝的小說觀念顯然是重實輕虛的，在「虛」與「實」、「幻」與「真」、「奇」與「正」等關係之間，小說家們是偏向了後一方面，並且因此對中國古代小說在那幾百年間的發展起了延緩的作用。

魏晉南北朝的小說觀念重實而輕虛，這對小說藝術並沒有太多的好處，既然如此，我們還有什麼必要把這種崇實的小說觀拿來說道呢？這問題要結合整個中國古代小說創作和小說理論的歷史去看。從這個視點，至少有兩個理由要對唐以前與小說藝術的本性尚有距離的觀念作個交代：一是後來小說觀念在「虛」「實」關係問題上認識的深化是一種歷史的變遷，要理解這變遷的價值意義，就得對小說觀念如何演進的脈絡有完整的把握；二是崇實的小說觀雖然在唐以後有了很大的改變，但其影響並沒有消失，在某些特定的歷史時期、某些批評家對特定對象及特定問題的討論中還不時地浮現出來，從而牽制著中國傳統小說觀念在「虛」「實」之間保持一種平衡。中國古代小說中歷史題材的發達，對現實生活描寫的逼真和傳神而浪漫主義手法未能充分施展開來，凡此特徵恐怕與漢魏六朝就深入人心並在後來時時泛起的崇實傾向不無關係。這是我們在考察中國傳統小說理論中「虛實」觀念時應當有個思想準備的。

第二節　歷史小說的「虛」與「實」

中國古典小說跟歷史及歷史著作有著諸多的關係。古代中國是一個史學大國，其歷史著作的浩繁與詳贍在世界上首屈一指，而且史官

之職在中華文明的早期就是傳承文化的樞紐，如王國維說：「史為掌書之官，自古為要職。殷商以前，其官之尊卑雖不可知，然大小官名及職事，多由史出，則史之位尊地要可知矣。」[2]照這麼看，史官及史書就是中國傳統文化的溫床，而「六經皆史」之論也能佐證這個判斷。具體到小說，則這種文學形式的產生和發達，多賴中國傳統史學的滋養。這問題可以從兩個方面去看。從小說這一面看，它在成形之時就多取材於歷史，包括正史和稗史；有的就是將歷史著作敷衍開來，成為歷史的通俗書。其後，歷史演義小說以及依附於歷史題材的小說特為發達，幾乎占去中、長篇的半壁江山。很難想像，沒有史學及歷史著作這個大背景，中國古典小說會怎樣登場，又會演化出怎樣一種格局。從歷史這一面看，中國古代歷史著作很早就孕育著生成另一類文學樣式的基因。雖說真實可信是中國史學的優良傳統和崇高準則，甚至有人為了「信史」而甘願以生命為代價，但要說史書中的一點一滴都有案可查，恐怕誰都不會相信；這還不是說那些偽劣產品，而是以最好的歷史著作為例。有人就拿被稱作史學雙璧的《左傳》和《史記》是問，說是裡面敘寫的兩人於密室的談話，作者如何知曉？即便知曉，對人物說話時的表情和動作的渲染又有何憑證？這樣一問，史書所記之事就難免露出馬腳，而我們也不得不用「合理想像」之類的評語去為左丘明、司馬遷這樣的偉大史學家開脫。問題是這類摻雜了「合理想像」的敘寫，往往是歷史著作最為傳神的地方，沒有哪個讀者憑自己的閱讀經驗捨得把這類不真實的敘寫給跳過，相反會為這敘寫而心旌神搖，久久回味。中國古代正統的史學觀念雖以實錄為歷史著作的生命，卻並不因此把那些無礙於歷史原貌的細節描寫給刪削一淨，

2　王國維：《釋史》，《觀堂集林》第一冊，中華書局1959年版，第269頁。

正給史學與文學的接通留了個後門。多少年來，歷史著作一直在文學領域占有重要的位置，而歷史著作的「文學性」的緣由，除了語言文字本身之外，跟處理歷史題材所用的「文學化」手法也不無關係。這特性，經常使得文學家們大開眼界，其中古文家看取的是歷史著作的篇章結構，小說家留心的則是經過遴選的歷史題材以及這題材成文之後所包孕的敘事藝術。在這方面，又屬歷史演義小說受益最多。

中國古典小說既然與歷史及歷史著作有著種種的淵源關係，這關係就一定會在創作和觀念上有所體現。以歷史演義小說而論，就存在一個歷史題材的實錄與藝術表現的虛構的關係問題，而理論批評中對這問題的討論，則可以看作是以歷史真實與藝術真實的關係為內涵的「虛實」觀念。這觀念，在明代以《三國演義》為代表的一批通俗演義作品出現並流行開來之後，就在小說理論批評裡日益顯露出來。其中占多數的意見是認為歷史演義小說要受「正史」（也即信史）的制約，但也有不少批評家看到了小說與歷史的區別，進而指出小說不同於史書的特性。我們來看那時歷史小說論中一些具有代表性的看法。

先看幾條關於《三國演義》及其續書的評論。《三國演義》代表了中國古代歷史演義小說的最高成就，也成為同類小說創作的一個範本。它本身就包含著小說創作處理歷史題材的觀念和手法，而對這部作品的評說，又從不同角度並帶著評說者自己的傾向去討論歷史演義小說創作當如何處置「虛」與「實」的關係。大體上，各家評論的標準都是「正史」，但以「正史」去評說《三國演義》的用意並不相同。庸愚子（蔣大器）看重的是《三國演義》與「正史」的相似，稱此書「事紀其實，亦庶幾於史」（《三國志通俗演義序》）。修髯子（張尚德）把《三國演義》當作「正史」的另類，即所謂「稗官小說」，但他以為「稗官小說」也有其價值，其中如《三國演義》之高手述作，「可謂羽

翼信史而不違」（《三國志通俗演義引》），故不應一概視為旁門左道。高儒《百川書志》論《三國演義》也説「據正史，采小説，證文辭，通好尚，非俗非虛，易觀易入」，同樣以「正史」的本性去論定《三國演義》的價值。凡此評説，都是以「正史」為據而著眼於實處，把歷史演義小説看作歷史的附庸，對《三國演義》這樣一部歷史演義小説的「小説」性質並沒有多少理會。在這種小説觀念裡，歷史與歷史小説並沒有真正區分開來。相比之下，託名酉陽野史的《新刻續編三國志引》中提出的觀點就稍微通達。這觀點對小説一事的解釋比較低調，説：「夫小説者，乃坊間通俗之説，固非國史正綱，無過消遣於長夜永晝，或解悶於煩劇憂愁，以豁一時之情懷耳。」這顯然是對小説的價值估計不足。但也正是這種低調的小説觀，反倒使論者把歷史演義小説的「小説」性質給看清了，因而有如下設論：

> 客或有言曰：書固可快一時，但事蹟欠實，不無虛誕渺茫之議乎？予曰：世不見傳奇戲劇乎？人間日演而不厭，內百無一真，何人悅而眾豔也？但不過取悅一時，結尾有成，終始有就爾。誠所謂烏有先生之烏有者哉。大抵觀是書者，宜作小説而覽，毋執正史而觀，雖不能比翼奇書，亦有感追蹤前傳，以解頤世間一時之通暢，並豁人世之感懷君子云。

這就明確把歷史演義小説跟歷史本身區分開來，它是「小説」而非正史，因而「欠實」和虛渺也就沒有什麼不妥當的了。這樣，歷史演義小説因與正史的分家而降低了價值，卻也因這分家而確認了自己作為小説的身分。這跟前述以「庶幾於史」或「羽翼信史」而抬舉《三國演義》做法各有得失，那樣做，雖提高了歷史演義小説的地位，卻

遮蔽了它虛實相生的藝術特徵。看來要為歷史演義小說在虛實高下之間找到一個比較妥帖的解釋，並不是一件容易的事情。

再看明代批評家對其他一些歷史演義小說的評價，大體上也受類似問題的困擾，批評家們於小說與歷史之間的虛實關係各有所見，但總是以重「虛」的意見較能觸及小說藝術的特性。以比附「正史」為論者，除「羽翼信史」之外，又有「正史之補」說，如林瀚《隋唐志傳通俗演義序》表其作意時說：「後之君子能體予此意，以是編為正史之補，勿第以稗官野乘目之，是蓋予之至願也夫。」陳繼儒《敘列國志傳》稱其書：「循名稽實，亦足補經史之所未賅」，從而「與經史並傳可也」。這類觀點既以「正史」將小說圈定，對小說的藝術特性也就說不出太多的道理。以小說別是一家而立論者，較「正史之補」說有更多的響應，這體現了明代歷史小說論逐漸切近小說自身藝術特性的趨勢。如熊大木《新刊大宋演義中興英烈傳序》認為：「史書小說有不同者，無足怪矣。」甄偉《西漢通俗演義序》稱其所作書「非敢傳遠示後，補史所未盡也」，而「若謂字字句句與史盡合，則此書又不必作矣」，把歷史演義小說與歷史著作劃分開來的意思非常明白。在這問題上，還有一種叫作「世無信史」的驚世駭俗之論，這是余象斗《題列國序》所說的：「若十七史之作，班班可睹矣。然其序事也，或出幻渺；其意義也，或至幽晦。何也？世無信史，則疑信之傳固其所哉！」照這個說法，「正史」的可靠性和權威性都被顛覆，歷史演義小說就大可不必以「正史」為庇蔭，而完全有理由自行其道了。然而這過激之論所要證明的，不是小說可以與「正史」脫軌，而是歷史演義小說可以比「正史」還要真實，甚至成為「諸史之司南」（《題列國序》）。這就難免聳人聽聞了，而且一個觔斗又栽回了「正史之補」說。相反，有批評家雖因「正史之補」立論，而真正的用意卻在小說與歷史的差

異以及歷史演義小說應有的藝術特性，這是吉衣主人（袁於令）在《隋史遺文序》裡一段精彩的議論：「史以『遺』名者何？所以輔正史也。正史以紀事：紀事者何？傳信也。遺史以搜逸：搜逸者何？傳奇也。傳信者貴真：為子死孝，為臣死忠，摹聖賢心事，如道子寫生，面奇逼肖。傳奇者貴幻：忽焉怒發，忽焉嘻笑，英雄本色，如陽羨書生，恍惚不可方物。」所謂「遺史」，也就是指歷史演義小說它與「正史」對舉，表明兩種對待歷史的態度，一是真，一是幻。將真幻並提，實際上就肯定了歷史演義小說與「正史」具有同等的價值，只不過這價值主要不在於多大程度上真實地記載了歷史，而在於多大程度上讓讀者感興趣。這對創作者提出的要求就是，以出神入化之筆，運「史所未備」之事，使「慷慨足驚裡耳」，「奇幻足快俗人」。由此創作出的作品，雖意在「補史之遺」，論其特性，卻與「正史」之作不可同日而語了。將歷史演義小說與「正史」區分至此，可謂對小說的藝術特性有了較深的認識，這比簡單地說「史書小說有不同者，不足為怪」，是大大地進了一步。而且，「傳奇貴幻」的命題不僅適用於歷史演義小說，對於其他題材和類型的小說創作也有普遍的意義。這一方面的內容我們稍後再談。

　　歷史題材小說創作的一個重要課題，是歷史與虛構的關係，這在中國古代歷史演義小說產生並流行後不久，就被批評家察識並加以論說了。明代是中國古代小說理論批評的展開期，其間對歷史演義小說的批評占了相當的比重，並從不同角度把歷史與虛構的問題給凸現出來。從有關的論述中，我們可以看到，在問題提出之初，種種理論觀點都是在中國史學傳統這個大背景下延伸的。批評家們對歷史演義小說的理解，歸根到底，是這種文學樣式與歷史本身及正統歷史著作的關係遠近問題。因此，歷史小說的觀念在根本上是以歷史觀念為基

準。當然，這「歷史觀念」本身也很複雜，除了歷史人物、事件的真實性以外，還摻雜許多倫理道德的內容以及由此而來的「春秋筆法」等等。這些，在小說理論批評裡也有所體現，但不是我們眼下的話題。我們關注的，是中國古代歷史演義小說的創作和批評中所表達出的「文學的」觀念，這觀念是以歷史為出發點，而力求在歷史與小說之間找到一種「鏈接」。具體到各家之言，則有的偏向「歷史」，有的借重「小說」；偏「歷史」者重實，重「小說」者務虛。這種認識，若上升到美學的高度，正可以「虛實」這對更加精要的範疇去概括，何況中國傳統小說理論批評原本就有「虛實」之論。別的暫且不提，仍以歷史小說論為例，明代批評家關於歷史真實與藝術虛構的討論中，「虛實」觀念已呼之慾出；而清代的同類理論批評裡，就有人因「虛實」而設論。如金豐《新鐫精忠演義說本岳王全傳序》說：「從來創說者，不宜盡出於虛，而亦不必盡由於實。苟事事皆虛，則過於誕妄，而無以服考古之心；事事皆實，則失於平庸，而無以動一時之聽。……故以言乎實，則有忠有奸有橫之可考；以言乎虛，則有起有復有變之足觀。實者虛之，虛者實之，娓娓乎有令人聽之而忘倦矣。」歷史演義小說經過由明入清的發展，其亦真亦幻的特點已在創作和批評中達成普遍的共識，而金豐所謂「不宜盡出於虛，而亦不必盡由於實」，則是將此特點出之於「虛實」之論。具體到歷史演義小說的創作方法，這「虛實」之說又須仔細理會：它不僅僅是指虛實相間，更指的是虛實相生，即所謂「實者虛之，虛者實之」，就是說，通過藝術構思和描寫，把歷史上的真人真事虛化、審美化，使之大放異彩，同時又把子虛烏有的東西寫得看上去真實可信，使之具有歷史感。這可以看作是古人針對歷史演義小說提出的「歷史的和美學的標準」。用這個標準去衡量，中國古代歷史演義小說中真正合格的作品實在不多，就

連寫得最好的《三國演義》也還存在這樣或那樣的缺點，比如「七實三虛」的佈局，「欲顯劉備之長厚而似偽，狀諸葛之多智而近妖」[3]等等，都可以說是虛實融合得還不到家。但在觀念上歸納出以虛實相生為內涵的「虛實」之論，這對於歷史演義小說的理論批評已經是功莫大焉了；其於中國古代小說美學乃至於整個文藝美學思想，價值意義也不容低估。這個觀點，直到近代，還有小說家借用並發揮。如洪興全《中東大戰演義自序》說：「從來創說者，事貴出乎實，不宜盡出於虛。然實之中虛亦不可無者也。苟事事皆實，則必出於平庸，無以動詼諧者一時之聽。苟事事皆虛，則必過於誕妄，無以服稽古者之心。是以余之創說也，虛實而兼用焉。」又自述其寫作手法說：「余之創是說，實無謬妄之言，惟有聞一件記一件，得一說載一說。虛則作實之，實則作虛之。虛虛實實，任教稽古者詼諧者互相執博，余亦不問也。」這跟金豐的「虛實」之論如出一轍，可見歷史小說創作論中的「虛實」觀念是一脈傳承了下來。

　　中國古代小說理論批評裡的「虛實」觀念不止一端，我們以歷史演義小說為例將這觀念提起，是因為從文學史的角度看，文學創作與歷史往往有著深切的關係，而且許多重要的文學觀念就是從文學與歷史的關係中生發出來。這在世界各民族文學中都有所表現。比如古希臘的史詩和悲劇，就取材於歷史上的神話和傳說（這裡面就包含著古希臘人的歷史），而古希臘文學理論裡的一些重要觀念也正緣於對文學與歷史之關係的探討，最著名的便是亞里斯多德《詩學》所謂「詩比歷史更真實」。這論點，成為整個西方文學理論的一個萌芽，衍生出種種理論學說及體系。中國古代文論也有相類的特點，只是因敘事文學

3　魯迅：《中國小說史略》，《魯迅全集》第9卷，人民文學出版社1981年版，第129頁。

發達較遲，關於文學與歷史之關係的研討率先見於詩歌理論，其內容可由漢代經學家説《詩》而見。至小説以較完備的形態登場亮相，理論批評隨即在歷史與文學之間發現了問題，小説家和批評家由歷史演義小説這種與歷史關係最近的小説樣式而各抒己見，最終演化出以歷史真實與藝術虛構的關係為內涵的「虛實」觀念。這觀念的意義，不僅限於歷史演義小説，也涉及其他各種題材各種類型的小説創作，從而也成為中國古代小説理論批評的一個重要的基點。這跟西方文學理論中敘事理論產生和演進的路數，是大體一致的。不同的是，西方文學理論從一開始就是從哲學的高度去把握歷史與文學的關係，而中國古代小説理論卻是從小説藝術本身去看待這一問題。因此，西方文學理論看重的是把歷史的內容和精神融入文學創作，而中國古代小説理論看重的是如何把斑斑俱在的歷史事實轉化為廣大民眾喜聞樂見的敘事藝術。亞里斯多德《詩學》裡有句名言，叫作「詩人的職責不在於描述已發生的事，而在於描述可能發生的事，即按照可然律或必然律可能發生的事」[4]。這話用中國古代歷史小説論中的「虛實」觀念去比照，則「歷史」反倒在虛處。如果説古希臘史詩的藝術是化實為虛，讓歷史融入敘事，那麼中國古代歷史演義小説則必須描寫「已經發生的事」（不僅歷史演義小説，它類小説也都不同程度地寫「已經發生的事」，詳見後），也必須以「實」為據，其間「小説」的作用是虛實相生，讓敘事把歷史藝術化。從這對比中，我們可以看出中國古代歷史小説論中「虛實」觀念的又一層內涵，即：雖以歷史為大前提，但作為小説創作觀念，它的真正用心還在小説藝術自身。上述小説理論批

4　亞里斯多德：《詩學》，《詩學》〈詩藝〉，羅念生譯，人民文學出版社1962年版，第28頁。

評，不管是重實還是重虛，都是不約而同地強調歷史演義小說給人帶來的快感，即可證明這一點。換句話說，「虛實」觀念看取的不是表現怎樣的歷史，而是對歷史的表現怎樣才能引起人們的興趣。就這種內涵而言，中國古代歷史小說論裡的「虛實」觀雖常常在明面上以「實」為重，卻在暗地裡把重心轉向了「虛」的一面，至少有相當一些理論家在談論這個問題時是有「皮裡陽秋」之嫌。但這未必就是壞事，或許在審美趣味上正與中國傳統的藝術精神相符。

第三節 「虛實」與「真幻」

「虛實」問題在歷史小說論中表現為歷史真實與藝術虛構的關係，推及其他題材或類型的小說，其含義則豐富得多，而且牽扯出一些相關的小說美學觀念，比如前面說到袁於令的「傳奇貴幻」說，那是就歷史演義小說而論。同樣一個「幻」字，也被用來評價一些題材和創作手法與歷史演義截然不同的小說，如同出自袁於令之手的《西遊記題辭》說：「文不幻不文，幻不極不幻。是知天下之事，乃極真之事；極幻之理，乃極真之理。故言真不如言幻，言佛不如言魔。」此所謂「幻」，就指向那些以神怪幻境為題材的小說作品，後人稱之為「神魔小說」。這類作品在中國古典小說裡也為數不少，藝術成就最高的當屬《西遊記》。而評價《西遊記》的「幻」，其含義與評價歷史題材小說的「幻」又不一樣，它是指那種超出常理常情而駕空蹈虛的藝術描寫和藝術創造。在小說藝術裡，「幻」與「真」常對舉明義，「真」是常理常情中的事情，包括已發生和可能發生的；而「幻」是非常理常情的事情，在現實生活裡不可能遇見。在這個意義上，「真幻」也可說是「有無」，從而像《西遊記》一類的神魔小說就是無中生有，純在「虛」處

下功夫了。這對於小說創作來說，是一步險招，沒有出幽入幻的想像和五彩繽紛的文筆，是很難駕馭此類題材的。但寫好了，也有它特殊的魅力，如袁於令評《西遊記》所說：「此書駕虛遊刃，洋洋灑灑，而不復一境。」（《西遊記題辭》）從中也可見，《西遊記》之所以能幻，全在於它寫的是虛境而非實景。這一特點，袁於令給予了高度肯定，並認為幻到極處，也就有了「真」。這個「真」，在袁於令評《西遊記》的話語裡，還有別一層意思，它與佛家的心性之學相關。將「言真不如言幻」與「言佛不如言魔」對舉，就表示真在佛而魔為幻。又佛在人心，魔也在人心，經魔幻而「心性不驚」，也就是佛；故而幻之極致，就是真。照這麼理解，《西遊記》的特色又在「幻」中示人以微言大義；也的確有不少人是這樣去看待《西遊記》的妙處，如清代何廷椿《西遊正旨序》稱西遊記「托幻相以闡精微」，雨香《西遊記敘言》說：「《西遊記》無句不真，無句不假。假假真真，隨手拈來，頭頭是道。看之如山陰道上，應接不暇；思之如抽繭剝絲，層出不窮。」像這樣去理解《西遊記》，也不是沒有道理。但中國古典小說中真正能體現這個意義上的「幻」與「真」的，恐怕不是《西遊記》，而是《紅樓夢》。其中第五回賈寶玉夢遊「太虛幻境」便是著例，幻境門口那一副對聯「假作真時真亦假，無為有處有還無」便是微旨；而整個一部《紅樓夢》自始至終不都是在以天花亂墜之妙境來表達「幻即是真，真即是幻」的意思麼？當然這已經是另外一個話題了。袁於令以「真幻」論《西遊記》，尚不可能想到那麼多，其用心主要還在作品的藝術手法，而且是針對那些以妖魔鬼怪為內容的「超現實」題材而論。在這個層面，與「真幻」相關的批評術語還有「奇正」，如明代張無咎《批評北宋三遂新平妖傳敘》說「小說家以真為正，以幻為奇」；又說《平妖傳》的好處在「備人鬼之態，兼真幻之長」。可知「奇」在鬼事而為

虛，「正」在人事而為實。

　　比「奇正」更能看出「虛實」內涵的批評術語還有「有無」，對此，清代黃越《第九才子書平鬼傳序》有一段很好的論述，其意義已不止於神魔小說，但因論者評說的對象多涉鬼事，故錄於此處與「真幻」合觀。

　　客有問於余曰：「第九才子書何為而作也？」予曰：「仿傳奇而作也。」客曰：「傳奇云者，傳其有乎，抑傳其無乎？」余曰：「有可傳，傳其有可也；無可傳，傳其無亦可也。今夫傳奇之傳其無者，寧獨九才子而已哉？世安有所為孫悟空者，然則《西遊記》何所傳而作也？安有所為西門慶者，然則《金瓶梅》何所傳而作也？其他《西廂記》之驚夢草橋，《牡丹亭》之還魂配合，《琵琶記》之乞丐尋夫，《水滸傳》之反邪歸正，不皆傳其無之類乎？不寧惟是，閒嘗閱《三都》《兩京》《上林》諸賦中，其所為無是公、烏有先生、子墨客卿者，又何所有？又何所無？子何獨疑於九才子書而致詢哉？且夫傳奇之作也，騷人韻士以錦繡之心，風雷之筆，涵天地於掌中，舒造化於指下，無者造之而使有，有者化之而使無。不惟不必有其事，亦竟不必有其人。所謂空中之樓閣，海外之三山，倏有倏無，令閱者驚風雲之變態而已耳。孰所規於或有或無而始措筆而擒詞耶？

　　這是把一些不盡相同的小說創作問題放在「有無」的命題下一塊兒說了。實際上，小說創作中，孫悟空的「有無」與西門慶的「有無」是有很大區別的；而《西廂》《水滸》的「有無」與《三都》《兩京》的「有無」更不是一回事。把這些人物和作品一併作為例證，那麼此所謂「有無」講的就是文學作品中藝術形象從無到有，從有到無的一

般原理。比如說，現實生活中沒有孫悟空，而小說家創造出個孫悟空，這就是「有」；現實生活中原有個宋江，而寫進小說中的宋江已經不是現實生活裡那個宋江了，這就是「無」。合起來看，也就是論者所說的：「無者造之而使有，有者化之而使無。」這個意義上的「有無」，也可以看作「虛實」，而明代李日華《廣諧史序》裡的一段話，或許把其中「有無」「虛實」對於小說藝術的特殊含義講得更為精彩，這就是：「且也因記載而可思者，實也；而未必一一可按者，不能不屬之虛。借形以托者，虛也；而反若一一可按者，不能不屬之實。古至人之治心，虛者實之，實者虛之。實者虛之故不繫，虛者實之故不脫，不脫不繫，生機靈趣潑潑然。」可惜這篇序文討論的不是嚴格意義上的小說。儘管如此，它以「虛實」所表明的道理正與小說藝術的特性吻合，跟黃越《第九才子書平鬼傳序》的「有無」之論參照著看，就更清楚地說明小說藝術中的「有無」「虛實」該是怎樣一種美學觀念和創作方法了。雖說《平鬼傳》裡的「有無」主要是體現在人事和鬼事之分，這與《西遊記》裡的「真幻」屬同一種性質，但論者一旦把話題談開，所表達的觀念也以此類推，延及小說藝術的更深更廣之處了。

的確，無論是「真幻」「奇正」還是「有無」，如果不是侷限於《西遊記》一類的神魔小說或專就小說創作中的神怪題材設論，那麼就會有更豐富和深刻的美學內涵。我們來看明代《拍案驚奇》的兩篇序中關於「奇」和「幻」的意見。《拍案驚奇》是彙集了各類題材的小說集，其中又以寫世情的居多。這樣一種疏離了帝王將相和妖魔鬼怪的小說創作以「奇」為名，它又「奇」在何處呢？編者凌濛初在序中解釋說：「語有之：少所見，多所怪。今之人但知耳目之外，牛鬼蛇神之為奇，而不知耳目之內，日用起居，其為譎詭幻怪，非可以常理測者固多也。」他所說的「譎詭幻怪」，仍在鬼神之間，只不過在小說創作

中，這類鬼事已經成為「人事」的點綴，作者是用它來「新聽睹，佐
詼諧」，以增加小說的趣味性，從而這類小說就是「其事之真與飾，名
之實與贋，各參半」（《拍案驚奇序》），是「亦真亦誕」（《二刻拍案
驚奇小引》）的虛實結合。同樣的問題，託名睡鄉居士的《二刻拍案驚
奇序》闡說得更詳切。該序文先以繪畫為例，說畫家筆下的作品不可
以當真，但這不真實的作品因其藝術效果卻比真實的東西更勝一籌。
小說創作，亦當作如是觀，一般作者因好奇而失真，這是「知奇之為
奇，而不知無奇之所以為奇」。小說家所看取的「奇」，不在大漠荒原
之外，而在可視可聽之內，關鍵要看能不能攝取描寫對象的「真」。這
個「真」，不是事物的原貌，而是經過小說家生花妙筆的點染而「使人
欲歌欲泣於其間」的物態人情。明白這個道理，小說創作中的「真」
與「幻」的關係也就容易理解了。對此，睡鄉居士說道：

> 　　至演義一家，幻易而真難，固不可相衡而論矣。即如《西遊》一
> 記，怪誕不經，讀者皆知其謬。然據其所載，師弟四人，各一性情，
> 各一動止，試摘取其一言一事，遂使暗中摩索，亦知其出自何人，則
> 正以幻中有真，乃為傳神阿堵，而已有不如《水滸》之譏。豈非真不
> 真之關，固奇不奇之大較也哉！

　　這裡面提出一個「幻中有真」的命題，其中「真」當是比「幻」
更高一個層次的概念，它是指事物的精神和特徵。小說創作無論是寫
人還是寫事，都要把這精神和特徵表現出來；無論其描寫如何之
「幻」，都要蘊含著以這精神和特徵為內涵的「真」。而小說藝術之所以
能夠傳「奇」，根本的原因就在於它能夠寫「真」。
　　睡鄉居士在為《二刻拍案驚奇》寫的這篇序文裡所探討的「奇」

與「真」以及「幻」與「真」的關係，深刻地觸及了小説藝術的審美
本性。此所謂「真幻」，其含義比袁於令就《西遊記》所論「真幻」更
深了一層，它不是表示小説描寫的「天上」與「人間」的區別，而是
揭示小説藝術中現象與本質的關係。這個意義上的「真幻」，最典型地
體現在塑造人物形象的手法上，這問題我們在下一節再細説。此處將
它提起，是因為不管何種內涵的「真幻」説，都以「真幻」這個很能
體現中國古典小説創作手法和藝術特性的術語為名，放在一起評説，
或許能夠把它作為小説創作論的意蘊看得更真切，也對它所包含的「虛
實」觀念領會更深。

在中國古代小説理論批評中，「虛實」「真幻」「奇正」「有無」
等術語，常常表達著相同或相近的意思，其中以「虛實」和「真幻」
更具文論範疇的內涵。雖説這內涵因批評對象的不同而常有不同的所
指，但術語的運用所表達出的對小説藝術的理解，卻往往是相通的。
比如「幻」的一個基本意思是小説中離奇的情節，而這離奇的情節在
小説創作中的功用就可以看作是「虛」。明代王圻《稗史彙編》裡有一
段評論《水滸傳》的話，就把兩個術語的意思糅合在一起。其言曰：
「今讀羅（貫中）《水滸傳》，從空中放出許多罡煞，又從夢裡收拾一場
怪誕，其與王實甫《西廂記》始以蒲東邂會，終以草橋揚靈，是二夢
語，殆同機局。總之，惟虛故活耳。」中國古典小説寫夢的幻設之語，
大都是情節的組成部分，與故事的發展及人物的命運休戚相關，這跟
現代小説對夢加以紀實以見心理分析之妙，是截然不同的；就是説，
「幻」的效用在故事情節而不在人物心理。這個意義上的「幻」也正是
小説創作手法和藝術特徵上的「虛」，它使故事情節出人意想，如天外
飛來，所以説「惟虛故活」。就這一特點而論，「幻」與「虛」與「活」
表達的意思是一致的，只不過所看取的是小説藝術的不同層面或方

面，具體説是，「幻」指向了作品中的故事情節，「虛」偏重小説家製造情節的手段，而「活」似乎更像是站在讀者的立場説話，表示小説作品由於「幻」和「虛」所產生的藝術效果；這效果可以用明代一位大戲劇家湯顯祖的話去表述，他在〈點校虞初志序〉中稱該書「以奇僻荒誕、若滅若没、可喜可愕之事，讀之使人心開神釋，骨飛眉舞」。可見小説中想入非非的故事情節往往能給人帶來極大的閱讀快感。這快感，生活在「地球村」裡的現代人或許體會不出，但對於生活環境相對封閉而認識世界的程度也相對有限的古人來説，卻是極易產生的。小説家和批評家們動不動就拿「幻」來説事，跟這種特定時代的閱讀心理深有關係；而我們站在今天的角度去看待古代小説理論批評中「幻」的意義，也當把這閱讀心理考慮在內。「惟虛故活」的命題就能把我們的目光引入閱讀的層面。當然，對「幻」「虛」「活」的這種區分，只是個大概，也是為了我們挑明其「虛實」觀念的方便起見。而在各類小説理論批評中，這幾個術語的所指並沒有嚴格的限定，不宜一概而論。

　　「惟虛故活」的命題是很能表示中國古代小説藝術的理念和特徵的，如果其中的「虛」不僅僅是指小説情節裡的「夢語」，它的美學內涵還要豐富和深刻。我們説過，中國古典小説在孕育過程中，就受到來自正統史學觀念的強大壓力，從而在「虛」「實」之間猶疑和徬徨；而成熟後的中國古典小説也一直受這觀念的牽制，沒能甩開大步、毫無羈絆地去開闢自己應有的藝術領域。照現代的看法，小説這門藝術應當是「無虛不成書」的，它可以取材於歷史，或從歷史著作中借鑑各種手法，但沒有必要成為歷史及歷史著作的附庸；而小説家則可以也應當放開膽子，在虛幻的世界裡逞才使氣。可惜在這一問題上，中國古代小説顯得顧慮太多，理論批評也不夠理直氣壯，很長一段時間

裡，在創作和觀念上都沒能有意識地去解開歷史的繩套，而只是在
「虛」「實」之間尋找一種平衡。這一現象，至世情小說出現，才有所
改觀，而小說觀念還沒能完全跟上創作實際。其間，能在務「虛」方
面間或給小說觀念以觸動的，是那些神魔題材的小說以及它類小說中
時而一見的語涉荒誕之說或子虛烏有之事。這些描寫本身也許並沒有
什麼藝術價值，但理論批評的辯解之辭，無形中也就增加了務「虛」
在小說觀念中的分量。弄清這一點，我們也就不難理解為什麼明清小
說理論批評裡的「虛」「幻」之說總是跟小說中那些異想天開的題材牽
扯在一起，從而也換一種眼光去看待那些以此類題材為評論對象的「虛
實」「真幻」之論。這些論述，雖涉及的對像有限，但放到背著沉重
「歷史」包袱的中國傳統小說觀念中去看，它在「虛」「實」之間所起
的平衡作用還是相當可觀的。而像「惟虛故活」這樣的命題，假如單
抽出來看，正可以補小說理論批評於務「虛」力度不夠的弱點。話說
回來，完全「虛」張聲勢的觀念在中國古代小說理論批評裡還不多見，
大多數批評家在為「虛」立說時是未敢徹底地置「實」於不顧的。因
此在總體上，對「虛實」問題的討論能夠保持一種平衡。這也是古代
小說家及批評家對小說藝術的較為普遍的認識。以此而論，明代一位
學者謝肇淛的兩段話很有代表性，也很符合中國古代小說的實際。這
兩段話出自其所著筆記《五雜俎》，其一是：

　　小說野俚諸書，稗官所不載者，雖極幻妄無當，然亦有至理存
焉。如《水滸傳》無論已，《西遊記》曼衍虛誕，而其縱橫變化，以猿
為心之神，以豬為意之馳，其始之放縱，上天下地，莫能禁制，而歸
於緊箍一咒，能使心猿馴服，至死靡他，蓋亦求放心之喻，非浪作
也。……惟《三國演義》與《錢唐記》《宣和遺事》《楊六郎》等書，

俚而無味矣。何者？事太實則近腐，可以悅裡巷小兒，而不足為士君
子道也。

其二是：

凡為小說及雜劇戲文，須是虛實相半，方為遊戲三昧之筆。亦要
情景造極而止，不必問其有無也。古今小說家如《西遊記》《飛燕外
傳》《天寶遺事》諸書，《虯髯》《紅線》《隱娘》《白猿》諸傳，雜劇家
如《琵琶》《西廂》《荊釵》《蒙正》等詞，豈必真有是事哉？近來作小
說，稍涉怪誕，人便笑其不經，而新出雜劇，若《浣紗》《青衫》《義
乳》《孤兒》等作，必事事考之正史，年月不合，姓字不同，不敢作
也。如此，則看史傳足矣，何名為戲？

這兩段話說得都很好，顯示出論者對小說藝術較深的悟解和較高
的品位；所表達的意思，前述各家之論也都提到過。概括起來，論者
表達的小說觀念有這樣幾個要點：第一，小說中的「幻妄」「虛誕」不
是壞事；第二，小說不宜太實，而當有虛有實；第三，小說所寫的人
和事，只論其描寫的好壞，而不論這人和事是有是無；第四，小說與
正史不同，它屬「另類」。這幾個意思，把那時候人們所能想到的小說
藝術的特性都說到了，而且包舉了「真幻」「有無」及「虛實」等術
語；說話的方式雖為筆記，卻有著相當的概括性和理論深度。從這裡
面去把握中國古代小說理論批評中的「虛實」觀念，讓人更覺得心中
有數。

第四節 「傳神寫照」與「筆外神情」

由上一節的介紹可以看出，古人講「真幻」「有無」和「奇正」，多半是從題材入手去把握小說的藝術特性的，其「虛實」觀念也多由題材問題引出。越過題材這個層面，我們還能看到一些與小說自身的藝術規律貼得更近的「虛實」觀念，這主要體現在人物形象和敘事手法上。關於人物形象的虛實，要參照中國傳統美學思想的「形神」觀去看。我們說過「形神」這對範疇裡包含的「虛實」觀念，也闡述過「形神」之論在詩學裡的美學內涵。而在中國古代文論裡，「形神」不僅用來論詩，也用來談論包括小說在內的其他文學樣式。小說較詩歌晚生，它出現的時候，詩學（以及畫學）裡的「形神」論已經相當成熟了，這也標誌著文藝美學思想裡「形神」論的成熟。因此，以「形神」論小說並把「傳神寫照」當作小說藝術的審美特徵，就是理所當然的事情；其中最能夠因「形神」而立論的，是人物形象問題。

讀過中國古典小說的人都能體會到，古代小說家寫人，很少對人物的性格、心理作靜態的描寫，而把人物放到行動和事件中去，以展示其性格特徵，此即通常稱作「白描」的手法，而「白描」的妙處正在於傳神。這可以理解為重「神」輕「形」，放大些看，甚至可以說是重「事」輕「人」；當然這不是真正地輕視對人物形象的刻畫，而是用一種特殊的、儘可能不損害閱讀快感的方式去寫人，其結果也就是對人物形象的「傳神寫照」。這一特色，就決定了批評家在評說小說人物形象時，以「傳神」與否作為一項重要的標準。這個「神」，既指人物內在的性格，也指人物外在的情態；既指小說裡具體的描寫，也指這描寫所傳達的言外之意。這裡面就有虛實之分。在明代一位小說理論家葉晝對《水滸傳》的評點和論說中，我們就能看到以「傳神」論人

物形象而表達出的「虛實」觀念。[5]

第一回回評說：

> 《水滸傳》事節都是假的，說來卻似逼真，所以為妙。常見近來文集，乃有真事說做假者，真鈍漢也，何堪與施耐庵、羅貫中作奴。

這是先從大觀念上論定「假事真做」是小說藝術的基本特徵，從而也確認了小說虛構的性質。但這虛構並非完全是憑空想像，更不是語涉荒誕，而是以生活本身為依據去達到一種藝術描寫的「逼真」。從下面的論述看，這「逼真」落在人物形象身上，便是「傳神」。第三回回評說：

> 描畫魯智深，千古若活，真是傳神寫照妙手。且《水滸傳》文字妙絕千古，全在同而不同處有辨，如魯智深、李逵、武松、阮小七、石秀、呼延灼、劉唐等眾人，都是急性的，渠形容刻畫來各有派頭，各有光景，各有家數，各有身分，一毫不差，半些不混。讀者自有分辨，不必見其姓名，一睹事實就知某人某人也，讀者亦以為然乎？

這就徑直把繪畫裡的「傳神寫照」手法用來評價小說中的人物形象。從字面上看，這段話說的是典型人物的共性和個性的關係，但用「傳神」來表示《水滸傳》寫人之妙，想必還包含著中國古代各類藝術創作都相互溝通的審美趣味，那就是不必把人物寫得太細太實，而只

5　葉晝的評論見於《容與堂本李卓吾先生批評忠義水滸傳回評》，經當代學者考證，此《回評》為葉晝偽托李贄之名而作。

須寥寥數筆，就讓人物聲情並茂，活靈活現，就像繪畫中的寫意一樣。這寥寥數筆，也許是一個動作，也許是一句話，也許是一個表情，總之是要用盡可能簡約的筆墨寫出「這一個」人，即所謂「不同處有辨」。如果花費的筆墨太多，刻畫的痕跡太重，雖然也能寫出人物的性格，但那恐怕就不能説是「傳神」了。而這樣的手法也非中國古典小説所獨有。法國藝術理論家丹納在強調表現「特徵」對於藝術創造的重要性時曾舉過一個著名的例子，説是「盧佛美術館有一幅但納的畫。但納用放大鏡工作，一幅肖像要畫四年；他畫出皮膚的紋縷，顴骨上細微莫辨的血筋，散在鼻子上的黑斑，透迤曲折，伏在表皮底下的細小至極的淡藍的血管；他把臉上的一切都包羅盡了，眼珠的明亮甚至把周圍的東西都反射出來」。這是把藝術描寫的精工細致發揮到了極致。可這樣做的效果如何呢？丹納的回答一定會讓這畫的作者沮喪透頂：「梵‧代克的一張筆致豪放的速寫就比但納的肖像有力百倍。」[6]丹納沒有説錯，藝術的魅力就在這簡單的幾筆所表現出的「特徵」；只是所舉的這個例子，用來説明中國傳統藝術的特色，倒更為合適。跟中國古典藝術相比，西方藝術作品裡的描寫可是顯得厚實繁縟多了。丹納大概沒有看過中國古代的繪畫、詩歌和小説，不然他一定會拿遙遠的東方古國的藝術作品當例證的。但他闡述的道理，卻可以用來説明「傳神」的美學內涵，那就是以少而精的筆墨去展現描寫對象的「特徵」。葉晝説《水滸傳》的人物描寫是「傳神寫照」，一點都不誇張，就拿被他稱為「千古若活」的魯智深來説，一出場，其風采氣度就躍然紙上，而對這出場的描寫卻只是一句話：「只見一個大漢大踏步竟入進茶坊裡來。」就這一句話，讀者對魯智深何許人也，恐怕就猜著個八

6　丹納：《藝術哲學》，傅雷譯，人民文學出版社1963年版，第17、18頁。

九不離十了。可是這描寫魯智深出場的一句話是如此地簡單、樸實，看不出絲毫的賣弄和做作，說它「神」，它「神」在哪裡呢？這就是「傳神寫照」的奧秘所在了。既然是「神」，它當然不在言語之中，而在言語之外；也就是說，作者對這人物並沒有說得太多，卻讓你聯想很多。這是小說創作的「意在言外」；所謂「傳神」，也是傳言外之神。這個意思，葉晝在第二十一回回評裡略有表述，說是：

　　此回文字逼真，化工肖物。摩寫宋江、閻婆惜並閻婆，不惟能畫眼前，且畫心上；不惟能畫心上，且並畫意外。顧虎頭、吳道子安得到此！

　　這講的也是人物描寫的「傳神寫照」，且認為所傳之「神」為畫所不到，是所謂「化工肖物」。其實，小說中人物形象的「神」，不唯畫不能到，文字也未必能到。繪畫的「神」是在畫外，小說中的「神」是在文字之外，它在虛處而不能坐實。比如說前面所引《水滸傳》寫魯智深出場的一句話，要說這句話能包含多少內容，還真不能估計太高；但由這句話去揣摩人物的神情和個性，卻有極大的空間且讓人產生極大的興味。這文字之外的東西，才能體現「傳神」之妙。這跟詩歌、繪畫的道理一樣，是在似與不似、虛實隱顯之間去攝取人物形象之神。

　　葉晝評點《水滸傳》，在談到人物形象時多以「傳神」作評。除上引之外，再如二十三回回評：「人以武松打虎，到底有些怯在，不如李逵勇猛也。此村學究見識，如何讀得《水滸傳》？不知此正施、羅二公傳神處。李是為母報仇不顧性命者，武乃出於一時不得不如此耳。俗人何足言此！俗人何足言此！」又如二十五回批語：「這回文字，種

種逼真，第畫王婆易，畫武大難；畫武大易，畫鄆哥難。今試著眼看鄆哥處，有一語不傳神寫照乎？怪哉！」而用「逼真」「如畫」評價人物形象時，也包含著傳神的意思，如第九回回評：「施耐庵、羅貫中真神手也，摩寫魯智深處，便是個烈丈夫模樣；摩寫洪教頭處，便是嫉妒小人底身分；至差撥處，一怒一喜，倏忽轉移，咄咄逼真，令人絕倒，異哉！」又第十回回評：「《水滸傳》文字原是假的，只為他描寫得真情出，所以便可與天地相終始。即此回中李小二夫妻兩人情事咄咄如畫；若到後來混天陣處，都假了，費盡苦心亦不好看。」這些言論，涉及多方面的小說理論問題，如典型人物的共性與個性，塑造人物形象的「犯」與「避」，典型人物與典型環境的關係等等。凡此都被當今學者作為中國古代小說理論的重要觀點加以闡發，其美學價值也得到了共認，我們在這裡不再贅述。要指出的一點是，中國古代小說理論家以「傳神」論人物，其含義與西方藝術理論裡的「典型」說還不盡相同，總帶有中國傳統文藝美學特有的意義。如果結合中國古代詩學、畫學裡的「形神」觀去看，或可對小說理論中的「傳神」說體認得更為真切。其中值得注意的是詩學、畫學裡的「形神」觀多有「虛實」的含義，「傳神」之妙也多在虛實相生，尤其是虛處生神。從中國古典小說的創作實際看，優秀的人物形象除了具有「典型」的意義外，往往還有一種特殊的韻致，似所謂「意態由來畫不成」。這韻致或意態，是超乎性格刻畫之上的美學特徵。清代一部小說評點之作《女仙外史回評》載孟芥舟的評語說：「摹寫孝廉心思，賽兒性格，鮑母神情與老婢之氣質，及眾親戚之口吻，皆躍躍乎有靈氣，呼之慾出。不意文章家具僧繇之追魂手。」此所謂「靈氣」，就不止於性格，而是為性格傳神的效果；用詩學和畫學的術語說，可以看作「風神」或「氣韻」。跟西方小說的人物形象做點比較，就更能看出這種效果了，就是

説，中國古典小説中的人物形象較之西方小説中的人物形象，深度與厚重或不相及，但生動和靈氣卻往往過之。這或許就是「傳神」之論除了「典型」之外的別一種意思，也是批評家愛用「傳神」對人物形象下評語的原因。照這理解，「傳神」這個小説理論批評的術語，在「虛實」觀念上也是有些講究的。

當然，體現在人物形象身上的「虛實」觀不止「傳神」一端。假如以生活原型為實，小説藝術為虛，那麼小説家根據生活塑造人物形象，本身就存在著「虛」「實」關係，這既可以看作是化實為虛，也可以説是以虛寫實。葉晝《水滸傳一百回文字優劣》説：「世上先有《水滸傳》一部，然後施耐庵、羅貫中借筆墨拈出。若夫姓某名某，不過劈空捏造，以實其事耳。如世上先有淫婦，然後以楊雄之妻、武松之嫂實之；世上先有馬泊六，然後以王婆實之；世上先有家奴與主母通姦，然後以盧俊義之賈氏、李固實之。」這説的是小説創作以生活中實有的人和事為本，但也表明小説家是以其創造的人物和事件去「實其事耳」，這與生活原型是有虛實之分的。同樣的意思，金聖歎則從「虛」的一面立論，其《讀第五才子書法》説：「《宣和遺事》具載三十六人姓名，可見三十六人是實有。只是七十回中許多事蹟，須知是作書人憑空造謊出來。如今卻因讀此七十回，反把三十六個人物都認得了，任憑提起一個，都似舊時熟識，文字有氣力如此。」這就更加強調了小説虛構的意義，也更加從「虛」處看取人物形象的美學內涵了。這認識，跟金聖歎對小説的文體特性及其特殊創作手法的理解是分不開的，《讀第五才子書法》將《水滸傳》與《史記》對比説：「某嘗道《水滸》勝似《史記》，人都不肯信，殊不知某卻不是亂説。其實《史記》是以文運事，《水滸》是因文生事。以文運事，是先有事生成如此如此，卻要算計出一篇文字來，雖是史公高才，也畢竟是吃苦事；因

文生事即不然，只是順著筆性去，削高補低都由我。」《史記》是歷史著作，《水滸傳》是小說，這在今天連黃口小兒也不會弄混。但古人往往不願意把這兩種文體分得太清，尤不願意把二者並提，而更願意把小說看作歷史著作的副產品，即所謂「史統散而小說興」。金聖歎卻不這麼看，他以為《水滸傳》高於《史記》，原因是《史記》所做的工作，只是把現成的事情變成文章，最多也只能看出作者為文的功夫；而《水滸傳》是要憑空想像出各種事情，這更需要作者的智慧和才華。像他這樣在不同文體之間比高下，或許不近情理，但通過比照，卻道出了小說藝術的一個最重要的特徵。這種對小說藝術本性的體認，當然會使金聖歎對人物形象的看法偏向「虛」的一面。如此以小說與歷史比照而強調小說中人物形象「虛」的特徵，也見於清代其他一些小說批評，如《女仙外史回評》載「香泉」的評語說：「正史寫實事，故其文如寫照，酷肖而止。若小說演義，多鑿空之筆，既無可肖，則如散畫人物，略有微疵，便生指摘，如滿釋奴一婦人，無是公也，正當如何描寫可以動人心魄。今觀其初投軍時，吐出一種英憤氣概，固以精彩奪目。此回賺取敵將，出入劍戟之叢，凜凜乎有生氣逼人。若謂並無其人，亦無其事，將焉信之？」這說的是，小說寫人，在真實性上是比不上正史的，因為其人物多出自「鑿空之筆」，無據可查。但如果將人物寫得「動人心魄」，就會讓人覺著「生氣逼人」，比真人真事差不了多少。當然，這種真實是藝術描寫造就的「幻」中之真，用今天的話說，是不同於歷史真實的藝術真實。這和金聖歎以《史記》比照《水滸傳》的價值一樣，是對小說藝術及其人物形象的「虛」的特性的肯定，只不過沒有像金聖歎那樣大膽地把小說放在歷史之上。

　　人物形象的「虛」「實」關係不僅體現在藝術與生活的關係，還見於小說創作中描寫刻畫人物性格的具體手法，這裡面有個虛寫和實寫

的問題。這手法，清代一位小說批評家毛宗崗在對《三國演義》的評點裡有過具體的說明。其第三十七回首評對諸葛亮的描寫說：

此卷極寫孔明，而篇中卻無孔明。蓋善寫妙人者不於有處寫，正於無處寫。寫其人如閒雲野鶴之不可定，而其人始遠；寫其人如威鳳祥麟之不易睹，而其人始尊。且孔明雖未得一遇，而見孔明之居，則極其幽秀；見孔明之童，則極其古淡；見孔明之友，則極其高超；見孔明之弟，則極其曠逸；見孔明之丈人，則極其清韻；見孔明之題詠，則極其俊妙。不待接席言歡，而孔明之為孔明，於此領略過半矣。

毛宗崗這段話想要說明的，是諸葛亮其人的高妙和玄機，而「玄德一訪再訪，已不覺入其玄中，又安能已於三顧耶！」但同時也揭示出《三國演義》刻畫人物的高妙和玄機。確如所言，《三國演義》寫諸葛亮這個人物，是花了大力氣的，光是出場，就安排得如此紆徐委婉而又引人入勝，具體手法就是毛宗崗所說的「不於有處寫，正於無處寫」，於是這篇文字裡就有了「虛實」之妙。而這虛寫人物較之正面實寫又別有一番情趣；寫得好，也更能「傳神寫照」。類似的手法，在《三國演義》裡還有，但毛宗崗的評點卻更偏向了「手法」，而人物性格本身倒在其次了。如三十五回首評曰：「究竟一鳳一龍未曾明指其為誰，不但水鏡不肯說龍鳳姓名，即單福亦不肯自道其真姓名。龐統二字在童子口中輕輕逗出，而玄德卻不知此人之即為鳳雛；元直二字在水鏡夜間輕輕逗出，而玄德卻不知此人之即為單福。隱隱約約，如簾內美人，不露全身，只露半面，令人心神恍惚，猜測不定。至於諸葛亮三字，通篇更不一露，又如隔牆聞環珮聲，並半面亦不得見，純用虛筆，真絕世妙文。」這種「虛筆」更像是中國古典小說裡的「弄引

法」，在人物未出場之先，隱隱約約地透露出些他的消息。跟「三顧茅廬」的虛寫相比，這手法的意用與其說是在人物，倒不如說是在敘事了。

其實，中國古典小說寫人，尚有不少手法能看出「虛實」之妙，只是不像毛宗崗所評《三國演義》寫諸葛亮那樣完全把人物隱去而「純用虛筆」罷了。有所謂「背面敷粉法」，這是以此一人物之性格反襯另一人物之性格，例如金聖歎《讀第五才子書法》評《水滸傳》所說：「如要襯宋江奸詐，不覺寫作李逵真率；要襯石秀尖利，不覺寫作楊雄胡塗是也。」毛宗崗評《三國演義》，也指出其寫人有正襯和反襯的匠心，第四十五回首評曰：「文有正襯反襯。寫魯肅老實，以襯孔明之乖巧，是反襯也；寫周瑜乖巧，以襯孔明之加倍乖巧，是正襯也。」又有一種以虛筆寫人的手法，是明寫此人，暗地裡卻指向另一人，或可稱為「注此寫彼法」。如張竹坡《批評第一奇書金瓶梅回評》第二回評曰：「《水滸》中此回文字處處描金蓮，卻處處是武二，意在武二故也。《金瓶》內此回文字處處寫武二，卻處處寫金蓮，意在金蓮故也。文字用意之妙，可以想見。」諸如此類，中國古典小說裡以虛筆寫人的手法尚可歸納出許多，小說評點也多有點評。大體上，古代小說家寫人物形象及性格，盡量避免大段文字的正面描寫，而更多的是從不同側面，用多種手法將人物形象和性格點染生色，從而使人物以及寫人的手法都多彩多姿。這既是為讀者的閱讀心理著想，也體現出小說藝術上的追求。用虛筆寫人，其來由和意用即在於此。對此，古代小說理論家多賞其「筆法」之妙，但「虛寫」的美學內涵遠不止於「筆法」，至少對人物性格的豐富性以及審美的效果是大有裨益的。說到審美效果，則又要提起「傳神寫照」的命題，而且又要聯繫詩學、畫學的「傳神」說。在那裡面，有一條重要的藝術規律，叫作「虛處生神」，說的

是愈是不見文字和筆墨之處，愈能顯出作品的意蘊和精神；詩歌和繪畫作品裡的境界，也往往由此而見。這在小說創作上，可以比作「不寫之寫」。所謂「不寫」，並不是說一字不寫，而是說不正面地寫，不從實處寫；相反的意思就是從反面或側面去寫，從虛處寫。這樣寫出的人物形象也可以看作是「不著一字，盡得風流」，也就有了詩歌和繪畫藝術中以少勝多、空靈蘊藉的效果。這效果，我們若把被毛宗崗當作「虛實」之例而大加讚賞的《三國演義》裡「三顧茅廬」的描寫多讀上幾遍，是能夠體會得出來的。

　　隨著毛宗崗對《三國演義》的逐回評點，我們還能看出，中國古典小說創作中的「虛實」手法，不僅見於寫人，還見於敘事；甚至可以說更多地體現在敘事藝術中。因為古代小說家對人物形象的刻畫，總是和行動及事件糅合在一起的，完全脫離事件的人物形象並不多見。在歷史演義小說裡，還有一種意義比較單純的敘事，它與人物形象並沒有太多的關係，而只是對一些重要事件的交代；所涉及的主要不是人物性格，而是故事的進程及時間問題。這看上去沒有什麼奧秘可言，但對於小說藝術卻並非不重要。中國古代通俗小說原本就是從「說話」也即講故事的藝術演變而來，把故事進程交代清楚同時又不顯得累贅，是吸引聽眾及讀者的一個基本的條件。這裡面就有個如何「敘事」的講究，尤其是要把同時發生的幾件事情都說明白，更不是一件很容易的事情。「花開兩朵，各表一枝」，是常見的手法。這手法倒是能把同時發生的不同的事件一一交代清楚，卻難免敘述上的重複，且同時發生的事情在敘述及文本的時間上成了先後。比這高明的辦法，是虛實結合，即實寫一頭，其他的事情虛處映帶。這手段在《三國演義》裡是時常可見的，因為作為歷史演義小說，它要交代許多同時進行的政治和軍事事件，如果每一件事都照寫不誤，恐怕作品的篇幅要

增加十倍以上都不止；可是該說的事情不說，故事的進程就會出現漏洞，何況歷史演義小說的本旨是要再現歷史。於是就有了虛寫與實寫的敘事手法。毛宗崗《讀三國志法》所指出的「近山濃抹、遠樹輕描之妙」，講的就是小說敘事中對所敘之事的實寫與虛寫，其言曰：

> 《三國》一書，有近山濃抹、遠樹輕描之妙。畫家之法，於山與樹之近者，則濃之重之；於山與樹之遠者，則輕之淡之。不然林麓迢遙，峰嵐層疊，豈能於尺幅之中一一而詳繪之乎？作文亦猶是已。如皇甫嵩破黃巾，只在朱雋一邊打聽得來；袁紹殺公孫瓚，只在曹操一邊打聽得來；趙雲襲南郡，關張襲兩郡，只在周郎眼中耳中得來；昭烈殺楊奉、韓暹，只在昭烈口中敘來；張飛奪古城，在關公耳中聽來；簡雍投袁紹，在昭烈口中說來。至若曹丕三路伐吳而皆敗，一路用實寫，兩路用虛寫；武侯退曹丕五路之兵，唯遣使入吳用實寫，其餘四路皆虛寫。諸如此類，又指不勝屈，只一句兩句，正不知包卻幾許事情、省卻幾許筆墨。

這種敘事的詳略和隱顯，一般人讀《三國演義》也能看得出來，卻未必有心把它當作小說的敘事藝術。毛宗崗借繪畫說明《三國演義》虛寫與實寫的妙用，顯然是在揭示小說尤其是以處理紛繁歷史事件為特長的歷史演義小說在敘事手法上的藝術匠心。這種藝術匠心，既與中國史傳文學的傳統有關，也能看出一些「敘事學」的意義。中國古代歷史著作對歷史事件的敘述主要見於紀、傳，其中紀與傳以及傳與傳之間往往記述著同一段歷史或同一個歷史事件，這在寫作上就有一個剪裁的問題，或此詳而彼略，或彼重而此輕，當然也可以是從不同的視角去敘述相同的事情。這一手法，有的歷史著作本身就有交代，

而文章家也引以為紀傳類文章的作法。歷史演義小說多出自文人之手，其作者在採擷歷史時，對歷史著作的這一手法應當是有所會心的。不同的是，歷史著作因紀傳之體而可以對同一歷史事件的不同方面作「散點」的透視，而歷史演義小說卻因其故事情節而只能對同一歷史進程中的不同事件加以「聚焦」，使之勾連在一根主線之上。這樣，歷史著作中的詳略與視角的不同，在歷史演義小說裡就變成了敘事藝術中的虛寫和實寫的關係。這也是歷史著作和小說藝術在敘事上的差別；從當代敘事學的理論看，也能體現中國古代歷史演義小說以「虛實」處置歷史事件的手法對於小說藝術的價值。這價值可以借俄國形式主義文論裡的「法布拉」和「休熱特」兩個敘事學的概念去闡明。「法布拉」和「休熱特」是俄語的譯音，其他語種還找不出意義完全對應的術語。大體上「『法布拉』是指事件的編年順序，而『休熱特』是指事件在敘述中實際呈現的順序和方法」[7]。這概念強調的是「手法」的功能，它將實際發生的事件變成文學作品裡的敘事。經過「手法」的作用，實際事件的編年的順序成了為敘事藝術而調整了的順序，而實際的時間也變成了「文本的」時間。以俄國形式主義文論之見，敘事之所以成為一門藝術以及敘事作品的「文學性」，關鍵就在這「手法」。而對中國古代歷史演義小說而言，「歷史」變成小說，在相當程度上也要靠這在時間上做文章的「手法」。試想，如果《三國演義》只是原原本本地把三國紛爭的歷史事件按編年順序一一道來，那還能算作是小說嗎？恐怕連史傳文學的資格都沒有了。雖說歷史演義小說之所以成其為小說，還有形象塑造、環境描寫等多種因素，但敘事手法

7　安納‧杰弗森、戴維‧羅比：《西方現代文學理論概述與比較》，陳昭全等譯，湖南文藝出版社1986年版，第23頁。

所起的作用無疑是至關重要的；而在種種敘事手法中，毛宗崗指出的虛寫實寫之法當屬其一。這手法看似平常，但以敘事學的觀點而論，它對小說藝術的理解和運用還是很深刻的。

當然，像《三國演義》那樣純粹以敘事見虛實關係，在中國古典小說只是特例。說它「特」，是因為只有歷史演義小說中能夠看到單純的敘事，其他題材或類型的小說裡的事件總是和人物聯繫在一起的。站在敘事的立場看，這叫「事中有人」，因而對事件的虛寫與實寫，往往也就是對人物的虛寫實寫；由此體現出的「虛」「實」關係，則是一個含義更加豐富的敘事問題。對此，古代小說理論也有分析和評價，也提出一些以「虛實」關係為內涵的敘事學課題。比如張竹坡《批評第一奇書金瓶梅讀法》說：「作者蓋深惡金蓮，而並惡及其出身之處，故寫林太太也。然則張大戶亦成金蓮之惡者，何以不寫？曰：張二官頂補西門千戶之缺，而伯爵走動說娶嬌兒，儼然又一西門，其受報亦必又有不可盡言者，則其不著筆處又有無限煙波，直欲又藏一部大書於無筆處也。此所謂筆不到而意到者。」這說的是，《金瓶梅》之所以要力描寫林太太這個人物，是為了影射潘金蓮罪惡的歷史；但潘金蓮的墮落乃是張大戶一手造成，作者要影射潘金蓮的罪惡，為何不寫張大戶呢？這裡面就有個虛寫與實寫的問題。論者以為，小說寫張二官的劣跡，已讓人想見張大戶的其人其事，無非又是一部西門慶糜爛生活史。這是另一部大書，而這部大書雖未形諸筆墨，卻是可以從「無筆處」去意會的，這是小說敘事「筆不到而意到」的妙用。又比如《臥閒草堂本儒林外史回評》有「避實擊虛」之說，其評《儒林外史》第二十四回「牛浦郎姻親多訟事，鮑文卿整理舊生涯」說：「此篇前半結過牛浦郎，遞入鮑文卿傳命案三件，其情節荒唐略同，兩虛一實，襯托無痕跡。寫向知縣是個通才，卻不費筆墨，只用一兩句點逗大略，

又從鮑文卿口中傳述。行文深得避實擊虛之妙。」這裡講的「虛實」，略同於虛寫和實寫，其中既有事件的虛實相稱，也有人物的間接描寫。無論如何，小説交代事件、人物，若時常於虛處落筆，就能使敍事變化、跌宕；這就是批評家眼裡的「避實擊虛」的妙法。

第五節　從《紅樓夢》評論看小説創作的

「虛實」觀念和方法小説作為一門敍事藝術，它的虛實之法是多種多樣、千變萬化的，而這形形色色的虛實之法又從不同角度不同層面傳達出中國傳統美學思想裡的「虛實」觀念。如果要對中國古典小説在敍事藝術上的虛實之法以及美學思想上的「虛實」觀唸作較為集中而又完整的把握，我們還可以藉助於一個小説藝術的範本；不用説，這個範本一定是那部把中國古典小説的敍事藝術及美學觀念發揮到了極致的《紅樓夢》。在這部經典的小説作品裡，我們既能看到虛寫實寫之法的精湛的運用，也能看到全書從總體到細節的各個方面都浸透著中國傳統美學思想所特有的虛實相生、虛處生神的藝術精神。也正因為如此，這部作品才有著到今天還説不完道不盡的藝術意蘊。凡此特點，都給中國古代小説理論的「虛實」觀念以極大的生機，就是説，小説批評家們從《紅樓夢》看到了虛實之法及「虛實」觀念在小説藝術中有怎樣的妙用，並以理論批評的文字把這妙用表達出來，從而成就小説理論批評裡的「虛實」觀。我們來看看批評家們都是怎麼説的。

首先，《紅樓夢》是一部小説，它所敍述的不是實事而是虛事，這跟歷史著作有著文體上的差別。同時，從現實與藝術的關係看，《紅樓夢》所寫虛事並非全是無稽之談，其間也能看出生活中實事的影子。對此，二知道人《紅樓夢説夢》説：「盲左、班、馬之書，實事傳神

也；雪芹之書，虛事傳神也。然其意中，自有實事，罪花業果，欲言難言，不得已而托諸空中樓閣耳。」諸聯《紅樓評夢》說：「凡稗官小說，於人之名字、居處、年歲、履歷，無不鑿鑿記出，其究歸於子虛烏有。是書半屬含糊，以彼實者之皆虛，知此虛者之必實。」此等「虛實」之論，講的都是《紅樓夢》這部小說與生活中的真人真事的關係。《紅樓夢》寫有作者的親身經歷，甚或有真實人物為原型，如開篇所說，「忽念及當日所有之女子」，應該是沒有疑問的，未必須要紅學家們去一一論定。只是對這「生活素材」不必看得過於認真，更不必像索隱派那樣去穿鑿附會，其結果不但無助於理解這部偉大作品的思想藝術，反倒容易造成種種曲解。如果以小說藝術「虛事傳神」的特性論，則許多爭執不下的問題即可迎刃而解。更進一層看，「實者皆虛」和「虛者皆實」也是饒有興味的論斷。比如小說中的藝術形象，它來自生活，也能讓現實生活中的人們從中看到自己的影子。此即所謂「典型性」或如王國維評論《紅樓夢》時借西方文藝美學為其主人公所作的分辨：「夫美術之所寫者，非個人之性質，而人類全體之性質也。」（《紅樓夢評論》）想當年魯迅創造阿Q這個形象，不是也由雜取世態而成，而多有人以為是影射自己嗎？這特點，用中國傳統文藝美學術語去說，正是「實者皆虛」而又「虛者皆實」。當然，這解釋不一定完全符合此一命題的本意，論者的意思或許是說小說中人物雖是虛構，但作品中的描寫卻煞有介事，像是真有那麼個人似的。但我們把這意思引申到小說中人物形象的美學內涵，並沒有歪曲原意，而是依循小說藝術規律做出推斷，因為這命題實在是很能概括小說的藝術特徵。

　　《紅樓夢》中「虛實」觀念的第二項重要內容，體現在真假或真幻。這真假或真幻也說的是「虛」「實」關係，但這「虛」「實」關係不僅僅是指真實與虛構，而包含了作品的寓意；就是說，「虛實」是指

作者處理生活素材與藝術虛構之間的關係，當這關係中寄寓了作者對
社會、人生的認識以及由此而生的情感時，這「虛」「實」關係也可以
看作是真假或真幻了。《紅樓夢》隱含著作者深沉的寄寓，這是明眼人
都看得出來的。作品裡也有詩云：「滿紙荒唐言，一把辛酸淚。都云作
者痴，誰解其中味。」這就告訴人們，紅樓一夢，大有深意存焉。因此
作品裡的描寫何為真何為假，是需要仔細辨認的。寫得真實的，未必
就是真；寫得荒誕的，未必就為假。所以有評論者再三強調要把其中
的真假看清，如王希廉《紅樓夢總評》說：「《紅樓夢》一書，全部最
要關鍵是『真假』二字。讀者須知真即是假，假即是真；真中有假，
假中有真；真不是真，假不是假。明此數意，則甄寶玉、賈寶玉是一
是二，便心目了然，不為作者冷齒，亦知作者匠心。」的確，《紅樓夢》
因其傑出的現實主義手法，讓人很難一下子從人物、事件看出作者的
態度；至於作者想要通過各式各樣的人物及其關係表達什麼意思，非
得通觀全書的內容及結構和手法方能得知一二。這裡面的真真假假也
得以一種宏通和辯證的眼光去看，一些文本上的標記，多少有助於讀
者對這問題的理解，比如姓名。《紅樓夢》給人物取的名字，多含寓
意，這寓意不光與人物和性格及命運相關——如嬌杏與「僥幸」、馮淵
與「逢冤」、秦鐘與「情種」等——也跟全書的立意和構思相關，最顯
見的就是「甄」「賈」二姓，如夢覺主人《紅樓夢序》所說：「今夫
《紅樓夢》之書，立意以賈氏為主，甄姓為賓，明矣真少而假多也。假
多即幻，幻即是夢。書之奚究其真假，惟取乎事之近理，詞無妄誕。
說夢豈無荒誕？乃幻中有情，情中有幻是也。」這話說得很對。真假乃
《紅樓夢》全書的主線，托甄、賈二姓以貫穿全書。這裡面賈（假）又
是主線之主。作品因假而成幻，而幻中又有理有情，故可視之為真。
所謂「假不是假」「假中有真」，說的就是這個意思；而這也就是《紅

樓夢》裡「虛實」觀念比真實和虛構更深一層的內涵。

正因為作者以真假真幻寄託著深切的寓意，因而在敘事寫人的藝術手法上也虛虛實實，變幻莫測，這可以看作是《紅樓夢》裡「虛實」觀念的又一層也即創作方法層面的含義。我們今天說到創作方法，無非是現實主義、浪漫主義等各種「主義」，那是從西方文論裡舶來的概念。同是創作方法的含義，在中國傳統文學批評裡也能找到相應的表述，批評家由「虛」「實」關係對《紅樓夢》藝術特色發表的評論，就有因創作方法立說的意用。當然，此所謂「創作方法」不宜簡單地以「現實」「浪漫」界分，它的根基在中國文學及美學思想自身的傳統，這從評論家們所用的術語及其表達的意思就看得出來。如程偉元、高鶚《紅樓夢引言》說：「其中用筆吞吐，虛實掩映之妙，識者當自得之。」孫桐生《妙復軒評石頭記敘》說：「蓋作文之妙，在縹緲虛無間，使人可望不可即，乃有餘味。」這兩段話很容易讓人想到中國古代的詩文批評。的確，古人評論小說，很大程度上取法於已經成熟了的詩歌散文理論，對小說創作方法的總結，也很自然地借用詩文批評中的話語和觀念，比如作文的章法文脈、作詩的「境界」「韻味」等等。這些，也正是中國古代小說學中「創作方法」這個概念的主要內容；與西方文論裡「創作方法」一說相比，自有其特殊的意義。取法於此，再由「虛實」的美學觀念對小說作品總體的藝術特色加以把握，則成為以「虛實」為內涵的創作方法論。對《紅樓夢》的評論中，有許多就「筆法」和「神情」立論的批評文字，以中國傳統美學思想及文學批評的特點而言，都可以看作是創作方法論。除上引兩例外，再如諸聯《紅樓評夢》說：「書中無一正筆，無一呆筆，無一復筆，無一閒筆，皆在旁面、反面、前面、後面渲染出來。中有點綴，有剪裁，有安放，或後回之事先為提掣，或前回之事閒中補點，筆臻靈妙，使人

莫測。總須領其筆外之神情，言時之景狀。」話石主人《紅樓夢本義約編》說：「《紅樓夢》高人處在實事翻空，空處閒文，卻是實事針對，故一百二十回無一死筆。」這說的是《紅樓夢》筆法的虛虛實實，其藝術效果則在傳筆外之神情的虛實相生。論者所謂「筆」，雖不離於敘事的章法、結構，但因為談論的是全書的藝術特色，故所指不止於具體的技巧或手法，而意在整個作品一以貫之的創作方法。從所論各種筆法，則又可以看出這創作方法的旨趣在於「虛實」。這個意思，王夢阮《紅樓夢索隱提要》裡的一段話表達得更有理論色彩，也更真接地點出「虛實」的命題。其言曰：

> 偌大一部文章，處處傳事傳神，皆如親見親聞，無絲毫乖舛疏漏處，是妙在善用一實字。而其流露正文，將伸復縮，全如蜻蜓點水，不脫不粘，又妙在善用一虛字。書中字字有來歷，是妙在善用一合字。處處寫影寫神，不著一重筆，不下一實筆，是又妙在善用一離字。虛虛實實，離離合合，乃演出一部神奇不可測之《紅樓夢》。

這段話若不是為索隱派立說，其審美的眼光是相當令人佩服的。固然，説《紅樓夢》「字字有來歷」，是索隱派批評家的固陋之見。但《紅樓夢》敘事既逼真如畫，可感可觸，又輕靈飄逸，如神龍不見首尾，這不正是論者所說的「虛虛實實，離離合合」嗎？以此論定這部曠世奇作的創作方法，當無大謬，只要不把虛實離合之論引向與小説藝術無關的索隱中去。

把《紅樓夢》的創作方法再拉近距離去看，直至其局部問題，「虛實」觀念又在一個更加具體層面顯現出來。這個層面可以稱作技巧或手法的層面；批評家們就這個層面的「虛實」問題發表的意見，可以

看作是以「虛實」觀念為內涵的技巧或手法論。在文學理論中，創作方法和寫作的技巧或手法，是既有聯繫又有區別的。但在中國古代小說理論中，二者的聯繫要大於區別。許多創作方法論就是由具體的手法或技巧引申而來，而一些具體的手法或技巧之論換一種説法或換一個場合，也往往就成了創作方法論。其中的糾葛與纏繞，我們不去深論。在這裡，姑以整體和局部作大致的區分：以「筆法」為例，論及整個小說藝術特色的算作創作方法論，而就局部問題設論且未延及小說總體特徵的，則當作技巧或手法論去看待。照這麼看，在《紅樓夢》的評點中那些「就事論事」而指點小說藝術虛實之妙的言論，就可以說是以「虛實」觀念為內涵的技巧或手法論，或者説是「虛實」觀念在技巧和手法這個層面的體現。在《紅樓夢》脂（硯齋）評中，我們就可以看到許多這樣的文字。如第五回「如今且說林黛玉」一段甲戌本眉批：「今寫黛玉，神妙之至，何也？因寫黛玉實是寫寶釵，非真有意去寫黛玉，幾乎又被作者瞞過。」這是注此寫彼法的虛實。第七回「正問著，只聽那邊一陣笑聲，卻有賈璉的聲音」一段甲戌本旁批：「妙文奇想，阿鳳之為人豈有不著意於風月二字之理哉？若真以明筆寫之，不但唐突阿鳳聲價，亦且無妙文可賞。若不寫之，又萬萬不可。故只用『柳藏鸚鵡語方知』之法，略一皴染，不獨文字有隱微，亦且不至污瀆阿鳳之英風俊骨。」這是暗筆描寫的虛實。同回「他雖然靦腆，卻性子倔強，不大隨和些是有的」句甲戌本旁批：「實寫秦鐘，雙映寶玉。」這是映襯描寫的虛實。第八回「今亦按圖畫於後。但其真體最小……等語之謗」一段甲戌本眉批：「又忽作此數語，以幻弄成真，以真弄成幻，真真假假，恣意遊戲於筆墨之中，可謂狡猾之極。」這是亦真亦幻的虛實。第十三回「彼時合家皆知，無不納罕，都有些疑心」句甲戌本眉批：「九個字寫盡天香樓事，是不寫之寫。」這是不寫之寫

的「虛實」。諸如此類，都說的是小說的字裡行間看出虛實手法的妙用。再看一位蒙古族批評家哈斯寶的《新譯紅樓夢迴批》，其中也指出不少用於具體的人物、事件描寫的虛實手法，如第四回批曰：「在實寫薛蟠一案之前，已經虛寫了三筆：在第三回末尾，黛玉來到王夫人處，金陵來信中已提到薛家如何如何，此其一；賈雨村授職應天府，從原告口中聽到薛蟠，此其二；這兩筆都模模糊糊，隱約不明，後從新來的門子口中才講清楚，但這也不是實寫，此其三。所以，此處真正實寫薛蟠時，用如此這般幾個字就交代了。這與畫家畫人眼，先畫輪廓，再描睫毛，黑白分明之後，最終一筆點睛，是沒有什麼兩樣的。」這說的是作品中的人物形象，以間接手法層層寫來，最後實寫略微著墨，就有著畫龍點睛之效了。類似的手法還見於第十回回批：「此書凡寫實事，都不平淡描述，定要先虛寫一筆作引子。前文雖寫過趙姨娘，並非特筆著墨，所以這回又從他親生女兒口中數道一遍，使得趙姨娘母子雖未出場，卻比出場還要栩栩如生。這便是文章家牽線動影之法。」這進一步指出虛寫人物的傳神效果。又如第十一回批曰：「第十回中，請寶玉到薛家，是接引之文。在本回裡，請寶玉到馮紫英家，則是特寫之章。接引之文要虛寫，特寫之章要實寫。」這說的是敘述事件的虛實交替。又如第十九回批曰：「在本回，作者才著意描寫大雪，而降雪之兆早在第五回就有了的。第五回的雪全是虛寫，本回裡雪全是實寫，虛寫為賓，實寫為主。讀者對照這兩回，便明白虛實之道，通曉賓主之法。」[8]這說的是寫景的虛實相生。凡此，也都意在點明《紅樓夢》裡被運用到寫作手法和技巧中去的「虛實之道」。

這種體現在手法和技巧上的「虛實之道」，在一些批評家的批評話

8　哈斯寶批評文字見亦鄰真譯《〈新譯紅樓夢〉回批》，內蒙古人民出版社1979年版。

語裡被稱作「用筆」或「筆法」；而「筆法」之稱，更具有「實用批評」的意味。如張其信《紅樓夢偶評》就用「用筆」和「筆法」論「虛實」，其對《紅樓夢》第五回「正冊副冊」評論說：「命名之意，寶、黛二人各分寶玉一字，後面曲文，寶黛為首，此冊頁內，夥畫夥作，明明以寶黛二人做主。因作者慣用藏頭露尾之筆，一明寫，一暗寫，一虛寫，一實寫，神出鬼沒，遂將閱者瞞過，此續《紅樓》等書所以紛紛也。」這就是把虛寫實寫當作小說家的「筆法」去談論的。在對第八回的一段評點中，張其信又給這明暗虛實的筆法命名，有所謂「縮筆」「伸筆」之說，其議論范圍雖已不止於局部，而涉及全書的手法，但前面的泛論只是鋪墊，最終是要點明此回描寫所用的「縮筆」和「伸筆」，姑且把它歸入手法和技巧一類。這段話說的是：

《紅樓夢》一書，前寫盛，後寫衰；前寫聚，後寫散；前寫入夢，後寫出夢，其大旨也。而其筆下之作用，則以意淫二字為題，以寶玉為經，寶釵、黛玉與眾美人為緯。一經一緯，彼此皆要組織，妙在各因其人之身分地步，用畫家寫意之法，全不著跡，令閱者於言外想像得之。故正寫處或臨崖勒馬，或閃身挫步，不至漏洩春光，卻又恐人不解，於旁面映帶聯絡指點，無非再三點睛，神妙欲到秋毫巔也。其組織黛玉處，雖是寫意，尚屬實寫明寫，人皆看出，故有《後》《續》等書。若寶釵一面，則虛寫暗寫，比黛玉一面，更覺無跡可尋。其實美人中以寶、黛二人為主，其組織處皆用雙筆對待之，故寶釵一面，人以為與寶玉無情，而為黛玉扼腕，非知《紅樓》者也。即如此回，便是組織寶玉與寶釵處，借黛玉口內奚落吃醋以點睛，此即所謂正面用縮筆，旁面用伸筆也。深於是書者，當不以予言為河漢。

像這樣津津樂道於寶玉和黛、釵的「三角戀愛」，趣味似乎並不太高；但由此指出的虛寫實寫以及「縮筆」「伸筆」等，卻也未嘗不得小說創作之法，雖然話説得有些八股氣息。尋其語意，所謂「縮筆」「伸筆」，是説正面實寫要收斂其勢，藏其意用，而旁面的虛實卻可以蕩漾點染，顯其用心。這樣，《紅樓夢》的意蘊就不能只從作品中對人物事件的直接描寫中領會，而更多地是要從未明寫甚至未落筆處去「想像得之」。《紅樓夢》這部小説之所以難懂，之所以讓人覺得有許多似是而非的東西，道理就在於此。而要真正讀懂這部大有深意存焉的小説，則不僅要看它説了些什麼，還要看它有哪些意思沒説，即所謂「不寫之寫」。

照這麼理解，則張其信指出的手法和技巧問題又可以上升到創作方法的高度了。的確，中國傳統小説理論批評裡的手法、技巧跟創作方法委實不容易分得太清，而批評家們在對具體作品評點、立説時，也常常將二者混為一談。我們在這裡把兩方面的問題分論，只能説是個大概，要真正把握其中哪一方面的問題，都不可避免地會牽涉問題的另一面。即如上述就具體描寫而論的「縮筆」與「伸筆」，從小説藝術的規律去看，其意義絕不止於一人一事的具體寫法，而是整個《紅樓夢》藝術構思和創作方法的一個有機組成部分。進一步追究，它還有更深的美學內涵。按馬克思主義經典作家的意見，現實主義小説創作，作者是不宜直接在作品裡表態的，如恩格斯所説：「作者的見解愈隱蔽，對藝術作品來説就愈好。我所指的現實主義甚至可以違背作者的見解表露出來。」[9]這個特點，在《紅樓夢》裡，是表現得相當典型

9　恩格斯：《致瑪·哈克奈斯》，《馬克思恩格斯選集》第四卷，人民出版社1972年版，第462頁。

的；而從小說創作的方法看，這一特點跟批評家們所指出的虛寫、實寫及「縮筆」「伸筆」等寫作手法或技巧不能說完全沒有關係。《紅樓夢》作為現實主義小說的歷史地位，是早已被論定了的，如魯迅先生所說：「其要點在敢於如實描寫，並無諱飾，和從前的小說敘好人完全是好，壞人完全是壞，大不相同，所以其中所敘的人物，都是真的人物。」[10]這是就創作方法而言，而這創作方法體現在對人物事件的具體描寫上，還有《紅樓夢》作為中國古典小說的自身特色，其中之一便是隱含作者寓意的虛寫和實寫，這在《紅樓夢》評論裡被當作「筆法」而大說特說。凡此評論，均屬於「舊紅學」，既多有「索隱」的意圖，也不免八股的殘餘，但把這些殘渣餘孽撇清，我們還是能看出不少合乎現實主義小說創作方法及藝術規律的內容。這些內容及其觀點和命題，大抵來自中國文學和美學的傳統，從批評話語到審美趣味都有鮮明的民族特徵，不妨與西方及現代的現實主義小說創作論合觀。

說到這裡，我們還要再提及一篇評論文章，它對《紅樓夢》的寓意有深刻體會；而所指出的寓意手法，在我們看來，也在虛實之間，且與前述所謂旁正伸縮等種種筆法異曲同工。這篇文章是戚蓼生的《石頭記序》。文中指出，《紅樓夢》之妙，在於同一種文字表達出截然不同的意思，這叫作「一聲而兩歌，一手而二牘」。對此，論者以自己的體會現身說法：

第觀其蘊於心而抒於手也，注彼而寫此，目送而手揮，似謫而正，似則而淫，如《春秋》之有微詞，史家之多曲筆。試一一讀而繹之：寫閨房則極其雍肅也，而豔冶已滿紙矣；狀閥閱則極其豐整也，

10　魯迅：《中國小說的歷史的變遷》，《魯迅全集》第九卷，第338頁。

而式微已盈睫矣；寫寶玉之淫而痴也，而多情善悟不減歷下琅琊；寫
黛玉之妒而尖也，而篤愛深憐不啻桑娥石女。他如摹繪玉釵金屋，刻
畫綺澤羅襦，靡靡焉幾令讀者心蕩神怡矣，而欲求其一字一句之粗鄙
猥褻不可得也。蓋聲止一聲，手止一手，而淫佚貞靜悲感歡愉，不啻
雙管之齊下也。噫，異矣！其殆稗官野史中之盲左、腐遷乎！

　　這段話，在舊式《紅樓夢》評論中是很有眼力的，對作品的思想
和藝術都有精深的見解。思想方面的看法，可視為「寓意」說；而表
現寓意的藝術手法，則在正反和虛實，就是說：正面說出的話，其寓
意恰好相反；實處描寫的人和事，其意蘊卻在虛指。這手法，運用於
小說具體的敘事和描寫中，便是旁正伸縮等「筆法」。論者以中國史學
傳統論證這手法的價值，實則其內在根據仍在中國文學及美學思想裡
的「虛實」觀念。在這個意義上，《紅樓夢》是以精湛的藝術手法演示
了「虛實」觀念在小說創作中的效用，而《紅樓夢》的評論則從中總
結出作為小說創作論的「虛實」觀念和方法。因此，這部經典的作品
及其評論也就給我們認識中國傳統文藝美學裡的「虛實」觀念提供了
一個經典的範例。

第六節　戲曲學批評的「虛實」觀

　　我們把中國傳統戲曲與小說的理論批評放在同一章裡來談論「虛
實」觀念，是因為戲曲與小說在中國古代大體上同屬於「俗文學」或
「俗文藝」，而且兩者在生成過程中有不少姻親關係，比如《三國演義》
和《水滸傳》在成書之前，民間已經搬演著各種「三國戲」和「水滸戲」
了，這很有可能成為小說創作的素材。或許正是因為戲曲和小說都有

「俗」的特性，一些批評家才把它們混為一談，如前面提到的謝肇淛的《五雜俎》就是這樣做的。胡應麟《少室山房筆叢》也曾拿《水滸傳》與《琵琶記》相比，說：「《水滸》余嘗戲以擬《琵琶》，謂皆不事文飾，而曲盡人情耳。」這種比較用今天的眼光看去有些不倫不類，但在古人眼裡，通俗的戲曲、小說是可以因其通俗而放到一起來評論的。與此相關的是，戲曲學批評和小說學批評裡一些重要的觀念也是相通的，「虛實」便是其中之一。這是我們把戲曲學、小說學批評裡的「虛實」觀一併而論的一個主要理由。

但這裡面有一個重要區別，是要鄭重交代一下的，那就是，我們這裡所說的戲曲及戲曲學，是偏向於「文學的」內容；準確地說，應該是戲曲文學及戲曲文學理論。而戲曲作為一門具有綜合性質的藝術，它還有舞臺表演的內容，這兩方面內容的結合，才成為完整的戲曲藝術。其中，戲曲的舞臺表演藝術，也相當充分地體現了中國傳統美學思想裡的「虛實」觀念，甚至可以說比它的文學內容更能看出「虛實之道」的效用。如有的研究者所指出，中國傳統戲曲最突出的兩個特徵是虛擬性和程式化。由於虛擬，戲曲表演就能打破時間和空間的限制，在小小的舞臺上「三五步行遍天下，六七人百萬雄兵」「頃刻間千秋事業，方丈地萬里江山」，從而極大地豐富戲曲藝術的表現力。這跟西方傳統話劇把舞臺變成現實生活的場景並追求時間、地點和情節的真實性，是截然不同的審美形態，也產生截然不同的審美效果。在中國傳統戲曲的表演裡，我們看到，舞臺道具十分簡單，然而經演員的動作表情，用它表現出的物事和景觀卻極為豐富。演員一揮鞭一跨腿，就表示騎馬出行，幾個臺步就表示從塞北走到江南，而明明是大白天裡演戲，卻讓人感到是故事是發生在漆黑之夜，如此等等，都是虛擬的效果，遠非實物實景所能展示。虛擬的手段，是程式化的動

作，這是把生活中實際動作按一定的審美標準加以固定，成為一種富於表現力的「程式」，讓觀眾通過這程式去想像生活中的實情實景。把虛擬和程式合在一起，就可以看出中國戲曲藝術特有的虛實關係，「因為程式是一種藝術形式，是一種物質的可見的東西，而虛擬是一種非物質的屬於精神領域的藝術思想，虛擬只有附在程式的軀體上才能被人認識，立於程式之外的虛擬是沒有的」[11]。顯然，中國傳統戲曲的表演藝術裡是蘊藏著以「虛實」觀念為內核的審美理想的。這種藝術理想在上個世紀曾被一位京劇表演藝術大師梅蘭芳帶到歐洲，並經由西方一位戲劇藝術大師布萊希特的關注和借鑑，對西方現代戲劇的觀念和手法產生了深刻影響，其價值不容低估。而就我們眼前的話題而論，若把中國傳統戲曲當成一門綜合藝術去看待，理當對其表演藝術所包含的「虛實」觀念加以充分的認識。惜乎古代戲曲學批評在這方面留下的資料委實不多，批評家們花力氣研討的主要是唱詞和唱腔，問及人物、結構和風格。直到清代中後期，才漸有對演出活動及舞台藝術的較詳細的專錄[12]，但內容多是演出實踐的經驗之談及練功的要領或規程、上升到理論批評高度的也不多。究其原因，或在於古代戲曲批評家大多文人士大夫出身，其身分和趣味決定了他們對戲曲藝術的玩賞主要是遠觀、聆聽以及案頭的推敲，很少有人願與「戲子」為伍去精研表演藝術；少數例外者如李漁，其「演習」之論於表演的程式也無甚見解。而那些有著豐富演出經驗的表演藝術家又受自身素養的

11　張贛生：《中國戲曲藝術》，百花文藝出版社1982年版，第69頁。本節對中國傳統戲曲藝術的介紹，均參考此書。

12　近人張江載（次溪）於1934、1937年分別編次、印行了《清代燕都梨園史料》，收有多種此類著述。詳見葉長海：《中國戲劇學史》，上海文藝出版社1986年版，第413-414頁。

限制，難於染指理論批評。這種狀況恐怕是到了近代新型表演藝術家如梅蘭芳以及深諳戲曲表演藝術的批評家如齊如山等出現後，才有根本的改觀。因此，中國古代戲曲學批評關於戲曲舞台藝術中「虛實」觀念的論說就難得一見，儘管這「虛實」觀念是中古傳統戲曲表演藝術的精髓，並見於凝聚了一代又一代藝人藝術實踐經驗的戲曲表演程式。而我們在談論中國傳統文藝美學裡的「虛實」觀時，對戲曲藝術裡表演這一方面的相關問題只是稍作交代，更多和更深的內容還須到近代以來的「新劇學」裡去觀覽。把「表演」的一方面區分開來，中國古代戲曲學批評裡關於「虛實」問題的論述，就與小說學批評裡的「虛實」觀大同小異了，其著眼點不外乎生活與藝術、寫實與虛構以及言情寫景的「傳神」等等。如果把話題放開一些，我們得從明代一位大戲劇家湯顯祖的創作說起。

湯顯祖的代表作是「臨川四夢」，其中寫得最好的當然是《牡丹亭》。之所以稱之為「夢」，不僅因為作品裡寫了夢，還跟作者的創作方法有關，這方法使得女主人公與有情人在夢中相會，並因這幽夢死而復生。這裡面就有一個真與假的問題。作品裡所寫，顯然非現實生活中實有。對此，湯顯祖並不諱言，說它創作《牡丹亭》是歷史上的傳說「稍微更而演之」（《牡丹亭記題詞》）。此所謂「稍更演之」，類乎小說創作時的「幻設」；而如此「幻設」未必就不真實，它是另一種意義上的「真」。我們來看湯顯祖是怎樣解釋他的觀點的：

天下女子有情寧有如杜麗娘者乎？夢其人既病，病即彌連，至手畫形容傳於世而後死。死三年矣，復能溟莫中求得其所夢者而生。如麗娘者，乃可謂之有情人耳。情不知所起，一往而深，生者可以死，死可以生。生而不可與死，死而不可復生，皆非情之至也。夢中之

情，何必非真。天下豈少夢中之人耶？必因薦枕而成親，待掛冠而為密者，皆形骸之論也。（《牡丹亭記題詞》）

原來，湯顯祖以夢成戲，是本於情真；情真，則夢雖幻設，卻不能說是非真。我們在談論小說學的「真幻」說時講過，小說創作的「真幻」，也有「虛實」的含義；而虛幻的描寫，就包括了「夢語」。這種幻筆，並不妨礙小說作品在一個更高意義上的「真」，即所謂「真即是幻，幻即是真」。從創作手法看，戲劇情節裡的夢境，是戲劇家對生活真實的藝術虛構。這在今天看去是浪漫主義精神的體現，而以中國傳統美學思想論，則是「惟虛故活」或虛處生神了。沈際飛《牡丹亭題詞》說湯顯祖寫《牡丹亭》是「飛神吹氣為之」，就是這個意思。湯顯祖自己也說戲曲創作應「以意、趣、神、色為主」（《答呂姜山》），又曾援引古例為自己創作的不拘一格辯白：「昔有人嫌摩詰之冬景芭蕉，割蕉加梅，冬則冬矣，然非王摩詰冬景也。」（《答凌初成》）雖主要是回答格律派對其劇作不合音律的非難，卻也未嘗沒有表達出戲曲創作「以虛活為美」的審美觀念。

湯顯祖的創作方法及成就，在明代另一位戲曲理論家王驥德的眼裡，正以能「虛」為特色；而這個「虛」，是放在「虛」「實」關係中去立論的，是所謂「以虛而用實」。對此，王驥德在《曲律》〈雜論〉中說過一段非常精闢的話，其言曰：

劇戲之道，出之貴實，而用之貴虛。《明珠》《浣紗》《紅拂》《玉合》，以實而用實者也；《還魂》、「二夢」，以虛而用實者也。以實而用實也易，以虛而用實也難。

　　這裡所說的「虛實」，大體是生活真實或歷史事件與藝術表現或藝術虛構之間的關係。王驥德的看法是，戲曲創作可以生活真實或歷史事件為憑，但寫出來的作品卻應是「戲」而不是生活本身，因而免不了創造性的想像和加工。如果非得把戲寫得像是生活中或歷史上的真人真事，反而畫虎類犬，求真不成而近於誣了。這個意思，見於《曲律》〈雜論〉中的另一段話：

　　古戲不論事實，亦不論理之有無可否，於古人事多損益緣飾為之，然尚存梗概。後稍就實，多本古史傳雜說略施丹堊，不欲脫空杜撰。邇始有捏造無影響之事以欺婦人、小兒者，然類皆優人及裡巷小人所為，大雅之士亦不屑也。

　　王驥德在這裡說的是兩種不同的創作方法：一種是「古戲」所為，它雖寫古事，卻只存其梗概而不論事實，劇作家是靠著自己的藝術才能「脫空杜撰」，將其幻化為合乎藝術規律的「戲」。另一種是近人所為，這是非要把戲寫成歷史，從而就一門心思到古書裡去打死人的主意，把他們拉出來粉墨登場，又添油加醋地弄出些捕風捉影的事情安在古人頭上，其結果是反倒讓人覺得是在玩障眼的把戲。兩相比較，其作為戲曲藝術的長短優劣是一目了然的，道理就在於劇作家是「以實而用實」還是「以虛而用實」，或者說是把戲當作戲來寫還是把戲當作歷史去寫。王驥德所謂「劇戲之道」的虛實，要旨就在於此。按這個道理，戲曲創作多用一些幻設之法——就像《牡丹亭》的託夢——雖與生活真實不符，卻與藝術真實相侔；這也就是《牡丹亭》為什麼高於《明珠》等作品的原因。

　　王驥德所說的這個「以虛用實」的道理，在今天恐怕都還能給人

以啟示。現如今歷史題材的影視作品氾濫成災，也引來種種爭議。爭議的焦點之一就是這類作品所寫多大程度上與歷史相符。照這個標準，不遭數落的作品寥寥無幾。究其緣由，倒不一定是因為觀眾或評論家們苛刻，而是劇作家們不明智。既然是在寫戲，為什麼不可以理直氣壯地宣稱自己是在存其梗概而「脫空杜撰」，而非要以歷史家自居，硬是要用戲去攀附歷史呢？這也難怪一些歷史人物的子孫們會義憤填膺地跳出來與劇作家理論。說實在的，沒有哪部歷史題材的影視作品在所有細節上都能與歷史事件絲絲入扣，不管劇作家的歷史修養多深，所聘請的歷史顧問多有學問。關鍵要看作品在多大程度上把握歷史發展的規律以及是否創造出動人的戲劇情節和人物形象。如果不顧這些而非得在表層的歷史真實上硬撐門面，就難保不會欲蓋彌彰，露出許多馬腳來。在這個問題上，王驥德的「以虛而用實」之說是很可以拿來古為今用的。

王驥德的「虛實」之論，是對中國傳統戲曲創作經驗的一次深刻總結，也可以說是把文藝美學裡的「虛實」觀念用於戲曲理論批評的成果。這一論斷，在相當程度上概括了中國古典藝術的本質特徵，也為戲曲創作提供了方法論上的指導。我們知道，中國古代的戲曲創作大都有其「本事」，整個創作過程中並沒有對今天的劇作家顯得十分重要的「深入生活」這樣一個環節；就是說，素材是現成的，關鍵要看怎樣妙手回春，把死的材料給盤活。為此，劇作家的藝術虛構能力就顯得特別重要了，尤其是在所取「本事」只是簡單的記載或模糊的傳聞時，劇作家就更是要放出憑虛構想、「因文生事」的手段來。這裡面，素材當然是不可缺少的，尤其是那些在社會上有一定「知名度」的素材，其本身往往就包含了「戲」的因子，也有助於招徠觀眾和讀者。但更重要的是讓素材出「戲」；此所謂「戲」，按「虛而用實」的

道理，就是要根據戲曲藝術的自身規律以及觀眾或讀者的審美心理對「本事」加以「脫空杜撰」。這個意義上的「虛」，是虛在藝術想像和虛構。如果不是這樣，而一味地想把「本事」說周全，那是「以實用實」，跟戲曲藝術的本性是隔了一層的。王驥德的「虛實」之論，正當從中國傳統戲曲在創作方法上的這一特性去理解。

王驥德《曲律》裡另有兩段關於「用事」的議論，也涉及「虛實」問題，但問題的性質，並不全在劇作之法，而跟詩學相關了。這也是中國傳統戲曲的特性使然，就是說，戲曲之「曲」大體上是一種特殊形態的詩。在這一環節，戲曲與詩歌有著血緣關係，而曲學與詩學也有共同的美學原則。比如下面這段話，明顯地帶有詩學的痕跡：

> 曲之佳處，不在用事，亦不在不用事。好用事，失之堆積；無事可用，失之枯寂。要在多讀書，多識故實，引得的確，用得恰好，明事暗使，隱事顯使，務使唱去人人都曉，不須解說。又有一等事，用在句中，令人不覺，如禪家所謂撮鹽水中，飲水乃知成味，方是妙手。《西廂》《琵琶》用事甚富，然無不恰好，所以動人。《玉玦》句句用事，如盛書櫃子，翻使人厭惡，故不如《拜月》一味清空，自成一家之為愈也。（《曲律》〈論用事第二十一〉）

這跟詩學裡的「用事」之論沒有什麼兩樣，且其中提到的「禪味」「清空」之說均取自詩論或詞論。稍稍體現曲之用事自身特點的是「務使唱去人人都曉」，這是因為戲曲之「曲」是唱給人聽的，對用事的通俗易懂當比一般的詩歌要求更高。我們在談論詩學裡的「虛實」觀時說過，用事作為詩歌創作的具體手法，也以虛實相生為妙，故而王驥德的這一段關於戲曲用事的議論，可以看作是詩學裡的「虛實」觀沿

用到了戲曲理論批評。相比之下，另一處關於戲曲用事的言論，就跟作為「劇戲之道」的「虛實」關係較近了。此論見於《曲律》〈雜論〉：

> 元人作曲，曲中用事，每不拘時代先後。馬東籬《三醉岳陽樓》，賦呂純陽事也。《寄生草》曲：「這的是燒豬佛印待東坡，抵多少騎驢魏野逢潘閬。」俗子見之，有不訾以為傳唐人用宋事耶？畫家謂王摩詰以牡丹、芙蓉、蓮花同畫一景，畫《袁安高臥圖》有雪裡芭蕉，此不可易與人道也。

這種「關公戰秦瓊」式的用事，在詩歌裡是不會有的，可以算作戲曲藝術的「專利」。它的表現形式雖是曲詞的用事——這與詩歌用事相仿——但內在的根據卻在戲曲藝術「以虛而用實」的創作方法，其效用也在只取興會神到的「脫空杜撰」了。讓唐人嘴裡說出宋代的事情，這在戲劇舞台上會產生怎樣的效果，且不深論。但王驥德在這問題上的見解卻是以一個實例說明戲曲創作虛處生神的藝術特性，聯繫到湯顯祖也曾以「雪中芭蕉」為例替自己的劇戲之道辯白，這見解的意義就絕不止於用事，而可以引申到戲曲藝術的創作方法和美學特徵了。

王驥德的「虛實」之論，是針對湯顯祖劇作的藝術成就提出的。對同樣的問題，明代其他一些批評家立意相似的評論，可一併而觀。如王思任《批點玉茗堂牡丹亭敘》：「至其傳奇，靈洞散活尖酸，史因子用，元以古行，筆筆風來，層層空到。」這顯然是「以虛而用實」的手法在戲曲作品裡的具體表現。又如吳吳山三婦合評《新鐫繡像玉茗堂牡丹亭》說：

人知夢是幻境，不知畫境尤幻。夢則無影之形，畫則有形之影。

麗娘夢裡尋歡，春卿畫中索配，自是千古一對痴人。然不以為幻，幻便是真。[13]

提出「幻便是真」的觀點。這觀點也被用來評論小說，其於「虛實」問題的意義，前面介紹小說學批評時已經說過，茲不贅述。凡此都是《牡丹亭》的藝術成就引發出的以「虛」「實」關係為內涵的戲曲創作觀，在中國傳統戲曲學批評中是很有特色也很有分量的。

上引兩條材料，均出自戲曲評點之作；而在中國傳統戲曲學批評裡，評點也是一種重要的批評方式，且有豐富的理論內容和戲曲美學思想。這裡面，就時常能夠看到基於戲曲作品具體表現手法的「虛實」之論。此所謂「虛實」，意在戲曲作品寫人寫事的技法，所表達的也是著眼於手法和技巧的「虛實」觀念，這跟王驥德等以生活真實與藝術真實之關係為本的「虛實」之論有所不同。對此，我們選取一個著名的例子稍加領略。這例子見於金聖歎評點其所謂「第六才子書」《西廂記》，其中對作品寫人多有妙解，比如下面這段議論：

亦嘗觀於烘雲托月之法乎？欲畫月也，月不可畫，因而畫雲。畫雲者，意不在於雲也；意不在於雲者，意固在於月也。然而意必在於雲焉。……雲之與月，正是一副神理，合之固不可得而合，而分之乃決不可得而分乎！《西廂》第一折之寫張生也是已。《西廂》之作也，專為雙文也。然雙文國豔也，國豔則非多買胭脂之所得而涂澤也。抑

13　以上兩條材料，參見葉長海：《中國戲劇學史》，上海文藝出版社1986年版，第282、291頁。

雙文，天人也，天人則非下士螻蟻工匠之所得而增減雕塑也。將寫雙文，而寫之不得，因置雙文勿寫，而先寫張生者，所謂畫家烘雲托月之秘法。然則寫張生必如第一折之文云云者，所謂輕重均停，不得纖痕漬如微塵也。設使不然，而於寫張生時，鬑毫夾帶狂且身分，則後文唐突雙文乃極不小。讀者於此，胡可以不加意哉？（《第六才子書》卷四《驚豔》首評）

這說的實際上是一種側面描寫的手法。但與一般的側面描寫不同，這描寫裡沒有隻字提及被寫的對象，甚至被寫的對象尚未出場。在這個意義上，金聖歎所說的「烘雲托月」可以理解為「不寫之寫」。具體到《西廂記》，張生是率先登場的人物，而全戲是為崔鶯鶯所設，因此作者在寫張生時就落筆在此而意注於彼，為鶯鶯的出場作鋪墊了。這樣描寫的妙處是在神不在形，在虛不在實。按金聖歎的說法，鶯鶯是天人國色，其韻致非筆墨能盡，強為實寫，反而遜色。倒不如通過旁寫他人去烘托，這樣鶯鶯的形象便能夠虛處生神，不但在目前，而且也在人們的意想和回味之中。

金聖歎的這個意見，主要是就《西廂記》劇本的文學描寫而論。如果聯繫中國傳統戲曲的舞台表演藝術去看，所謂「烘雲托月」之法還有更為豐富的美學內涵。傳統戲曲裡的青衣、花旦多為妖嬈女子，然而她們的美貌並不全在演員的扮相，更要靠虛擬的動作和神情以及來自各方面的烘托。這裡面就有個形與神的區別，形態之美總是有限的和單方面的，而傳神之美則是無限的並與全戲的方方面面融合在一起的。這時候女主人公的美色就不能只以眼見為憑，而要結合整個劇目的內容及表演藝術去領略了。梅蘭芳年輕時扮演的楊貴妃是傾國傾城，年邁後扮演的同一人物並未讓人覺得年老色衰，這不是靠化妝，

而靠戲曲藝術自身的魅力。而觀賞者把舞台上的楊貴妃當作美人去欣賞時，腦海裡浮現的就不是簡單的照片或錄像，而是由戲曲的情節、人物、場景以及唱腔、動作等表演藝術構成的「統覺」的形象。中國傳統戲曲藝術在女性姿色上的這種審美趣味，應該說是合乎美的本質和規律的，它把人們對「色」的感知引向美的境界，避免讓這感知流入慾望。這跟當今舞台藝術及文學作品裡以賣弄和暴露為能事的「女性軀體語言」真有天壤之別。

當然，這些都是題外話。我們介紹金聖歎評點《西廂記》的「烘雲托月法」，是看取「虛實」觀念在中國傳統戲曲創作手法上的體現。這跟小說學中的「虛寫實寫」之說可歸為一類，但也有些差異。具體表現在，小說的性質是敘事，而戲曲是敘事與抒情的交融，它的故事情節只是個框架，其中一段段的抒情詩（唱詞）才是作品的主要內容。因此，戲曲裡虛寫的效果就更接近於詩，也更富於詩意。這個特點，可以從金聖歎對《西廂記》一段寫景的評點看出。這段寫景是第二本第五折裡「雲斂晴空，冰輪乍湧，風掃殘紅，香階亂擁」十六個字。金聖歎評曰：「只寫雲，只寫月，只寫紅，只寫階，並不寫雙文，而雙文已現。有時寫人是人，有時寫景是景，有時寫人卻是景，有時寫景卻是人。如此節四句十六字，字字寫景，字字寫人。」這描寫也可以看作是一種「烘雲托月」之法，因為照金聖歎所說，此十六字雖是寫景，而鶯鶯的形象宛在其中；而這十六字所寫之景本身也是飽含深情的詩歌境界。由這境界虛寫出的人物形象，當然會顯得詩意盎然了。這是中國傳統戲曲在創作手法上「以虛而用實」的一點妙趣。

戲曲評點中能夠體現「虛實」觀念的創作手法及技巧之論，在整個中國傳統戲曲學批評中自有其特色和價值，至少可以從戲曲創作的細處去豐富「以虛而用實」的美學原則，其意義不可低估。但受體例

所限，戲曲評點所涉及的「虛實」問題未免顯得零散和瑣細。在這裡，我們也不再花更多的篇幅去細説了，而把目光轉回那些被當作「戲劇之道」來談論的「虛實」觀。以此為準，則李漁《閒情偶寄》不可不提。這不僅因為此書「詞曲部」是中國古代戲曲之學的集成之作，且立論精審，自成體系，還因為書中就有一篇專論「虛實」的文字，即《詞曲部》裡的「審虛實」。將「虛實」立為戲曲理論的一個科目，表明李漁對戲曲創作中的「虛實」問題相當看重，並由此去把握戲曲藝術的規律；篇中論述，也大有勝義，較之王驥德等前輩理論家的「虛實」之論要周祥和深入得多，當然也可以説是對前人「虛實」之論的發揮和深化。無論如何，這篇專論「虛實」的文字，跟《閒情偶寄》這部著作在中國古代戲曲之學中的地位一樣，可為戲曲學裡的「虛實」之論壓卷。茲錄其全篇於下：

傳奇所用之事，或古或今，有虛有實，隨人拈取。古者，書籍所載，古人現成之事也；今者，耳目傳聞，當時僅見之事也；實者，就事敷陳，不假造作，有根有據之謂也；虛者，空中樓閣，隨意構成，無影無形之謂也。人謂古事多實，近事多虛。予曰：不然。傳奇無實，大半皆寓言耳。欲勸人為孝，則舉一孝子出名，但有一行可紀，則不必盡有其事，凡屬孝親所應有者，悉取而加之，亦猶紂之不善不如是之甚也，一居下流，天下之惡皆歸焉。其餘表忠表節，與種種勸人為善之劇，率同於此。若謂古事皆實，則《西廂》《琵琶》，推為曲中之祖，鶯鶯果嫁君瑞乎？蔡邕之餓莩其親，五娘之干蠱其夫，見於何書？《孟子》云：「盡信書不如無書。」蓋指《武成》而言也，經史且然，矧雜劇乎？凡閱傳奇而必考其事從何來，人居何地者，皆説夢之痴人，可以不答者也。然作者秉筆，又不宜盡作是觀。若紀目前之

事，無所考究，則非特事蹟可以幻生，亦其人之姓名，亦可以憑空捏
造，是謂虛則虛到底也。若用往事為題，以一古人出名，則滿場腳
色，皆用古人，捏一姓名不得；其人所行之事，又必本於載籍，班班
可考，創一事實不得。非用古人姓字為難，使與滿場腳色同時共事之
為難也；非查古人事實為難，使與本等情由貫串合一之為難也。予即
謂傳奇無實，大半寓言，何以又云姓名事實，必須有本？要知古人填
古事易，今人填古事難。古人填古事，猶之今人填今事，非其不慮
人，考無可考也；傳至於今，則其人其事，觀者爛熟於胸中，欺之不
得，罔之不能，所以必求可據，是謂實則實到底也。若用一二古人作
主，因無陪客，幻設姓名以代之，則虛不似虛，實不成實，詞家之丑
態也，切忌犯之。

　　李漁這篇議論的大旨是，戲曲之作以虛為特性；這個「虛」，是相
對於事實而言，就是說，劇作家寫戲，不必有根有據，可以憑空虛
構。但這裡面有個古與今的分別，這指的是，如果戲曲作品寫的是今
人今事，大可以無所顧忌，隨心所欲；如果標明了是寫歷史上的事
情，且沿用了古人的姓名，那就得老老實實地據實敘寫，不得妄加編
派。為什麼呢？因為古人的事體因載籍而傳下，人們大都耳熟能詳，
說錯了便貽笑大方。而現實生活中的事情，尚未青史留名，只有天知
地知，無論怎麼虛誇、錯亂，都不會有人追究的。所以，戲曲之作，
實就實到底，虛就虛到底，這既是為了不授人以口實，也是為了戲曲
作品自身人物關係及情節線索的統一。否則，寫古事而不古不今、不
倫不類，那一定會讓人恥笑了去。
　　這是李漁所論「虛」與「實」的基本含義及其對戲曲藝術中「虛」
「實」關係的基本看法。如果用今天的戲劇理論及戲劇創作去衡量，這

看法是太刻板了一些。在現代劇作家和批評家的眼裡，古與今的界限是沒有那麼分明的；不但不分明，而且時常有意識地混淆，含蓄一點是抱著借古喻今的目的，而直露的則是借屍還魂，去追求一種荒誕或反諷的效果了。但這只是現代戲劇的所作所為，對中國傳統戲曲而言，歷史並不完全是隨意任人打扮的小姑娘，劇作家處理歷史題材，可以藝術虛構，卻不能張冠李戴。為的是老百姓看戲是要認「人」的，寫歷史題材而弄出些個冒名頂替或壓根兒就與歷史不相干的人物來，觀眾就不會答應了。在這問題上，李漁所謂「虛實」跟王驥德的「虛實」之論既有相同，也有區別。相同之處是兩人都不同意戲曲創作捏造歷史人物和事件，不同之處在於，王驥德認為劇作家對「古事」可以「損益緣飾」，也即憑想像作藝術處理，而李漁卻認為只要是取材於歷史，就得把戲當作歷史去寫，不宜讓人覺得是在受騙上當。所以在「虛實」觀念上，兩位批評家一個力主「以虛而用實」，另一個則「今虛而古實」。實際上，兩人的觀點未必不可以調和，關鍵要看劇作家對所取題材持怎樣的態度。「今事」不必說，就以「古事」而論，如果不把它當成歷史去寫，則未嘗不可以避實就虛，把歷史事實擱置一邊，蔡邕不是歷史人物嗎？可李漁卻用《琵琶記》來說明「古事」原本就不一定屬實；如果標明了是寫歷史題材，則不可以輕舉妄為，須一五一十地把歷史人物和事件交代清楚。這就是所謂「虛則虛到底，實則實到底」。顯然，這種「虛實」觀並不是為了捆住劇作家的手腳，而是出於對戲曲作品的題材加以類分的考慮。照這麼理解，李漁與王驥德在戲曲創作的「虛實」問題上並沒有實質性的衝突，不如說他們是從不同角度強調了戲曲藝術「以虛而用實」的特性。

　　當然，如果李漁只是認定了戲曲藝術「空中樓閣，隨意構成」的本性，那麼他的「虛實」之論對中國傳統戲曲學批評中「虛實」觀念

的發展還說不上有多大，因為這個意思前輩批評家也以各種方式表述過。李漁的過人之處在於他對戲曲的「寓言」性質的解釋，即所謂「欲勸人為孝，則舉一孝子出名」云云，這實際上講的是藝術創作中典型化的問題；而這典型化的緣由正在於虛用實事。這話也可以反過來說，即典型化的手法使得戲曲作品裡的人物離實而就虛。這樣看去，李漁戲曲理論中的「虛實」之論就較從前的「虛實」觀念多了一層美學內涵；這個意義上的「以虛而用實」，不是漫無邊際的憑空想像，而包藏著對生活素材加以提煉並藉以塑造典型形象的藝術匠心。顯然，有這樣一種內涵的「虛實」觀念，是進一步接近戲曲藝術乃至於整個文藝創作的本質規律了。

第七節　小結

　　中國古代小說在孕育的過程中，其創作者們就受到「虛實」問題的困擾，從而也在觀念上流露出對「虛實」問題的看法。這裡面明顯地存在著思想認識和創作實際的矛盾，具體表現在：一方面，小說作品的內容大都奇奇怪怪，無從查考；另一方面，小說的作者不願以「小說家」自居，而總要表白自己作品的真實可信。這種情形，在唐以前志怪小說創作中是屢屢可見的，由此而來的「虛實」觀念自然也偏向了「實」的一方，就是說，把小說這種東西當作歷史事實的再現以及經史的附庸。小說作為一種文學樣式成熟之後，理論批評裡的「虛實」觀念也日漸成為人們認識小說藝術及其文體特徵的一個焦點，這在有關歷史演義小說的評論裡有著典型的體現，因為歷史演義小說因其特定的內容，能夠把歷史題材與小說創作之間的關係展示出來。這樣，以歷史演義小說為對象的理論批評就往往表達出以歷史真實與藝術虛

構的關係為內涵的「虛實」觀念。其間有相當一部分批評家是要求小說創作服從於歷史，故有「羽翼信史」及「正史之補」諸說，然而也有人看重小說藝術的自身特性，提出「虛實參半」以及「傳奇貴幻」的觀點。在對其他類型或題材的小說的評論中，批評家們也多就虛實問題發表意見，並有「真幻」「有無」「奇正」等相關的提法，從不同角度探討小說不同於歷史的藝術特徵。由此表達出的尚虛貴幻的看法，不斷接近小說藝術的審美本性，也不斷充實著小說學批評中「虛實」觀念的美學內涵。

傳統小說學批評裡的「虛實」觀念，不僅表現在對小說與歷史的關係以及小說藝術的根本特徵的認識，還延伸到小說創作方法以及藝術技巧和手法等各個層面，涉及人物形象、敘事及結構等多方面的創作課題。有關見解，多見於對中國古典小說的幾部經典之作——如《三國演義》《水滸傳》《紅樓夢》——的評論及評點之中。從批評家們基於「虛實」關係所揭示的一些藝術手法——如「虛寫」與「實寫」、「正筆」與「旁筆」、「伸筆」與「縮筆」等，我們可以看出中國古典小說在創作方法上注重傳神、寓意以及境界的藝術特色。

中國傳統戲曲學批評的「虛實」觀看取的問題與小說學批評略同，著重討論的是戲曲之「劇」與歷史及現實的關係。幾位重要的戲曲學批評家的「虛實」之論，都主張戲曲創作要發揮藝術想像和虛構的能力，把取自歷史或現實的題材寫活，是所謂「以虛而用實」。至於戲曲舞台表演的「虛」「實」關係，傳統戲曲學批評留下的具有理論價值的材料不是很多，還有待於進一步去發現和總結。

第五章

「無畫處皆成妙境」：畫學與書論的「虛實」觀

　　中國古代的繪畫與詩歌關係密切，不僅在創作方法上相互借用，其藝術規律也是相通的。蘇軾所説的「詩畫本一律」，就指出了這個特點。相應地，畫學與詩學也常常有著共同的觀念、命題、審美標準和藝術理想，這從許多文論範疇或批評術語中都看得出來。比如前面提到過的詩學裡的「情景」「形神」「意境」「神韻」諸説，都常用於評論繪畫，其美學內涵也往往類同。不僅如此，古代批評家論畫而以詩法為憑，論詩而以繪畫為例，或者是詩畫並論，取其藝術觀念和創作手法的相互滲透，都是司空見慣的現象，足以見二者姊妹藝術的關係。照這麼看，繪畫藝術講究「虛實」以及繪畫理論表達出「虛實」觀念，都是理所當然的。實際情況也確乎如此。中國傳統的繪畫藝術及繪畫理論，很看重「虛」「實」關係所起的作用，這既體現在觀念上，也見於各種各樣的繪畫技法。因「虛實」而論畫，在畫學裡是屢

見不鮮的，再加以上那些以「虛」「實」關係為內涵的概念和範疇——
如上面所說的「情景」「形神」「意境」「神韻」等，「虛實」之論在畫
學批評裡就相當可觀，這與詩學裡的「虛實」觀相映生輝。當然，繪
畫畢竟是一門與詩歌不同類屬的藝術，有自己特殊的質料和形態，它
所體現的「虛實」觀念，既與詩歌藝術相通，也有自身的美學內涵；
尤其是在涉及諸如「佈置」「筆墨」「設色」等具體的表現手法時，就
更可以看出繪畫藝術特有的內容。這些內容，雖說跟詩學裡的「虛實」
觀念一樣，同出於中國傳統美學思想的大背景，但因為討論的是特定
對象以及特殊的藝術問題，就給我們展示了文學批評之外另一類自成
一體的「虛實」之論；而把這內容與詩學及小說學、戲曲學批評裡的
「虛實」觀合而觀之，當更能夠看出中國古典美學裡「虛實」這對範疇
在各類藝術批評裡的廣泛效用及其豐富的內涵。

第一節　從「氣韻生動」到「虛實相生」

　　自南齊謝赫以「六法」論畫，「氣韻生動」就作為一條基本法則，
為歷朝歷代畫學批評所沿用並發揮，從而也就成了中國傳統繪畫及畫
學的最重要的美學原則。謝赫所標「六法」見於《古畫品錄》，原話
是：「六法者何？一氣韻生動是也，二骨法用筆是也，三應物象形是
也，四隨類賦彩是也，五經營位置是也，六傳移模寫是也。」但這段話
也可以用另一種標點，即：「一、氣韻，生動是也；二、骨法，用筆是
也；三、應物，象形是也；四、隨類，賦彩是也；五、經營，位置是
也；六、傳移，模寫是也。」[1]斷句不同，「六法」所表達的意思也有微

1　錢鍾書：《管錐編》第四冊，中華書局1979年版，第1353頁。

妙的差異。在這裡，我們取前一種標點，把「六法」看成六個命題而不是六個定義。其中，「氣韻生動」是占主導地位的，對其他諸法起著統率作用，或者説，其他諸法的效用，最終要體現在「氣韻生動」。後人論畫，多專尚「氣韻生動」，也可見「六法」之內的輕重緩急。

對「氣韻生動」，謝赫沒有作具體解釋，後人闡説則各抒己見，莫衷一是。但結合六朝文藝批評及中國傳統美學的淵源看，這一命題的基本含義當在於「傳神」。往前追溯，中國古代繪畫美學思想當確立於顧愷之，其「傳神寫照」的逸事早已傳為美談，現今可見托於顧愷之名下的幾篇畫論之作如《魏晉勝流畫贊》《畫評》《畫雲台山記》等，也以「傳神」為要旨。這「傳神」二字，不僅是顧愷之一人之心得，也是那個時代藝術精神和審美趣味的集中體現。文藝批評裡以畫論先聲奪人，顧愷之之後另一位重要的畫家和批評家宗炳在其《畫山水序》裡，又使「神」的概念更為明晰，其中説道：「夫以應目會心為理者，類之成巧，則目亦同應，心亦俱會。應會感神，神超理得，雖復虛求幽岩，何以加焉？又神本亡端，棲形感類，理入影跡，誠能妙寫，亦誠盡矣。」這個「神」，既指自然之「道」，也指觀物者的精神及神思，同一文中所謂「聖人以神法道」「山水以形媚道」，以及「萬趣融其神思」云云，就表達出這兩方面的意思。可見在晉宋之際，畫學批評就把「神」當作一個重要的觀念和標準，謝赫提出的「氣韻生動」，當吸取了「神」的美學內涵，又出之以一個「韻」字。以謝赫《古畫品錄》為證，其中對各品畫家的評論，就多用「神」字，或「神」「韻」並用，如評張墨、荀勖：「風範氣韻，妙其參神」；評顧駿之：「神韻氣力，不逮前賢」；評蘧道愍、章繼伯：「別體之妙，亦為入神」；評晉明帝：「雖略於形色，頗得神氣」；其他一些評語，如「事絕言象」「取之象外」「體韻遒舉」「出人意表」「出入窮奇」「筆跡超越」等，也

多多少少具有「神」的含義，俱可説明「氣韻生動」與「傳神」之論的一脈相承。從「傳神寫照」到「氣韻生動」，是中國傳統畫論在觀念上的發展，至此，畫學批評就有了眾望所歸的基本法則。而作為謝赫所標「六法」之首的「氣韻生動」，正以「傳神」和「神韻」為基本的美學內涵。

　　認清這一點，就可以進而查尋畫論中「虛實」觀念的來龍去脈了。從成熟的畫學命題看，它的起因，正在以「傳神」和「神韻」為內涵的「氣韻生動」之説。我們曾談論過詩學裡「韻味」「境界」「神韻」及「形神」諸説，認為這些範疇或命題包含著以形寫神、以少總多以及超以象外的「虛實」觀念，而「氣韻生動」的美學內涵也正在於此。錢鍾書先生在闡發謝赫「氣韻」之論的旨趣時，就參取詩學裡種種相關論述，把這個意思説得很明白了。他的結論是：「畫之寫景物，不尚工細，詩之道情事，不貴詳盡，皆須留有餘地，耐人玩味，俾尤其所寫之景物而冥觀未寫之景物，據其所道之情事而默識未道之情事。取之象外，得於言表（to overhearthe understood），『韻』之謂也。」[2]如果以有形有言為「實」，無形無言或形外言外為「虛」，那麼「氣韻」之「韻」所表達的，正是「虛實相生」的道理；而這個意義上的「虛實」相生，也是中國傳統文藝美學中「虛實」觀念的最基本的含義。以此為準，則畫學裡的「虛實」觀念早早地就隨「氣韻生動」這條根本大法而定於一尊，以後在繪畫藝術各個領域及各種創作手法中衍生出的「虛實」之論，都或遠或近地與此相關。就是説，「氣韻生動」把「虛實」觀念注入中國傳統繪畫藝術的血脈，而理論批評上對「虛實」問題的探討以及相關藝術經驗的總結，也就是情理中的事情了。當然，

2　錢鍾書：《管錐編》第四冊，第1358-1359頁。

這只是說觀念上的演進，就畫學中具體的內容及批評話語而言，從「氣韻」到「虛實」是有一個過程的。大體說來，對「虛實」之說明確而大量的稱引和闡述，以清代畫論為盛，此前的畫學批評，則是由「氣韻生動」逐層接近「虛實」或與「虛實」相關的問題。這裡面的內容很豐富，我們暫且只取圍繞「氣韻生動」以及作為其內核的「神」的觀念的議論，略述其大概。

謝赫提出「氣韻生動」，是用品畫的標準，但這命題裡也包含著創作論的內容。「神」的觀念同樣是如此，既用於品藻，也表示畫家在創作中心與手所達到的境界。這有點像《莊子》〈養生主〉裡描述的「神乎其技也」的情狀，也體現了魏晉以還文人及藝術家對「形超神越」的精神追求。對此，唐符載《觀張員外畫松石序》裡有一段話作過具體的表述，說：「觀夫張公之藝，非畫也，真道也。當其有事，已知夫遺去機巧，意冥玄化，而物在靈府，不在耳目。故得於心，應於手，孤姿絕狀，氣交沖漠，與神為徒。」其實，「神」這個觀念的創作論的內涵，是不用多說的。在中國古代各類藝術理論中，用「神」字表達藝術思維活動的特徵和成效，可以說比比皆是，而作為品鑑之法的「氣韻生動」，自當包含了這層意思。之所以特意指出這一點，是為了說明「氣韻生動」演進到「虛實」之論的一個內在的根據是「形」與「神」的觀念，而繪畫作品中的「形」「神」關係又緣於創作過程中畫家心與手的入神與傳神。正因為能夠入神並傳神，所以繪畫作品除了有形之象，還蘊含著超乎「形」與「象」之外的東西，這在畫學批評裡也被看作是「神」。或許可以這樣說，創作中的「神」是與「技」相對而言，而品鑑中的「神」則是與「形」相對而言，但前一種「神」是後一種「神」的根由。唐代另一位批評家朱景玄《唐朝名畫錄序》裡的一段話，或可表明這個道理。其言曰：「古人云：『畫者聖也。』蓋以窮天

地之不至，顯日月之不照。揮纖毫之筆，則萬類由心；展方寸之能，而千里在掌。至於移神定質，輕墨落素，有像因之以立，無形因之以生。」所謂「有像」與「無形」，即體現出「形」與「神」的關係。這無形之畫，論者因所論為人物畫並因其本人的道德觀念名之為「聖」，但「聖」的來由，正在於「神」，即同一文中所說：「妙將入神，靈則通聖。」與此相關的是，唐人對「氣韻生動」的理解也在「形」「神」之間。對這問題，自然要舉張彥遠《歷代名畫記》裡的論述為例，因為書中對謝赫的「六法」有專題討論，其「論畫六法」章說：「古之畫，或能移其形似而尚其骨氣，以形似之外求其畫，此難可與俗人道也。今之畫縱得形似，而氣韻不生，以氣韻求其畫，則形似在其間矣。」把「氣韻」與「形似」相對而論，可見論者所表達的是「形」與「神」的關係並且是以「神」為重的。此文對「氣韻」的多處論述，都表達出這個意思，如：「至於鬼神人物，有生動之可狀，須神韻而後全。若氣韻不周，空陳形似；筆力未遒，空善賦彩；謂非妙也。」又如：「至於傳模移寫，乃畫家末事。然今之畫人，粗善寫貌，得其形似，則無其氣韻；具其彩色，則失其筆法。豈曰畫也！」《歷代名畫記》「論畫體工用拓寫」章論及「形似」之病，從創作和品鑑兩方面強調了「形神」問題的重要性，其言曰：「夫畫物特忌形貌彩章歷歷具足，甚謹甚細，而外露巧密。所以不患不了，而患於了。既知其了，亦何必了，此非不了也。若不識其了，是真不了也。夫失於自然而後神，失於神而後妙，失於妙而後精，精之為病也而成謹細。」雖然把「神品」放在「自然」之後，但整個一段話卻是在分辨繪畫藝術中的「形」「神」關係，具體說是傳神比寫形重要得多，而這也是繪畫作品中「氣韻」的由來。

從上引幾段唐人畫論，可知「氣韻生動」的要義在於以「傳神」為旨趣的「形」「神」關係，至少可以說批評家們對謝赫這一命題的理

解和闡釋是朝著這個方向發展的。這個趨勢，唐以後的畫論裡有增無減，而且逐漸觸及繪畫藝術中的「有無」「虛實」問題。宋代畫論關於「形神」的見解，以蘇軾的「論畫以形似，見與兒童鄰」之論影響最大，並引出後來一連串的爭論。這方面的情形，我們在談論詩學「形神」觀時作過介紹。再看幾條畫論中因「形神」而立論的材料，從中可見批評家對「氣韻生動」及「神」的審美特徵有了更深的體悟。沈括《夢溪筆談》有這樣一段論述：

書畫之妙，當以神會，難可以形器求也。世之觀畫者，多能指摘其間形象位置，彩色瑕疵而已；至於奧理冥造者，罕見其人。如彥遠評畫，言王維畫物，多不問四時。如畫花往往以桃杏芙蓉蓮花同畫一景。予家所藏摩詰畫《袁安臥雪圖》，有雪中芭蕉。此乃得心應手，意到便成，故造理入神，迴得天意，此難可與俗人論也。謝赫云：「衛協之畫，雖不該備形妙，而有氣韻，凌跨群雄，曠代絕筆。」又歐文忠《盤車圖詩》云：「古畫畫意不畫形，梅詩詠物無隱情。忘形得意知者寡，不若見詩如見畫。」此真為識畫也。

這裡面所說的「神會」「入神」和「氣韻」，意思大體相仿，說的都是繪畫藝術以神取勝的審美特徵。王維畫雪中芭蕉，是繪畫史上的美談，常被用來表示重「神」輕「形」的觀念，沈括引以為例，也取此意。這在宋代以致於後來畫論中有過一些爭議，問題的焦點在於「傳神」之作要不要講究「形似」。對這問題，沈括與蘇軾所見略同，認為「形似」乃繪畫之末事，大可不必強求。也有人持不同意見，認為「傳神」並不一定非得失形，而形神俱到才是畫學正軌。晁說之和蘇軾詩所謂「畫寫物外形，要物形不改」，就是這派意見著名的代言。陳師道

在其有關繪畫的筆記裡也表達過相似的看法，如：「《歐陽公像》，公家與蘇眉山皆有之，而各自是也。蓋蘇本韻勝而失形，家本形似而失韻，失形而不韻，乃所畫影爾，非傳神也。」（《後山談叢》）這是就人物肖像而論，而畫家狀寫人物，如果一點形似都沒有，那也就失去了人物畫的意義了，所以強調一下形神俱備，並不過分，但重心仍應當在「神」這一邊。對此，又有「形易神難」之論，如袁文《甕牖閒評》所說：「作畫形易而神難。形者其形體也，神者其神采也。凡人之形體，學畫者往往皆能，至於神采，自非胸中過人，有不能為者。《東觀余論》云：『曹將軍畫馬神勝形，韓丞畫馬形勝神。』又《師友談紀》云：『徐熙畫花傳花神，趙昌畫花寫花形。』其別形神如此。物且猶爾，而況於人乎？」這也是把「形」與「神」相提並論，但把「神」看作是比「形」更高一層的要求。儘管如此，「形似」作為人物畫的基本技能，是「傳神」的一個先決條件。至於山水畫，則「形」與「神」的落差又拉大了許多，因為山水畫的本性是寫意，即抒寫畫家之胸臆和情趣，把自然景觀刻畫得太細太真，反倒容易失卻畫意；況且大自然裡的事事物物千奇百怪，千變萬化，不像人物那樣具備「常形」，從而更打消了「形似」的約束。為此，批評家因山水畫而論「氣韻」和「神」，對形外之「意」看得更重，宋代畫論的有關評述就往往如此。這個「意」，不是筆墨所固有的，而要到筆墨之外去體悟，如葛守昌說：「惟得於筆墨之外者知之。」（《書畫傳習錄》載）又由於難以形狀，而須「意超物表」方可得之，如錢聞詩說：「雨山晴山，畫者易狀，惟晴欲雨，雨欲霽，宿霧晚煙，既泮復合，景物昧昧，一出沒於有無間，難狀也。此非墨妙天下，意超物表者，斷不能到。」（《鐵網珊瑚》載）這個意義上的「氣韻」或「神」，就不是一筆一畫能描摹得出來的了，而且很可能是描摹愈細，生氣愈無，是所謂「寫形狀略無

精神」（趙希鵠《洞天清祿》語）。弄清這個來由，我們就可以理解為什麼宋代畫家和批評家中會有許多人對「形似」大不以為然。實際上，畫家所畫是否在形貌上與對象相似倒是次要的，重要的是能否以筆墨傳達出超出筆墨之外的意思，達到這個目的，形似或不似都不成其為問題。但以中國傳統的審美趣味論，畫外之意在很多時候是要靠有意偏離「形似」去獲得的，這是相反然後相成的藝術辯證法，也為大多數文人和畫家青眼相待並津津樂道。沈括《夢溪筆談》裡曾論及董源和巨然山水畫的特色，說：「大體源及巨然畫筆，皆宜遠觀，其用筆甚草草，近視之幾不類物象，遠觀則景物粲然。幽情遠思，如睹異境。」這段話可以理解為距離生美，但也表明大畫家作畫是以意為主，並不在似與不似上精打細算。這種創作特色及審美趣味，才能最充分地體現「氣韻生動」的古老法則。韓拙《山水純全集》在以「氣韻」論筆墨時說：「筆路謹細而痴拘，全無變通，筆墨雖行，類同死物，狀如雕印之跡者，確也。」又說：「以氣韻求其畫，則形似自得於其間矣。」雖是老生常談，卻再次闡明了「氣韻生動」這一古老命題裡「形」「神」關係的內涵。

　　既然「氣韻」及「神」的觀念以「形」「神」關係為美學內涵，那麼對繪畫藝術的「虛」「實」關係的理解也就蘊含於其中了，因為「形神」與「虛實」在審美本質上是相通的；推開來看，又跟詩學裡的「隱秀」「神韻」「境界」等相互牽連，一道成為中國古典文藝美學裡「虛實」之論的各個方面和各個層次的內容。「隱秀」「神韻」「境界」等概念或範疇的「虛實」內涵，我們在本書第三章裡作過論述，畫論裡的「氣韻生動」也可以參照著去看。要之，「氣韻」之「韻」為神、為隱，故而為虛；在繪畫藝術中，它既要靠筆墨和形象去傳達，又妙在筆墨形象之外，因而成於「虛實相生」。五代畫家荊浩《筆法記》說：

「韻者，隱跡立形，備儀不俗。」講的便是繪畫藝術中「虛實相生」的
關係，也就是說，畫面上要有可見之形，但畫家在觀物取象之時，也
在把畫意隱沒於筆墨之中。這樣，「隱」與「顯」、「虛」與「實」就統
一在同一項藝術活動及其成果之中，或者說「隱」與「顯」、「虛」與
「實」在繪畫藝術中是不可分離的統一體。這種隱隱約約、虛虛實實的
效果，正是中國古典繪畫尤其是山水畫的妙趣所在，而「氣韻生動」
作為繪畫藝術的一條基本法則，正是樹立起了這樣一種審美理想。宋
代畫論秉承「六法」，對「氣韻」和「神」的觀念特別看重並多加申說，
當於繪畫藝術中的「虛」「實」關係深有會心，只是還沒有普遍地因
「虛實」而立論，然而，「虛實相生」的藝術理念已經融滲到畫家、批
評家對繪畫藝術的理解以及對繪畫技法的運用與總結中去了。其間或
有言及「虛實」的表述，雖談論的問題只是畫事之一端，卻也可見「虛
實」觀念在繪畫學批評中露出頭角。如託名李澄叟的《畫山水訣》說：
「稠疊而不崩塞，實裡求虛；簡淡而恐成孤，虛中求實。」又說：「李
先生畫落墨蒼硬，辟綽簡徑，謂之實裡有虛。蕭大夫畫在煙雲氣霧得
景，謂之虛中有實。如能二體兼之，迴環變動，真所謂神上品也。」此
所謂「虛實」，指的是筆墨及畫面的繁簡，是「虛實」觀念在一個局部
問題上的體現。如果這篇畫論之作確出自宋人手筆，那就說明，「虛
實」觀念已經進入繪畫美學思想及批評話語了。當然，這時候的「虛
實」之論還只是畫學的一種說法，統領於「氣韻生動」的法則之下。
此後，隨著畫學批評不斷展開和深化，「虛實」觀念有了更多更大的用
武之地，其美學內涵也隨「氣韻生動」這一命題的發揚光大而日益凸
顯。我們選取元明兩代一些具有代表性的見解，再看看這一問題的演
進。

　　元代湯垕《畫鑑》論人物畫「氣韻」與「形似」的關係說：「人物

於畫，最為難工。蓋拘於形似位置，則失神韻氣象。」又說：「俗人論畫，不知筆法氣韻之神妙，但先指形似者。形似者，俗子之見也。」又論山水花鳥畫說：「觀畫之法，先觀氣韻，次觀筆意、骨法、位置、傅染，然後形似。若觀山水、墨竹、梅蘭、枯木、奇石、墨花、墨禽等，遊戲翰墨，高人勝士寄興寫意者，慎不可以形似求之。先觀天真，次觀筆意，相對忘筆墨之跡，方為得之。」這顯然是因「氣韻」而重神輕形的觀點，所謂「寄興寫意」「忘筆墨之跡」，都強調了畫事之妙在於虛處生神。對這特點，元代許多畫家及批評家都很看重，如趙孟頫：「舜舉作著色花，妙處正在生意浮動耳。」（《鐵網珊瑚》引）楊維楨說：「論畫之高下者，有傳形，有傳神。傳神者，氣韻生動是也。」（《圖繪寶鑑序》）諸如此類的見解在湯垕的《畫鑑》及元人畫論尚有許多，此不繁引。

　　明代王世貞論人物與山水畫說：「人物以形模為先，氣韻超乎其表；山水以氣韻為主，形模寓乎其中，乃為合作。若形似無生氣，神采至脫格，則病也。」（《藝苑卮言》）這是強調繪畫以「氣韻」為主，並特別指出氣韻對於人物畫和山水畫的不同意義，以及由此形成的各有偏重的「形」「神」關係。又顧凝遠《畫引》「論氣韻」說：「六法中第一氣韻生動，有氣韻則有生動矣。氣韻或在境中，亦或在境外，取之於四時寒暑晴雨晦明，非徒積墨也。」進而分辨「氣韻」在繪畫作品裡的「境中」和「境外」之別。其實以「境」論畫，本身就是著眼於畫外，這跟詩歌裡的「境界」說是一個道理，故而「氣韻」生「境」，必定是超乎形上的。類似的看法，在明代畫論裡尚多，如高濂《燕閒清賞箋》評戴嵩《雨中歸牧圖》所謂「神生畫外」，王稚登所謂「畫法貴得韻致而境界因之」（《虛齋名畫錄》引）等等都是。

　　「形神」「境界」而外，明代畫論中因「虛實」而設論的內容也較

為可觀，但所論問題多在具體的畫法。如董其昌《畫禪室隨筆》説：「其次須明虛實，虛實者各段中用筆之詳略也。有詳處必要有略處，實虛互用，疏則不深邃，密則不風韻，但審虛實，以意取之，畫自奇矣。」這裡所説的「虛實」，就是指繪畫用筆的詳略和疏密。再如唐志契《繪事微言》説：「凡畫山水，大幅與小幅迥乎不同。小幅臥看不得塞滿，大幅豎看不得落空。小幅宜用虛，愈虛愈妙。大幅則須實中帶虛，若亦如小幅之用虛，則神氣索然矣。」這是就畫幅的大小而論虛實，所謂「虛實」之意也大體上指疏密。相比之下，李日華論畫雖未用「虛實」的字樣，卻把同樣的問題談得更具有「虛實」的內涵，他説：「古人於一樹一石，必分背面正反，無一筆苟下，至於數重之林，幾曲之逕，巒麓之單復，借雲氣為開遮；沙水之迂迴，表灘磧為遠近。語其墨暈之酣，深厚如不可測，而定意觀之，支分縷析，實無一絲之棼。是以境地愈穩，生趣愈流，多不致逼塞，寡不致凋疏，濃不致濁穢，淡不致荒幻。是曰靈空，曰空妙，以其顯現出沒，全得造化真跡耳。向令葉葉而雕琢之，物物而形肖之，與髹工采匠爭能，何貴畫乎？」（《六硯齋筆記》）這段話提到的「遠近」「多寡」「濃淡」等，都有「虛實」的意味，跟「疏密」和「詳略」也相關，最後又總歸於「靈空」和「空妙」，這正是「虛實」的妙用給繪畫帶來的韻致。從中可見，「虛實」作為藝術手法所產生的審美效果是虛境，如論者所説：「繪事必以微茫慘澹為妙境。」（《紫桃軒雜綴》）這與詩學裡的「境界」及「神韻」之論乃至於中國傳統美學思想裡「虛實」觀以「虛境」為宗旨的特點是一致的。

從魏晉到明代，中國傳統繪畫藝術及理論批評有一條以「傳神」為內核的「氣韻生動」的主脈，與此相關的還有一系列美學觀念和範疇。所有這些，都不同程度地體現古代畫家、批評家對繪畫藝術中

「虛」「實」關係及其審美特徵的理解，而傳統的中國畫也正是在「虛」「實」關係上體現出自身的特色和價值。審美鑑賞上的「形神」及「傳神」，繪畫技法上的「遠近」「隱顯」「濃淡」「疏密」等等，歸根到底，都可以説是「虛」「實」關係的具體表現或運用。在這個意義上，「虛實」這對範疇就成為對中國傳統繪畫創作方法和審美特徵的一種更為概括也更富有理論批評意味的表述。中國古代哲學、美學及詩學裡，「虛實」原本就是成熟而具有涵括力和伸縮性的概念，用於品評畫藝以及對繪畫藝術規律的概括，當是水到渠成的事情；而相應的命題甚至原理在畫學批評中成為要點並輻射開來，也是理所當然。這一態勢，在清代畫論及畫學批評裡，很快就有了實績，其間，有一個核心的命題，就叫作「虛實相生」。

第二節　清代畫學論「虛實」

清代的畫論蔚為大觀，所研討的問題覆蓋了繪畫藝術的各個層面，其議論之周全、眼光之邃密，超過以往任何一個時代。因此，清代的畫學批評在內容和形式上都有了大幅度的提高，可以當作一門學問去看待。這裡面，「虛實」之論具有特別重要的地位和意義，有關論述貫穿於各種各樣的繪畫理論及創作實際問題。歸結起來看，清代畫學裡「虛實」之論的中心意思是「虛實相生」。這原本就是中國傳統藝術的一條基本法則，而在繪畫理論批評中，這條法則又因繪畫藝術尤其是中國古代山水畫特殊的質料、手法和韻味而有著獨特的美學內涵。可以這麼説，中國古代山水畫的藝術特徵正緣於「虛實相生」的古老觀念，並通過各種「虛實相生」的繪畫技法體現出來。到今天，「虛實相生」的觀念和手法仍為「中國畫」所保持並發揚，成為民族藝

術的精神實質。以此而論，畫學批評中的「虛實相生」的命題及各種「虛實」問題，實際上就有兩個層面的含義，一是表示中國古代繪畫內在的藝術規律以及所表現出來的審美特徵，一是「中國畫」特有的技法及其藝術效果。清人論畫，多落在實處，所謂「虛實相生」也多見諸具體的畫法，如筆墨、設色、佈置等。但此等畫法之論，其美學內涵並不限於技巧或手法，而常常涉及繪畫藝術的規律性問題。從而有關「虛實相生」的見解也就由小及大，舉一反三，將「技」與「道」融為一體。這一特點，我們可以舉一個著名的例子加以體認，即笪重光《畫筌》的「虛實相生」之論。其中所論「虛實」問題既在畫面之中，如「山實，虛之以煙靄；山虛，實之以亭台」，又超乎一景一畫，而上升到繪畫藝術的基本規律和美學特徵，如：「空本難圖，實景清而空景現；神無可繪，真境逼而神境生。位置相戾，有畫處多屬贅疣；虛實相生，無畫處皆成妙境。」「煙靄」「亭台」之虛實，是可以用筆墨、技法去體現的，而「有畫」「無畫」之虛實則不僅僅見於筆墨、技法，而且是深藏於畫家心中的規律和法則。二者的結合，才是「虛實相生」的完整內涵；而在畫學批評中，它們是你中有我，我中有你的。特別要注意的是「無畫處皆成妙境」的論斷，這可以看作是中國傳統繪畫藝術的精髓及理論批評的格言。就是說，中國的繪畫，其藝術意蘊不僅在已畫處，更在未畫處；不僅在畫面之中，更在畫面之外。而未畫處的效用正是使畫中之景向畫外之境延伸。這也就是「景」與「境」、「形」與「神」的關係，其指歸當然在「超以象外」的「境界」和「神韻」。所謂「虛實相生」，最終是要抵及中國傳統美學一以貫之的藝術意境的。這跟繪畫美學裡傳承已久的「氣韻生動」也有著內在的聯繫。對此，笪重光自有會心，在談過「虛實相生」後接著講到「得勢」問題，說：「畫法忌板，以其氣韻不生；使氣韻不生，雖飛揚何

益？」可見「虛實相生」與「氣韻生動」繫於一體，在畫學裡相提並論，在歷史的語境中則是前因後果，其美學內涵是互滲並互補的。惲格（正書）《南田畫跋》有畫評說：「氣韻自然，虛實相生，此董巨之神髓也。」即明此意。又清人論畫多將「氣韻」與「有無」並提，也表示兩者之間的內在聯繫，因為「有無」跟「虛實」同為一「道」，在畫學裡可以當作「虛實」的另一種表述。同在《南田畫跋》，即可見「有無」之論：「今人用心，在有筆墨處；古人用心，在無筆墨處。倘能於筆墨不到處觀古人用心，庶幾擬議神明，進乎技已。」李修易《小蓬萊閣畫鑑》紹續此意說：「山水有氣韻，張瓜田亦詳論之矣，而人往往以煙雲當之。不知煙雲猶可跡求也。……瓜田謂有發於墨者，有發於筆者，有發於意者，有發於無意者。惟無意之說最當。惲正書曰：『今人用心在有筆墨處，古人用心在無筆墨處。』可謂善言氣韻者矣。」於「無意」及「無筆墨」處求氣韻，正表明氣韻的由來是「虛實相生」並最終是「虛處生神」。從這裡面，就能看出清代畫學裡「虛實」觀念與「氣韻生動」這一古老法則的一脈相承的關係。王昱《東莊論畫》又從「有形」「無形」立論，說：「嘗聞夫子有云：奇不在位置，而在氣韻之間；不在有形處，而在無形處。」「氣韻」與「有無」及「虛實」的關係顯而易見。但作為繪畫美學的觀念，清代畫學中「虛實」之論所涉及的繪畫藝術規律及創作手法，要比「氣韻生動」更豐富也更具體；種種表述，集中在以下幾個繪畫藝術問題，其討論對象則主要是山水畫。

從上面所引清代畫學裡的一些言論，我們已經能夠看出，跟「虛實」觀念關係最近並且常常互為指涉的繪畫藝術問題，是「有無」。這個問題又可以分兩個層面去理解。其一是繪畫作品審美特徵的有形與無形。在這個意義上，作品本身是「有」，而作品的藝術意蘊是「無」，

繪畫與其他藝術一樣，要以有形之「象」去寫無形之「意」。其中的道理，凡對中國傳統藝術略有心得的人都能知曉，也有畫家和批評家特別強調，如陳鵬年為唐岱《繪事發微》作的序中說：「畫為六書之一，象形是也。形者必藉於無形。故同是山也、水也、石也、林木也，而工拙殊；同一工也，而法派異。有形者易肖，無形者難知。所以畫工如毛，而名家者不世出。」他把「形無形」當成繪畫藝術的標準。董棨《養素居畫學鉤深》說：「畫固所以象形，然不可求之於形象之中，而當求之於形象之外。」也是這個意思。

但對於中國傳統的山水畫來講，「有無」還有另一層意思。這層意思不以畫內和畫外論，而在繪畫作品本身，即畫中的有筆墨和無筆墨或者說是墨色與空白之分。中國畫與西洋油畫不同，很少把畫面填滿，而要留出一些空白。這空白之處並非與畫無關，而是整個作品的一個有機組成部分，它的效用甚至要超過那些形諸筆墨的內容，讓人從不畫之處感受到無窮的畫意。此所謂「無」，在繪畫美學上，「是指對於虛、空的利用，行家叫作『以白當黑』，空白處大有文章可作」[3]。為此，如何處置空白，就成為畫學裡的一個重要課題，而畫家、批評家對這課題的解析，也多從「虛」「實」關係入手。如孔衍栻《石村畫訣》論「渴染」之法說：「凡外空處，皆用渴染，托出雲煙斷續，須輕染漸漸不見乃妙。非有定體，惟畫者自裁。有墨畫處，此實筆也；無墨畫處，以雲氣襯，此虛中之實也。樹石房廊等，皆有白處，又實中之虛。實者虛之，虛者實之，滿幅皆筆跡，到處卻又不見筆痕，但覺一片靈氣，浮動於上。」說的是空白與筆墨之間虛實相生的道理。孔衍

3　見伍蠡甫：《論中國畫的意境》，《中國畫論研究》，北京大學出版社1983年版，第18頁。

軾認為，空處輕染，是虛中有實；筆墨留白，是實中見虛。像這樣以「渴染」之法在空白與墨畫之間調劑，正是虛實相生的效用。其中以「雲煙」的點染說明虛中有實，這是一個很具有代表性的意見，也就是說，畫家、批評家認為「雲煙」的特點是虛，如前引笪重光《畫筌》所謂「山實，虛之以煙靄」就表明這一特點。唐岱《繪事發微》也說：「雲煙本體，原屬虛無。」這一特點，使得「雲煙」在繪畫作品中有營造境界和神韻的功效。《石村畫訣》裡就有這樣的表述：「樹石人皆能之。筆致縹緲，全在雲煙，乃聯貫樹石，合為一處者，畫之精神在焉。山水樹石，實筆也；雲煙，虛筆也。以虛運實，實者亦虛，通幅皆有靈氣。」可見「雲煙」是山水畫的精神所在。而「雲煙」是無形無色且變幻莫測的，它的表現很大程度上要利用畫面的空白，從而也最能體現「虛實相生」的妙用，是所謂「空白即畫」，如張式《畫譚》所說：「煙雲渲染，為畫中流行之氣，故曰空白非空紙，空白即畫也。」以「章法」論，為「雲煙」而設的空白又包含著「實處之妙，皆因虛處而生」的道理，如蔣和《學畫雜論》所說：「嘗論《玉版十三行》章法之妙，其行間空白處，俱覺有味，可以意會不可言傳，與畫參合亦如此。大抵實處之妙，皆因虛處而生，故十分之三天地位置得宜，十分之七在雲煙鎖斷。」書法之白尚有妙趣，繪畫藝術當更鬚髮揮空白的效用。若此，山水畫的要害便在虛處，而實處的妙趣也由虛處映帶而來。具體到「章法」，則「雲煙」就成為整個畫面的意趣所在了。至於畫「雲煙」之法，有「虛中求實，實裡用虛」之說，如唐岱《繪事發微》所論：「至於煙嵐雲靄，或有或無，總在隱沒之間寫照。一草一木，各具結構，方成邱壑。知此中微奧者，必要虛中求實，實裡用虛，然後四時之景，由我心造；山川勝概，宛在目前。」這是把「虛實相生」當作畫四時山水的基本法則，而「煙嵐雲靄」的「或有或無」的特點正

是妙用「虛實」的好場所。論者由此及彼，順著繪畫的「雲煙」之事指出狀寫「四時之景」和「山川勝概」的虛實之道，從而用一個對山水畫有著特殊意義的事例表明了善用空白的「虛實相生」之法。再看范璣《過雲廬畫論》裡對同樣問題的見解，這是在「虛實相生」的大原則下專論「雲煙」：

　　畫有虛實處，虛處明，實處無不明矣。人知無筆墨處為虛，不知實處亦不離虛。即如筆著於紙有虛有實，筆始靈活，而況於境乎？更不知無筆墨處是實。蓋筆雖未到，其意已到也。歐香所謂虛處實則通體皆靈。至雲煙遮處，謂之空白，極要體會其浮空流行之氣，散漫以騰，遠視成一白片。雖借虛以見實，此浮空流行之氣，用以助山林深淺參錯之致耳。若佈置至意窘處以之掩飾，或竟強空之，其失甚大。正可見其實處理路未明也。必虛處明，實處始明。

　　這段話講的也是「虛實相生」的道理，重點卻在對虛中之實的體悟。就畫面本身而言，是「無筆墨處為虛」，而從繪畫作品所表達的境界看，則無筆墨處就不是簡單的虛，而是虛中有實了。這是因為未著筆墨的畫面暗含著與有筆墨處相互生發的畫意，是「虛室生白」而不是空空如也。具體到「雲煙遮處」，則雖以空白為之，卻要讓人感覺到「浮空流行之氣」。這裡又是以「雲煙」說明虛實相生尤其是虛中有實的畫理，可見這種特殊的景緻在山水畫中烘托境界的重要作用，也可見中國古代山水畫中「雲煙」之虛白大有妙用存焉。正因為如此，在中國古代山水畫中，「雲煙」就成為調劑虛實以求空靈蘊藉之效的重要手段，如錢杜《松壺畫憶》所說：「邱壑太實，須間以瀑布；不足，再間以雲煙。山水之要，寧空無實。」「寧空無實」，說的是不要把畫面

填滿，以見畫境的疏朗和悠遠；而所謂「空」，應當包含了「虛中有實」的意思。照這麼看，「雲煙」就是傳統山水畫裡體現「虛實」之道的一個典型事例了。

對於山水畫裡的空白，古代畫家、批評家是十分重視的；而如何處置空白，也是山水畫法的一個重要的藝術課題。畫論及畫學裡對這一課題的討論，則往往表達出深刻而豐富的美學思想。對此，我們還可以再引錄一段對繪畫之「白」的專論去參看，從中進一步理解畫學中「虛實」之論在「有無」這方面的美學內涵。這段話見於華琳的《南宗抉密》：

黑濃濕乾淡之外，加一白字，便是六彩。白即紙素之白。凡山石之陽面處，石坡之平面處，及畫外之水天空闊處，雲物空明處，山足之杳冥處，樹頭之虛靈處，以之作天作水，作煙斷，作云斷，作道路，作日光，皆是此白。夫此白本筆墨所不及，能令為畫中之白，並非紙素之白，乃為有情，否則畫無生趣矣。然但於白處求之，豈能得乎？必落筆時氣吞雲夢，使全幅之紙，皆吾之畫，何患白之不合也；揮毫落紙如雲煙，何患白之不活也！禪家云：色不異空，空不異色；色即是空，空即是色。真道出畫中之白，即畫中之畫，亦即畫外之畫也。

後面還有指導初學如何處置空白的要領，文繁不錄。就上引這一段談論「白」的妙用的文字看，其見解無疑是很精到的。論者以為，繪畫中的「白」有著「色」的功效，或者說是被當作「色」來運用的。其妙用在於如何使「紙素之白」變成「畫中之白」，也就是說，如何把畫面的空白處變成作品的一個有機組成部分以及境界生成的機緣。為

此，畫家須在落筆之先就對畫面及境界有個完整的構想，使空白的效用及意味了然於心。由此而生的「白」，雖然只是借用了紙張的白底子，但已經是充盈著畫意，生機盎然了。這樣的空白，雖「無」卻「有」，恰可體現「虛實相生」的藝術規律。

「有無」之外，與「虛實」觀念相關的又一個繪畫藝術問題，是「疏密」。中國古代山水畫講究「佈置」，而「佈置」之美又往往在於疏密相間。這裡面也有個「虛實相生」的問題，或者說畫面的疏密，也可以「虛實」關係視之。蔣和《學畫雜論》說：「樹石佈置，須疏密相間，虛實相生，乃得畫理。」將「疏密相間」與「虛實相生」並提，就是把山水畫布置的「疏密」當作「虛實」之道去看待的。而「疏密」之虛實跟「有無」之虛實也有著內在的聯繫。「疏」是指筆墨少而空白多，「密」是筆墨多而空白少或者無。在這個意義上，「疏密」的根由就在於「有無」，從而也就是畫學中「虛實」觀念的相關課題。蔣和《學畫雜論》在談過「疏密相間，虛實相生」的「佈置」之法後，接著又說：「近處樹石填塞，用屋宇提空；遠處山崖填塞，用煙雲提空。是一樣法。」「樹石排擠，以屋宇間之，屋後再作樹石，層次更深。知樹之填塞，間以屋宇，須知屋宇亦是實處；層崖累積，以煙雲鎖之，須知煙雲之裡，亦是實處。」「樹石」之密，間之以「屋宇」之疏；「山崖」之密，間之以「煙雲」之疏。而「屋宇」「煙雲」之疏又多以空白為之，尤其是「煙雲」，更是借重空白而起到虛實相生的作用。由此即可見關於「疏密」的「虛實」之論依然是著眼於筆墨與空白的關係。高秉《指頭畫說》說：「畫有主客疏密，有明暗虛實。空處即其虛也，不可妄加字跡以礙畫理。」講的是畫上題字的事理，也可看出以「虛實」論「疏密」的著眼點在於空白。當然，這只是就「疏密」的一般意義而言，創作實際中「疏密」與「虛實」的關係比這要複雜得多，至少

「疏」與「虛」、「密」與「實」不能簡單地對等，在許多情況下，「疏
密」與「虛實」是相反相成的。惲格《南田畫跋》說：「文征仲述古云：
看吳仲圭畫，當於密處求疏；看倪雲林畫，當於疏處求密。家香山翁
每愛此語，嘗謂此古人眼光鑠破四天下處。余則更進而反之曰：須疏
處用疏，密處加密，合兩公神趣而參取之，則兩公參用合一之元微
也。」又說：「古人用筆，極塞實處，愈見虛靈。今人佈置一角，已見
繁褥。虛處實則通體皆靈，愈多而愈不厭。玩此可想昔人慘澹經營之
妙。」這話裡表達的意思，更看重疏與密之間的辯證關係，就是說，不
僅疏處為虛，密處也有虛；不僅密處為實，疏處也有實。而從繪畫作
品的藝術境界看，疏與密、虛與實原本就是融合無間，分不開來的。
道理仍在於，支配筆墨及畫面之疏密的，是暗藏在繪畫藝術深處的「虛
實相生」的規律。至於在創作中如何以疏密相間的筆墨去體現虛實相
生的效果，清代畫學裡也有許多高論。我們選錄數則，以見畫家、批
評家在這個方面對「虛實」之道的悟求。

沈宗騫《芥舟學畫編》說：「凡作一圖，若不先立主見，漫為填
補，東添西湊，使一局物色，各不相顧，最是大病。先要將疏密虛
實，大意早定。灑然落墨，彼此相生而相應，濃淡相間而相成。拆開
則逐物有致，合攏則通體聯絡。自頂及踵，其煙嵐雲樹，村落平原，
曲折可通，總有一氣貫注之勢。密不嫌迫塞，疏不嫌空松，增之不
得，減之不能，如天成，如鑄就，方合古人佈局之法。」這是說畫家佈
置，須成竹在胸，自然天成，使畫面各個部分相呼應，相聯絡，如此
則有氣韻生動之致，而疏密虛實自在其中了。

戴以恆《醉蘇齋畫訣》中有「論構景避實法」，以詩句明佈置避實
就虛之理。他說：「初學貪多嫌景實，實而能空便救得。能空之法有何
說？我為細詳其要訣。若嫌景實枯樹列，樹背有水便空闊。若嫌景實

雙勾葉，雙勾夾葉有空白。若嫌景實求變格，古樹風帆林稍出。若嫌景實求妙術，石磴曲折著山石，或用瀑布層層折。若嫌景實畫長林，長林背後一片雲，中有幾枝枯樹長，一群飛鳥著中央。若嫌景實在山鄉，平坡法宗子久黃。平坡層層有低昂，均屬景實之要方。」這是給初學指點的門道，所述種種避實就虛的「妙術」，俱為中國傳統山水畫的經驗總結，也都免不了利用畫面的空白。

鄭績《夢幻居畫學簡明》「論忌」條有忌佈置迫塞之法：「佈置迫塞者，全幅逼翳，不能推宕。凡佈景要明虛實，虛實在乎生變。生變之訣，虛虛實實，實實虛虛，八字盡之矣。以一幅而論，如一處聚密，必間一處放疏，以舒其氣。此虛實相生法也。至其密處有疏，（如山石樹屋，凡出頂處，須避疏留眼，毋相逼撞是也。）疏處有密，（如海闊則藏以波濤舟楫，天空則接以飛鳥雲煙是也。）此實中虛，虛中實也。明乎此，庶免迫塞之忌。」又「論景」條下也有相類的論述：「景欲濃密，則樹陰層層，峰巒迭迭，人皆知之。然照此去寫，每見逼塞成堆，殊無趣味者，何也？蓋意泥濃密，未明虛實相生之故，不知濃處必消以淡，密處必間以疏。如寫一濃點樹，則寫雙鉤夾葉間之，然後再用點葉；如寫一濃黑石，則寫一淡赭山以間之，然後再迭黑石。或樹外間水，山腳間雲，所謂虛實實虛，虛實相生，相生不盡。如此作法，雖千山萬樹，全幅寫滿，豈有見其逼塞者耶？」這些避免「迫塞」的方法，未必就成為定理，其目的仍在演示山水畫在佈置一事上疏密相間、虛實相生的規律和效用。

諸如此類，清代畫學裡以「疏密」為內容的「虛實」之論還有許多，見解則大同小異。要之，都是把中國傳統美學裡的「虛實」觀念運用到畫學批評及創作方法中去，其實質，又跟「有無」相通，具體說是「無畫處求畫」。戴熙《習苦齋題畫》說：「世謂疏難於密，為密

可躲閃，疏不可躲閃，非也。密從有畫處求畫，疏從無畫處求畫。無畫處須有畫，所以難耳。」這是把「疏密」之法分開來看。實際上繪畫裡疏與密的效用更當以二者之間的關係論，都屬意於無畫之畫，即所謂「無畫處皆成妙境」，亦如戴熙本人所說：「畫在有筆墨處，畫之妙在無筆墨處。」（《習苦齋題畫》）究其根本，有筆墨之畫是為了無筆墨之妙，疏密之法雖難易不同，在藝術上的用心卻是一致的。

對「有無」（及空白）和「疏密」問題的論述，是清代畫學裡「虛實」觀的要義。畫學批評中還有一些觀點及名目與之相關，或呼應，或補充，或用不同的概念表述類同的藝術問題，或將相同的美學觀念擴及不同的藝術手法。總之，都從不同角度和不同側面豐富並深化著畫學裡的「虛實」觀念，宜一併而觀。

布顏圖《畫學心法問答》有「隱顯」之論，涉及多個與「虛實」相關的繪畫藝術問題，茲錄其言：

曰：吾所謂隱顯者，非獨為山水而言也。大凡天下之物，莫不各有隱顯。顯者陽也，隱者陰也；顯者，外案也，隱者，內像也。一陰一陽謂之道也。比諸潛蛟之騰空，若只了了一蛟，全形畢露，仰之者咸見斯蛟之首也，斯蛟之尾也，斯蛟之爪牙與鱗鬣也，形盡而思窮，於蛟何趣焉？是必蛟藏於雲，騰驤矢矯，卷雨舒風，或露片鱗，或垂半尾，仰觀者雖極目力，而莫能窺其全體。斯蛟之隱顯叵測，則蛟之意趣無窮矣。……夫繪山水隱顯之法，不出筆墨濃淡虛實，虛起實結，實起虛結。筆要雄健，不可平庸；墨要紛披，不可顯明。一任重山迭翠，萬壑千邱，總在峰巒環抱處，巖穴開闊處，林木交盤處，屋宇簇叢處，路徑紆迴處，溪橋映帶處，應留虛白地步，不可填塞。庶使煙光明滅，雲影徘徊，森森穆穆，鬱鬱蒼蒼，望之無形，揆之有

理。斯繪隱顯之法也。

這讓人想起趙執信《談龍錄》開篇那段以龍為喻的議論，所表達的意思也極為相似，都是強調以少總多、含蓄不盡的審美特徵，區別在於一論詩，一論畫。而在中國傳統文藝美學思想裡，詩與畫原本就是相通的，故其「隱顯」之法也為同理。具體到繪畫作品，則「隱顯」的方法仍不外乎空白的有無、佈置的疏密以及筆墨的濃淡等。其中尤其值得注意的是筆墨的濃淡，這是中國畫獨有的特色，也包含著特殊而又十分精微的「虛實」意義，對此，論者有專門的解說。其論「墨有黑白濃淡乾濕六彩」說：「吾以乾、淡、白三彩為正墨，濕、濃、黑三彩為副墨。墨之有正副，猶藥之有君臣，君以定之，臣以成之。經營位置既妥，先用淡墨鈎其輪廓，次用乾、淡、濕三墨依輪加皴。皴不厭煩，重重膩皴，旋旋渴染。蓋皴不多，則石不厚，氣韻何由而生？諸處淡墨皴足，則畫定矣。但如夢如霧，率無真意，始用濕、濃、黑三墨以成之。迎面山頂石准用黑墨開其面目，次用濕濃潤其陰坳，務審陰陽向背。左濃右淡，右明左暗，實處愈實，虛處愈虛，懸壁諦觀，煥然一山川矣。」又論「無墨求染一法」說：「所謂無墨者，非全無墨也，乾淡之餘也。乾淡者，實墨也；無墨者，虛墨也；求染者，以實求虛也。虛虛實實，則墨之能事畢矣。」可見筆墨因其濃淡乾濕及黑白，也可以「虛實」論。這雖是技法問題，卻未嘗不包含對繪畫藝術的審美認識，而這種認識又是畫學中「虛實」之論很別緻的內涵，深為畫家、批評家看好。有關論述，已見於前引「有無」「疏密」諸說，再如王原祁《麓台題畫稿》說：「墨須用淡，要取淡中之濃。」方薰《山靜居畫論》說：「作一畫，墨之濃淡焦濕無不備，筆之正反虛實、旁見側出無不到，卻是隨手拈來者，便是工夫到境。」精論妙見，

數不勝數。而中國古代山水畫的藝術境界，除空白的有無和佈置的疏密外，在相當程度上是要取用於筆墨的濃淡的。

布顏圖所述「隱顯」之法，還有一個值得關注的問題，叫「藏露」。這也是中國畫的一個特色，緣由則在重「神韻」的審美趣味。因為重「神韻」，畫面上的山水風景就不能一覽無餘，而要重重疊疊，隱隱約約，讓人產生無盡的聯想，生發無窮的滋味。這在中國古代山水畫是一個優良傳統，也是化工與畫工的一個重要區別。溯其淵源，當是魏晉以還就在繪畫美學思想中占主導地位的「傳神寫照」和「氣韻生動」的觀念。繪畫史及理論批評中表達這個意思的實例及論述頗多。傳說宋代畫院以杜牧詩句「借問酒家何處有，牧童遙指杏花村」為題命畫工作畫，其優者並不畫酒家、牧童，而只畫綠楊掩映之處，露出一酒帘。此謂善得詩意之著例。而從繪畫藝術的角度看，畫家的用心又在藏與露之間，或曰善藏也善露。明代唐志契《繪事微言》論「丘壑藏露」說：「畫疊嶂層崖，其路徑、村落、寺宇，能分得隱見明白，不但遠近之理了然，且趣味無盡矣。更能藏處多於露處，而趣味愈無盡矣。蓋一層之上，更有一層；層層之中，復藏一層。善藏者未始不露，善露者未始不藏。藏得妙時，便使觀者不知山前山後，山左山右，許多林木，有多少地步，何嘗不顯？總不外躲閃處高下得宜，煙雲處斷續有則。若主於露而不藏，便淺薄。即藏而不善，藏亦易盡矣。」這是對「藏露」之法很有美學眼光的闡說，其精神，在清代畫學裡是傳播開來了。前述各類畫論對「雲煙」都特別看重，而「雲煙」之所以有助於繪畫的境界，除了對空白的善用，還因為有著藏而不露之效。這可以說是一種「隔斷」，利用視覺上的阻隔去生發無限的聯想。所謂「山之精神寫不出，以雲煙寫之」，一個重要原因就在於「雲煙」能藏，這正符合中國古典美學「意在言外」和「大象無形」的規

律。「雲煙」如此，其他景物也多多少少有類似的意用。孔衍栻《石村畫訣》論「點綴」說：「畫忌淺露，石顛樹隙之間，屋宇亭台之上，宜用點葉補綴。或樹杪樹旁，亦用淡葉擁護。其難收結處，雲煙斷之，殊有蒼茫之氣，亦深藏莫測。」這說的是以「點綴」去藏景，而「雲煙」是特有效用的。把這問題講得更淺近些，則如沈宗騫《芥舟學畫編》所說：「或露其要處而隱其全，或藉以點明而藏其跡。如寫簾於林端，則知其有酒家；作僧於路口，則識其有禪舍。要令一幅之中，無非是相生相需之道。」所舉例子，都是古人筆下最常見的「藏」的手法，而在具體的繪畫實踐中，「藏」的手法及效用比這要複雜和精妙得多。推開來看，甚至可以說，好的繪畫作品是無處不「藏」，只要有「露」，必定有「藏」；只要形諸筆墨，必有畫外之意。在這個意義上，「藏」與「露」原本就是同一事情的兩個方面，在繪畫藝術中是不可分離的。當然，這個意義上的「藏露」，已不是一般的技法，而關係到中國古代山水畫的藝術規律和審美本性了。把這「技」與「道」的內容合起來看，則其要義又可以歸為「虛實相生」。沈宗騫所謂「無非相生相需之道」，正可以理解為「虛」與「實」的相生相需。

布顏圖論「隱顯」之法又談及「陰陽」，這跟繪畫藝術的「虛實」之道也有關係，並且常與「虛實」相關聯，如笪重光《畫筌》說：「虛白為陽，實染為陰。」這是以虛及空白為陽，以實及筆墨為陰。在中國古代哲學思想裡，「陰陽」是比「虛實」更古老也更具有本體論意味的範疇，被看作萬物之根源，也被用來對萬事萬物作最基本的二元之分。而作為哲學範疇的「陰陽」和「虛實」又有著內在的聯繫或者說是對應。因此，事物的陰陽就成了繪畫藝術中「虛實」之道及手法的根據。對此，可以舉一段人物肖像畫論為例，如丁皋《寫真秘訣》說：

凡天下之事事物物，總不外乎陰陽。以光而論，明曰陽，暗曰陰。以宇舍論，外曰陽，內曰陰。以物而論，高曰陽，低曰陰。以培論，凸曰陽，凹曰陰。豈人之面獨無然乎？惟其有陰陽，故筆有虛有實；惟其有陰中之陽，陽中之陰，故筆有實中之虛，虛中之實。虛者從有至無，渲染是也；實者著痕見跡，實染是也。虛乃陽之表，實即陰之裡也。故高低凸凹，全憑虛實，陰陽從虛而至實，因高而至低也。夫平是純陽，無染法也。有高而有染，有低才有畫也。蓋平處雖低，而迎陽亦白也；凸處雖高，必有染襯，方見高也。譬如一圓珠，懸於室內粉壁之間，珠壁皆白，外看其光之陰陽，染珠乎？染壁乎？會得此意，可與言渾元筆法之虛實矣。

這講的是人物畫的「秘訣」，但既然是以「陰陽」「虛實」立論，也就可以當作繪畫藝術的一般規律去看。它的意義，與其說是指點人物寫真的訣竅，倒不如說是借哲學思想的本根之論闡明了繪畫藝術中虛實互用的道理及其體現。這在有關「虛實」的畫學批評中，也是別具一格的。

上述「有無」「疏密」「濃淡」「隱顯」「藏露」及「陰陽」等，是傳統中國畫最基本的藝術問題，也是清代畫學裡研討得較多的藝術手法。有關論述，常與「虛實」問題相涉，或因「虛實」而立論，或包含某種「虛實」觀念，或把觀點引向「虛實」，無論是怎樣的情形，都可以看作是從不同角度、不同側面對「虛實」這個古老的美學和藝術觀念的探討和表達。把這樣一些論述集中起來看，說清代畫學裡有著內容豐富而且相互貫通的「虛實」之論，想來並不過分。這自然是我們把「虛實」當作完整並且貫穿各個藝術領域的美學範疇去認識和理解時，要給予充分重視的。但這並不是說，上面介紹的各種說法及

其意義就是清代畫學裡「虛實」之論的全部，恰相反，畫家和批評家
們探討虛實問題的視野和成果遠不止這些。除上述諸說外，「虛實」之
論還見於其他各種藝術觀念及創作方法。如論「取氣」，王原祁《麓台
題畫稿》說：「宋元各家，俱於實處取氣，惟米家於虛中取氣。然虛中
之實，節節有呼吸、有照應，靈機活潑，全要於筆墨之外有餘不盡，
方無罣礙。」論「用筆」，方薰《山靜居畫論》說：「古人用筆，妙有
虛實。所謂筆法，即在虛實之間。虛實使筆，生動有機；極趣所之，
生發不窮。」論山水畫之「烘雲托月」，蔣和《學畫雜論》說：「山水
篇幅，以山為主，山是實，水是虛；畫水村圖，水是實，而坡岸是
虛。寫坡岸平淺遠淡，正見水之闊大。凡畫水村圖之坡岸，當比之烘
雲托月。」論人物肖像，《山靜居畫論》：「眉目鼻孔，用筆虛實取法，
實如錐劃刃勒，虛如雲影水痕。」論「理、氣、趣」，盛大士《溪山臥
遊錄》說：「畫有三到：理也，氣也，趣也。非三者不能入精妙神逸之
品。故必於平中求奇，純綿裹鐵，虛實相生。」論畫山，《溪山臥遊錄》
說：「蓋有骨必有肉，有實必有虛，否則崢嶸而近於險惡，無縹緲空靈
之勢矣。」如此等等，俱可見「虛實」的觀念在畫學批評裡的廣泛運用
和豐富含義；而這類論述，在清代畫學裡屢見不鮮，從繪畫藝術的方
方面面把「虛實相生」的美學思想演示得多彩多姿，也給「虛實」這
對美學範疇注入更加生動和具體的繪畫藝術論的內容。

第三節　相關的繪畫美學觀念

跟詩學一樣，畫學裡的「虛實」之論也有一些相關的觀念及命題，
這種相關，主要表現在對繪畫藝術境界的追求和把握。境界之為美，
乃在於由實而虛，把畫意引向象外之象，味外之味，由此產生相應的

美感特徵，如含蓄不盡，如空靈蘊藉，如蕭散淡遠等等都是。從繪畫
藝術的「虛」「實」關係看，這些特徵都是虛實相生的結果，因而畫學
批評中表達相應意思的觀念及命題，也就跟「虛實」之論有著內在的
聯繫。這是我們在了解畫學裡「虛實」觀時應當予以照應的。前面講
過的「氣韻生動」及「形神」之論，都具有這種「相關」的意義。以
下我們再略說幾個類似的觀念及命題，將中國傳統繪畫美學裡的「虛
實」問題稍稍延伸開來看。

　　先看「勢」。「勢」在中國傳統美學裡，是一個很有特色的概念，
文論、書論、畫論及其他藝術理論經常運用，表達的意思也很豐富。
論畫取「勢」，在歷代畫論裡都習以為常，內容涉及繪畫藝術理論和實
踐的各個方面，其間不乏與「虛實」問題相關者。前述「隱顯」「陰陽」
「疏密」等「虛實」之論，其來由都在用筆用墨，而「勢」的效應正在
中國傳統繪畫特有的筆墨之道。因此，「虛實」問題跟「勢」的觀念在
根本上是相通的；而相通的關鍵又在中國畫「寫意」的本性，就是說，
靜態的和有形的畫面要包孕並讓人感受到動態的和無形的畫意。明代
唐志契《繪事微言》論「寫意」說：「寫畫亦不必寫到，若筆筆寫到便
俗。」這可以用來說明「勢」所包含的「有無」關係。又明代顧凝遠
《畫引》「論取勢」說：「凡勢欲左行者，必先用意於右；勢欲右行者，
必先用意於左；或上者勢欲下垂，或下者勢欲上聳；俱不可從本位徑
情一往。」這可用來說明「勢」所包含的「動靜」關係。換一種說法，
「勢」的要義在於「蓄」，在靜止的筆墨中給人以運動和力量之感。中
國畫以生機和神韻見長，其根柢就在筆墨運使所造就的以「有無」和
「動靜」為藝術意蘊的「勢」。當然，在大幅山水畫中，「勢」還體現在
氣脈貫通，錯落有致的整體感，如明代趙左《論畫》所說：「畫山水大
幅，務以得勢為主。山得勢，雖縈紆高下，氣脈仍是貫串；林木得

勢，雖參差向背不同，而各自條暢。」然而得「勢」的基本要領卻在用筆墨寫意的功能和效用之中。

　　顯然，凡上所述「勢」的美學內涵，與「虛實」有著交融或疊合之處。這既可以說是「勢」的觀念以「虛實相生」的美學原則為本，也可以說「虛實相生」在繪畫藝術中的體現是以得「勢」為審美特徵。因而，在畫學批評裡，這兩方面的觀念及其內涵是可以相互補充甚至融為一體的。如《山靜居畫論》論畫樹說：「畫樹之法，無論四時榮落，畫一樹須高下疏密點筆。密於上，必疏於下；疏其左，必密於右。一樹得參差之勢，兩樹交插，自然有致，至數樹滿林，亦成好位置。」又說：「畫樹四圍滿，雖好只一面；畫樹虛實之，四面有形勢。」把得「勢」與「虛實」一併而論。又有「皴法」之論說：「一圖之中，亦須在虛實涉筆。有稠密實落處，有取勢虛引處，有意到筆不到處，乃妙。」更可見「勢」與「虛實」的關係及其「寫意」的特性。而一些更為詳贍的關於「勢」的論述，也多多少少、或遠或近地牽涉到作為繪畫藝術觀念或手法的「虛」「實」關系。如沈宗騫《芥舟學畫編》中有專論「取勢」的篇章，且摘錄有關言論，以為例證：

　　筆墨相生之道，全在於勢。勢也者，往來順逆而已；而往來順逆之間，即開合之所寓也。生發處是開，一面生發，即思一面收拾，則處處有結構而無散漫之弊；收拾處是合，一面收拾，又即思一面生發，則時時留餘意而有不盡之神。

　　作書發筆，有欲直先橫，欲橫先直之法。作畫開合之道亦然。如筆將仰，必先作俯勢；筆將俯，必先作仰勢。以及欲輕先重，欲重先輕，欲收先放，欲放先收之屬，皆開合之機。至於佈局，將欲作結密

鬱塞，必先之以疏落點綴；將欲作平衍紆徐，必先之以峭拔陡絕；將欲虛滅，必先之以充實；將欲幽邃，必先之以顯爽。凡此皆開合之為用也。

　　沈宗騫把「勢」的效用理解為「開合」，具體表現為「順」與「逆」、「俯」與「仰」、「輕」與「重」、「收」與「放」等等的相反相成，其內核是中國傳統美學中一以貫之的藝術辯證法。由這藝術辯證法去運使筆墨，畫面就有了張力和生氣。這層意思，實際上早已包含在那個古老的繪畫美學命題「氣韻生動」之中了。因為「氣韻生動」的關鍵是氣，而在論者看來，「勢」的根源也在於氣，即所謂：「萬物不一狀，萬變不一相，總之統乎氣以呈其活動之趣者，是即所謂勢也。論六法者，首曰氣韻生動，蓋即指此。所謂筆勢者，言以筆之氣勢，貌物之體勢，方得謂畫。」我們說過「虛實」觀念與「氣韻生動」的淵源關係，就這一統領中國傳統繪畫美學的命題而言，「虛實」與「勢」的觀念理應同源，並且是相互取用的。比如論者所指出的佈局上的「結密」與「疏落」、「虛滅」與「充實」，就可以看作是繪畫藝術中的「虛實」關係；而體現「虛實」關係的「有無」「疏密」「隱顯」「藏露」「陰陽」等等，不也是包藏著取「勢」的用心，並且最終是以得「勢」顯其效用嗎？從這裡面，就不難看出「虛實」與「勢」的內在聯繫，從而由「勢」的觀念也可以進一步深入瞭解「虛實相生」的美學內涵。

　　次看「空」。中國傳統藝術是崇尚空靈蘊藉的美學風貌的，這在「虛實」觀念中也有所體現，具體地說來，就是「虛實」關係中以「虛」的一面為主導，而畫學批評中的「虛實」觀念也以虛境為指歸。所謂「虛實相生」，其要旨是虛境的產生。前引笪重光的「虛實相生」之論，即由「空本難圖」「神無可繪」的藝術課題而來，可見畫學裡的

「虛實」觀念以「虛」為重。與此相關的一個繪畫美學觀念是「空」。
在中國傳統畫論裡，「實」也常跟「空」對舉，如釋道濟《苦瓜和尚畫
語錄》中的「亦有內空而外實者」，龔賢《畫訣》中的「空者為亭，實
者為團瓢」，以及笪重光所謂「空景清而實景現」都是。這個「空」，
與「虛實」之「虛」含義略同，但用作評語，則較偏向於「空靈」的
意思，這時候與之對舉的「實」就不一定與「虛實」之「實」同義，
而常常是意義相反的「質實」或「板實」；其與「空」的關係也不一定
是互用，而可能是對立。如沈宗騫《芥舟學畫編》所謂「一涉板實，
氣味索然」，前引《松壺畫憶》所說「山水之要，寧空無實」，也是這
個意思。這個意義上的「空」，雖本於「虛實」之道，卻更多地表達中
國傳統繪畫特有的審美趣味，也就是崇尚空靈蘊藉的藝術境界。推開
來看，這種審美趣味在各類藝術批評裡都很有影響，詩學裡的「清空」
和「質實」之辨以及標榜「神韻」或「入神」的種種說法都是著例，
繪畫史上南宗畫派的優勢地位也能體現在這一問題上的人心所向。而
一般的繪畫理論也多以「空靈」為尚，甚至有人以此為「畫家三昧」，
如王昱《東莊論畫》說：「清空二字，畫家三昧盡矣。學者心領其妙，
便能跳出窠臼，如禪機一棒，粉碎虛空。」這裡所說的「清空」，也是
「空靈」的意思，只不過以禪學為譬，不免有趣味上的偏至。再如前引
戴熙《習苦齋題畫》在表達「密易疏難」的同時，更強調「沉著易，
空靈難」；又讚賞「惲南田能用濕尖，空靈妙妍，著紙欲飛」，都把「空
靈」當作很高的藝術境界。其中又說：「有墨易，有筆難。有筆墨易，
無筆墨痕難。」對「無筆墨痕」也有解釋：「筆墨在境象之外，氣韻又
在筆墨之外，然則境象筆墨之外，當別有畫在。」把這些言論合起來
看，則「空靈」之美當指向以境界為本的「韻外之致」。這跟「氣韻生
動」及「虛實相生」的審美理想在根本上是一致的，與「虛實」觀念

當有著天然的聯繫。況且論者由「疏密」「有無」去闡說「空靈」之妙，更可見繪畫藝術的「虛實相生」是把空靈蘊藉當作一種重要的審美價值取向的。至於「空靈」之說在理論批評上有著怎樣的美學內涵，又可以參照種種「虛實」之論去理解。當然，詩學裡的相關論述或許將這問題談得更深更透，亦可參看。

再看「遠」。中國傳統文藝美學裡，「遠」是個很有特色的概念。詩學裡就有因「遠」而立「體」，是所謂「意中之遠」（皎然《詩式》）。這是作為美學觀念的「遠」的一個基本意思。畫論中對「遠」的論述更多，蓋由於繪畫因其視覺藝術的特性較之語言藝術更注重境象及境界的「意中之遠」。這在中國古代山水畫表現得尤為突出，從而使山水畫法很早就為「遠」立說，如傳王維所作《山水論》說：「遠人無目，遠樹無枝，遠山無石，隱隱如眉；遠水無波，高與雲齊。」此所謂「遠」，主要說的是畫面中境象之遠及其表現手法，或者說是遠景的畫法。然而山水畫法專為「遠景」立說，已經透露出「遠景」與「境界」的特殊關係了，因而後人論畫，多屬意於此。如饒自然《繪宗十二忌》論「遠近不分」之忌說：「極遠不可作人物，墨則遠淡近濃，逾遠逾淡，不易之論也。」這是純粹就畫遠景之技法設論。又郭熙《林泉高致》有「三遠」之說，講的是畫山的訣竅，其言曰：「山有三遠。自山下而仰山巔，謂之高遠；自山前而窺山後，謂之深遠；自近山而望遠山，謂之平遠。高遠之色清明，深遠之色重晦，平遠之色有明有晦。高遠之勢突兀，深遠之意重疊，平遠之意沖融而縹縹緲緲。其人物之在三遠也，高遠者明了，深遠者細碎，平遠者沖澹。明了者不短，細碎者不長，沖澹者不大。此三遠也。」所述「三遠」，也是就境象和畫法而言，但其中已包含了對遠景之「意」的體認，故而為後人所重，成為山水畫藝術手法的一個要點，如元黃公望《寫山水訣》述「三遠」

說曰：「山論三遠。從下相連不斷，謂之平遠；從近隔開相對，謂之闊遠；從山外遠景，謂之高遠。」直到清代，「三遠」之說仍是畫山的要則，如費漢源《山水畫式》說：「山有三遠：曰高遠，曰平遠，曰深遠。高遠者，即本山絕頂處，染出不皴者是也。平遠者，於空闊處、本末處、隔水處染出皆是。深遠者，於山後凹處染出峰巒，重疊數層者是也。三遠惟深遠為難，要使人望之，莫窮其際，不知其為幾千萬重，非有奇思者不能作。」其中特別強調「深遠」給人以「莫窮其際」之感，便看取「意」中之遠了。實則以意求遠，非止「深遠」一事，明代莫是龍《畫說》論「平遠」曰：「趙大年畫平遠，絕似右丞，秀潤天成，真宋之士大夫畫。此一派又傳之為倪雲林，雲林工致不敵，而著色蒼古勝矣。今作平遠及扇頭小景，一以此二人為宗，使人玩之不窮，味外有味可也。」可見「平遠」之妙，也在畫外之意味。這是畫論中「遠」較遠景更深一層的美學內涵。顯然，這個意義上的「遠」不單以所取之景的距離論，而在於山水畫所造境界的空闊、靈透和悠長；也可以說，這是中國古代山水畫特有的藝術意境。同樣是在這個意義上，「遠」又跟其他一些繪畫美學觀念相通。比如「勢」，「意中之遠」有異於實際距離之遠，正在於有「勢」之用，如《世說新語》所謂「江山遼落，居然有萬里之勢」，亦如杜甫所謂「咫尺應須論萬里」。所以李澄叟《畫山水訣》說「定遠近之勢」，董其昌《畫旨》論遠山畫法也說：「遠山一起一伏則有勢，疏林或高或低則有情。」「勢」與「情」互文見義，則遠山之勢必以意為主。又比如「逸」，明惲向《論畫》說：「逸筆之畫，筆似近而遠愈甚，似無而有愈甚。」繪畫之「逸」，是中國古代文人畫特有的品格，跟特定的生活環境、人格理想和審美趣味相關。撇開這些因素不論，單就繪畫作品的藝術境界而言，「逸」與「遠」是分不開來的，就是說，畫家筆下超凡脫俗之逸情總伴隨著

清空悠遠之意境。《南田畫跋》説:「意貴乎遠,不靜不遠也;境貴乎深,不曲不深也。一勺水亦有曲處,一片石亦有深處。絕俗故遠,天游故靜。古人云:咫尺之內,便覺萬里之遙,其意安在?天公天機幽妙,倘能於所謂靜者深者得意焉,便足駕黃王而上矣。」所謂「絕俗故遠」,便道出了「逸」與「遠」的關係,而「咫尺之內」云云,又表明「遠」的審美特徵在於「勢」。無論如何,「意貴乎遠」是山水畫境界之所以成、之所以高的一個基本條件;所謂「逸」,所謂「勢」,雖然各有所重,但從中國傳統山水畫審美趣味及形態看,其原質當在於此。而求「遠」求「逸」求「勢」之法,又不離於「有無」「虛實」,故惲向論畫將「似近而遠」與「似無而有」並提。對此,《南田畫跋》更有精妙之論,説:「香山翁曰:須知千樹萬樹,無一筆是樹;千山萬山,無一筆是山;千筆萬筆,無一筆是筆。有處恰是無,無處恰有,所以為逸。」以此而論,山水畫的境界之「遠」,不正是得之於藝術觀念和創作方法上的有無相成和虛實相生嗎?反過來看,境界之「遠」也理當是「虛實」觀念在中國傳統山水畫的體現及成效,因此也是我們理解畫學中「虛實」之論的一個重要的著眼點。

最後談一下畫論裡的「虛靜」之説。在梳理中國傳統文藝美學思想中的「虛實」觀時,我們以劉勰的文論為例,把「虛靜」也看作是與「虛實」觀念相關的文藝思想。此所謂「虛實」,取義於心境空徹與意念紛雜的關係,屬於創作心理學課題。這含義,雖與前述以藝術手法及效用為核心的「虛實」之論有一定的分野,卻同出於老莊哲學,並且同樣受到佛學思想的浸染,故有著連帶關係,宜一併而觀。而畫論裡的「虛靜」説,與文學理論一樣有著深刻的美學內涵,且常與創作手法及藝術意境的「虛實」觀念纏繞在一起,如前引《南田畫跋》以「靜」論「遠」就是。我們再看幾段有關論述。

王原祁《雨窗漫筆》論「意在筆先」之要訣說：「作畫，於搦管時，需要安閒恬適，掃盡俗腸，默對素幅，凝神靜氣。看高下，審左右，幅內幅外，來路去路，胸有成竹。然後濡毫吮墨。先定氣勢，次分間架，次布疏密，次別濃淡，轉換敲擊，東呼西應，自然水到渠成，天然湊拍，其為淋漓盡致無疑矣。」這說的是畫家在構思活動中虛靜其心，唯其能虛，則所畫之境歷歷在目，動筆時便一氣呵成，了無滯礙。

前引唐岱《繪事發微》論圖寫「煙嵐雲靄」有「虛中求實，實裡用虛」之說，此系就畫山而言，其作為創作論的出發點也在「虛靜」：「如山主靜，畫山亦要沉靜。立稿時須凝神澄慮，存想主山從何處起。佈置穿插，先有成見，然後落筆。」在此前提下，才有虛虛實實的藝術手法，才能使「四時之景，由我心造；山川勝概，宛然目前」。可見虛靜其心乃虛實其境的先決條件。

布顏圖《畫學心法問答》論「取境」之法說：「夫境界曲折，匠心可能，筆墨可取。然情景入妙，必俟天機所到，方能取之。但天機由中而出，非外而來。須待心懷怡悅，神氣沖融，入室盤礴，方能取之。懸縑楮於壁上，神會之，默思之，思之思之，鬼神通之，峰巒旋轉，雲影飛動，其天機到也。天機若到，筆墨空靈，筆外有筆，墨外有墨，隨意採取，無不入妙。此所謂天成也。」繪畫藝術的「筆墨空靈」及「筆外有筆，墨外有墨」，是虛實相生的結果，是由實景而生的虛境。依論者之見，這虛境的來由取決於畫家未曾動筆時的「心懷怡悅，神氣沖融」的「虛靜」。因而此「虛」與彼「虛」雖含義不同，在繪畫藝術的整個過程中卻是貫通一氣的。

沈宗騫《芥舟學畫編》論「醞釀」說：「一切位置，林巒高下，煙雲掩映，水泉道路，籬落橋樑，俱已停當，且各得勢矣。若再以躁急

之筆，以幾速成，不但神韻短淺，亦且暴氣將乘。雖有好勢，而無閑靜恬適之意，何足登鑑者之堂？於是停筆靜觀，澄心抑志，細細斟酌，務使輕重濃淡、疏密虛實之間，無絲毫不愜。」這講的是構思已成、大體已定的情況下再「停筆靜觀」。以此為論，則「虛靜」的作用又不止於「意在筆先」，而貫穿於創作過程的始終，為的是畫家之筆能夠「斂蓄」，「意以斂而愈深，氣以蓄而愈厚」。沒有這「澄心抑志」的心理準備，又怎能領會「輕重濃淡，疏密虛實」的妙趣呢？論者將此等「虛實」問題與「虛靜」之說聯繫得如此緊密，當是看清了二者之間的依存關係。這足以證明傳統畫學裡的「虛實」之論涵括了畫家、批評家對「虛靜」問題的認識，而有關「虛靜」問題的論述也能幫助我們更深入地理解畫論中「虛實」觀念的美學內涵。

第四節　書法與「虛實」

　　書法是中國特有的藝術，也是各類藝術中最為奇妙的一種。它源出於語言文字，跟繪畫有著親緣關係，而美感特徵似乎與音樂更為相近。就形態而言，書法是「線的藝術」，因而具有很強的抽象性。如果把「抽象之美」看作人類審美意識進步的標誌，那麼書法在中國傳統藝術中就最具有代表性，也最能體現古代中國人對美的感悟及其所達到的境界。當代西方美學及藝術理論中有所謂「有意味的形式」之說，這在中國書法藝術可以得到典型而充分的證明。有人據此給書法藝術以極高的評價，甚至視之為「中國各類造型藝術和表現藝術的魂靈」[4]，這不是沒有道理的；而中國傳統書法作為一種藝術類型的價值和意

4　參見李澤厚《美的歷程》中「線的藝術」及相關論述，文物出版社1981年版。

義，也還有待於當今的美學和藝術理論去加以深入研討和總結。但在這裡，我們不是要對書法藝術的審美特徵作全面把握，而只是對其中的「虛實」問題，具體説是歷代書法家及批評家關於書法藝術的評論中所涉及的「虛實」問題作一概述。

與畫論相比，書法理論批評裡直接因「虛實」而立論的觀點不算太多，也不很系統，蓋由於書法藝術的基礎是用筆，而用筆的審美特徵主要體現在「韻」與「勢」，其自身的「虛實」關係不大容易看得出來。中國古代繪畫雖然也以用筆為根基，但畫中的筆是成「象」的元素，它的意義是與意象乃至於意境融為一體的；因而「虛實」關係就可以在一個以「象」與「境」為主體的藝術空間裡得到顯現，其「可見度」以及對其藝術經驗加以總結的可能性自然較書法有更大的餘地。以此而論，「虛實」關係在書法藝術中的地位就不像在繪畫中那樣搶眼；而書法理論批評中的「虛實」之論不如畫學中「虛實」之論豐富多彩，也在情理之中。當然，這絕不是説書法藝術及理論批評中的「虛實」問題一無可觀或無關緊要。我們説過，「虛實」作為中國古典美學中的主要範疇和基本觀念，必定會滲透到各類藝術的創作和批評中，書法也不例外。雖説書法之美主要是在用筆，但其間架、佈局也並非不重要，而且是書法藝術的有機組成部分。這裡面，就包含著很具有美學內涵的「虛實」問題。宗白華先生説：「字的結構，又稱布白，因字由點畫穿插而成，點畫的空白處也是字的組成部分，虛實相生，才完成一個藝術品。空白處應當計算在一個字的造形之內，空白要分佈適當，和筆畫具同等的藝術價值。所以大書家鄧石如曾説書法要『計白當黑』，無筆墨處也是妙境呀！」⁵這是把結構或布白當作與用

---

5 宗白華：《中國書法裡的美學思想》，《美學散步》，上海人民出版社1981年版，第145

筆一樣重要的因素，其中有著與繪畫相類的「虛實相生」的道理，也能產生「無畫處皆成妙境」的藝術效果。進一層看，這緣於結構或布白的「虛實」之道又與書法藝術以「韻」和「勢」見長的審美特徵是相互貫通的。對此，宗白華先生又在對相傳歐陽詢所述真書字體結構三十六法的按語中有過說明，其按第九條「補空」說：「此段說出虛實相生的妙理，補空要注意『虛處藏神』。補空不是要取消虛處，而正是留出空處，而又在空處輕輕著筆，反而顯示出虛處，因而氣韻生動，空中傳神，這是中國藝術創造裡的一條重要的原理。貫通在許多其他藝術裡面。」[6]從這個判斷，我們就可以推想出結構上的「虛」「實」關係對於書法藝術的特殊意義，以及書法藝術裡的「虛」「實」關係當由何而觀。在這方面，中國古代書法理論批評也有一些很好的意見。我們對書法藝術中的「虛實」問題，就由此去作一點初步的把握。

　　宗白華先生提到歐陽詢的「三十六法」，其中與「虛實」問題相涉的結構之法不止一處。如「排疊」，戈守智《漢溪書法通解》釋曰：「排者，排之以疏其勢；疊者，疊之以密其間也。……故曰『分間布白』，謂點畫各有位置，則密處不犯而疏處不離。」所謂「分間布白」，指歐陽詢所作《八訣》裡「分間布白，勿令偏側」之說。「布白」之要，在於點畫「疏密」，而「疏密」在畫論裡多被當作「虛實」問題探討，可以參看。又比如「穿插」，戈氏釋曰：「穿者，穿其寬處；插者，插其虛處也。」可見「穿插」講的是字的寬處和虛處的筆畫，也有疏密相間及虛實相生的意思。其間又以疏處和虛處為重，如「避就」法中所說「避密就疏」，為的是書法之妙，亦在傳神，而與用筆相映帶的虛白之

頁。

6　宗白華：《中國書法裡的美學思想》，《美學散步》，第149頁。

處正有傳神寫照之用。姜夔《續書譜》說「書以疏欲風神，密欲老氣」，便著眼於此；書法結構上的要領在於布「白」，道理也在其中。這跟繪畫藝術的「虛實」相類，同樣追求的是「無筆墨處皆成妙境」。當然，書法之「白」，並非自身就能傳神，它的效用仍在於黑白相間也即與用筆的相互關係中，是所謂「計白當黑」。因此，表現在布白之疏密的「虛實」關係也是相互作用的，而且因書法藝術的特性顯其功效。比如字因大小而對疏密有不同要求，黃庭堅《論書》說：「東坡先生云：大字難於結密而無間，小字難於寬綽而有餘。」顯然，此所謂密與寬，並非空白的多少，而在於布白的「虛實」之道。又比如「九宮」之法中的疏密虛實關係，清包世臣《藝舟雙楫》說：「字有九宮。九宮者，每字為方格，外界極肥，格內用細畫界一『井』字，以均布其點畫也。凡字無論疏密斜正，必有精神挽結之處，是為字之中宮。然中宮有在實畫，有在虛白，必審其字之精神所注，而安置於格內之中宮；然後以其字之頭目手足分佈於旁之八宮，則隨其長短虛實而上下左右皆相得矣。」這是把「九宮」之「中宮」看作字體結構之重心——這有點像繪畫或攝影中的「聚焦」或焦點。字的「中宮」或有筆畫，或無筆畫，從而有疏密虛實之分。把這層關係處理好，字之結構就「俯仰映帶，奇趣橫出」了。又比如空白本身的「遠」與「密」，劉熙載《藝概》〈書概〉說：「古人草書，空白少而神遠，空白多而神密。俗書反是。」這段話的前提是「虛處生神」，但虛處之神還有更為精妙的講究，具體說是布白偏密，其神反而淡遠；布白偏疏，其神反而綿密。如果說疏密相間、虛實相生是一般的藝術規律，那麼字愈密而神愈遠，字愈疏而神愈密，則是對這規律的再進一層的認識，其來由，仍在於對書法藝術中「虛實」關係的理解和妙用。凡此等等，都是書法理論中就疏密問題對布白之法的論述，從中可以看出「虛實」之道在

書法這一特殊藝術形式中的體現及其獨特的美學內涵。但這並不是說書法藝術的「虛實」觀念只見於結構上的布白及其疏密關係，與布白相輔相成的用筆雖無空白和筆畫意義上的「虛」「實」關係，然而就是這純粹的「線的藝術」，也未嘗不包含著「虛實相生」的藝術規律。對此，古代的書法及理論家也看得很細，並在理論批評中有所體現，儘管所論「虛實」不像布白問題那樣明確。我們略舉一些相關論述。

古代書法有「飛白」一體，其來由及體勢，唐代張懷瓘《書斷》有過解說：「案飛白者，後漢左中郎將蔡邕所作也。王隱、王情並云：飛白變楷制也。本是宮殿題署，勢即徑丈，字宜輕微不滿，名為飛白。」由此可知「飛白」之「白」是運筆的「不滿」，並因「不滿」而狀飛動之勢。以筆法論，「飛白」的要領或在「提飛」。元陳繹曾《翰林要訣》論「提飛」說「疏處捺滿，密處提飛」，亦可見「飛白」的虛實之用。

歷代論書口訣多有「掌虛指實」一說，講的是握筆的要領。雖說這只是談論書法之「技」而未進於「道」，卻也可以見古人將「虛實」觀念用於書法理論之一斑。況且握筆的「掌虛指實」是為了「提按」和「使轉」的便利，這就跟用筆有了直接的關係。清宋曹《書法約言》論運筆之虛實說：「如指用實而掌用虛，如肘用實而腕用虛，如小書用實處，而大書則用虛，更大則周身皆用虛。」就是把握筆之虛實當作書法藝術的要訣去談論的。

用筆之法有「藏鋒」之說，其效用在於蓄勢；與「露鋒」對舉時，其筆法可以「隱顯」論，而「隱顯」也是「虛實」關係的一種體現。宋曹《書法約言》說「藏鋒以包其氣，露鋒以縱其神」，即是此意。又論「藏鋒」之所成說：「須骨涵於中，筋不外露。無垂不縮，無往不收，方是藏鋒，令人有字外之想。」可見「藏鋒」的來由在於筆勢，而

「勢」的審美特徵就在於以有形之筆傳達筆外之意，那看不見或藏起來的東西才是用筆的精髓。這裡面不是也有著虛實相生的用心嗎？

書法之妙在於用筆，而用筆之法跟用墨也有關係，是所謂「墨法」。用墨之法不外乎濃淡，與繪畫一樣，墨之濃淡也可以體現出虛實的效果，或者說是以墨色的濃淡去配合用筆的虛實。包世臣《藝舟雙楫》說：「畫法字法，本於筆，成於墨，則墨法尤書藝一大關鍵已。筆實則墨沉，筆飄則墨浮。」講的就是墨之濃淡與用筆虛實的一種關係。

書法各體中，行草的用筆較之楷隸更能顯出「虛實」之妙，故而又有專論行草筆法之虛實。清朱和羹《臨池心解》說：「作行草最貴虛實並見。筆不虛，則欠圓脫；筆不實，則欠沉著。專用虛筆，似近油滑；僅用實筆，又形滯笨。虛實並見，即虛實相生。書家秘法：妙在能合，神在能離。離合之間，神妙出焉。此虛實兼到之謂也。」其所謂用筆之虛實，或可理解為沉著與飄逸，也包含著輕重、隱顯、藏露等意思。但論者講出了「虛實並見」及「虛實相生」的道理，則用筆虛實在書法藝術中的美學內涵就不止於此了，它已經跟中國傳統美學思想中那個以藝術辯證法為內核的古老原則接通；也表明書法與其他藝術一樣，虛實關係是無處不在的。

第五節 小結

以上幾節所述，只是見於繪畫及書法理論批評的「虛實」觀念，若將問題推及繪畫、書法創作及作品，則就「虛實」關係可探討的觀念、手法以及「虛實相生」在藝術實踐中的運用和成效遠不止於此。這是對中國傳統繪畫、書法作深入細緻的專題研究所要做的工作。我們在這裡是把繪畫、書法藝術中的「虛實」觀唸作為中國古代文藝美

學中「虛實」範疇的一項重要內容去看，故而對問題的描述和議論只限於傳統的畫學和書論之中。其中又對畫學談得較多，這既是因為畫學批評裡「虛實」之論較為普遍，較為系統，同時也因為中國傳統繪畫尤其是山水畫藝術將「虛實相生」的道理體現得較為充分。而書法，如前面說過的，由於藝術創造的重心是落在了線的韻律和態勢上，其「虛實」之道就常常是包孕在更加抽象也更加單純的用筆之中，只可意會而難以言傳。較為易見的是「分間布白」的「虛」「實」關係，但這種結構上的「虛」「實」關係也因書法藝術本身的單純而只能喻於「道」而不宜施展為各種技法，所以書論裡的「虛實」觀就不像畫論那樣直觀和詳贍。當然，這只是就理論批評的內容和話語而言，往深處看，中國古代的繪畫和書法又是緊密聯繫在一起的，這還不像詩與畫那樣只是美學觀念和藝術趣味上的「一律」，而是同屬一種質料和形態，並且在創作中非常實際地滲透或取用於對方，具體說就是「筆墨」。清人周星蓮《臨池管見》說：「字畫本自同工，字貴寫；畫亦貴寫。以書法透入於畫，而畫無不妙；以畫法參入於書，而書無不神。」可見二者因筆墨之「寫」而固有的親緣關係。就此而論，在藝術形態學上把書、畫歸為同一大類，或許並非無稽之談。若此，則畫論裡的許多觀念也適用於書法藝術。所以我們把書論裡的「虛實」觀與畫學「虛實」觀合而觀之，為的就是這兩種藝術形式的同源同質，同時也可由畫學裡諸多「虛實」之論去感悟書法藝術中的「虛實」之道。

把本章所談的內容歸結一下，則畫學批評裡的「虛實」觀源遠流長，可以上溯到「傳神寫照」的美學思想，並且隨著「氣韻生動」之法的確立和傳沿深入到繪畫藝術的各種問題，終於演化成「虛實相生」這樣一個對中國傳統繪畫的創作方法、藝術意蘊及審美特徵具有根本意義的命題。這一命題的美學內涵及其理論和實踐的意義，在清代畫

學裡得到充分的闡說。具體到繪畫藝術的各個層面及不同問題，則「虛實相生」又與其他一些美學觀念或藝術手法相互交融，比如「有無」「疏密」「隱顯」「藏露」「濃淡」「陰陽」等等，都不同程度地包含著「虛實相生」的意思，也可以說是「虛實相生」的美學原則在繪畫藝術的不同側面和不同形態的體現。其他一些美學和藝術觀念，如「勢」「空」「遠」「逸」等，也或隱或顯、或直接或間接地與「虛實」問題相關，從而也從不同角度豐富著「虛實相生」這一命題的美學內涵。將關於這些觀念及問題的論述放在一起看，中國古代畫學中「虛實」觀的來龍去脈、內在聯繫、理論內容以及實際意義，就得其大概了。而所有這些，又與中國傳統美學及各類藝術理論交織在一起，或者說是「虛實」觀念從哲學到美學到各類藝術的層層遞進和相互生發在一個特定領域裡的成效。因此，畫學裡的「虛實」觀也就是中國傳統文藝美學裡「虛實」觀念的一個有機組成部分，也就立足於一種特殊的藝術形式給「虛實」這對美學範疇注入豐富而具有特色的理論內容。至於書法，因質料及藝術形態與繪畫相類，其理論批評中「虛實」觀的價值意義亦可等而視之。

這裡再附帶提一下園林藝術中的「虛實」問題，這裡面也有很深刻的美學思想。但園林究竟是怎樣一種藝術？它獨自的審美特徵究竟何在？當今美學及藝術理論似乎還缺乏系統的研究和上升到美學及藝術原理的論斷。儘管如此，有一點是可以肯定的，即園林藝術屬於「視覺」，這跟繪畫有著共同的審美感知上的基礎。事實上，中國古代園林的營造，在許多方面是與畫理相通的，而園林之美也在很大程度上緣於景緻的搭配、呼應、延伸而成的畫意及境界。當然，園林較之繪畫，有著實際的、立體的空間，並且可以將觀賞者容納於內。因此它的審美特徵就更多地體現在空間的利用以及將藝術和人生境界融於一

體的空間感。也正是在空間問題上，園林藝術所包含的「虛實」之道
得以充分地體現。這裡面基本的道理仍是「有無相成」「虛實相生」，
具體說是通過有形有限的景，去感受無形無限的境。這跟詩歌的「化
景物為情思」和繪畫的「無畫處皆成妙境」，是一樣的道理，都把實物
的意味引向虛靈，如宗白華先生所說：「空間隨著心中意境可斂可放，
是流動變化的，是虛靈的。」[7]照這麼看，園林藝術的一個主要特點，
就在於在空間感上的「虛實相生」。在園林建築中，這方面的講究很
多，其中一個典型事例是「借景」，它是通過借取園外之景以拓展園林
的空間感，同時所借之景也往往如畫。借景的手法也很多，其中一個
頗能體現「虛實」之道的方式是因窗借景，它是利用室內的一個「空」
間，把空間推向遠方，同時把室外之景剪取到眼前。明代計成《園冶》
所謂「軒楹高爽，窗戶鄰虛，納千頃之汪洋，收四時之爛縵」，講的就
是這個意思。對此，李漁《閒情偶寄》〈居室部〉說得更細，雖不是專
論園林，但道理是與園林藝術相通的。茲引其「取景在借」題下談湖
舫之窗的一段話，以見其詳：

　　四面皆實，猶虛其中，而為「便面」之形。實者用板。蒙以灰布，
勿露一隙之光；虛者用木作匡，上下皆曲而直其兩旁，所謂「便面」
是也。純露空明，勿使有纖毫障翳。是船之左右，止有二便面，便面
之外，無他物矣。坐於其中，則兩岸之湖光山色，寺觀浮屠，云煙竹
樹，以及往來之樵人牧豎，醉翁游女，連人帶馬，盡入便面之中，作
我天然圖畫。且又時時變幻，不為一定之形。非特舟行之際，搖一櫓
變一象，撐一篙換一景，即繫纜時，風搖水動，亦刻刻異形。是一日

7　　宗白華：《中國美學史上重要問題的初步探索》，《美學散步》，第54頁。

之內，現出百千萬幅佳山佳水，總以「便面」收之。

　　以居室之窗借景，原本就妙趣橫生；而於湖舫做「便面」借景，因船的運動而所借之景變幻無窮，就更是妙不可言了。李漁這段闊論未免給人賣弄聰明之感，但他因「虛實」而極言借景的視通萬里、觸目皆畫之效，藝術感受和審美理想還是很不錯的。究其實質，無非是深諳「虛實相生」的美學原則，如其同書論「虛白匾」一事所言：「『虛室生白』，古語也。且無事不妙於虛，實則板矣。」這說的是居室之置應避實就虛，實際上也是強調「虛實相生」的效用。引申開來，園林藝術的哪一處不需要在虛實之間作文章呢？就像清代一位小說家所說的：「若夫園亭樓閣，套室回廊，疊石成山，栽花取勢，又在大中見小，小中見大，虛中有實，實中有虛，或藏或露，或淺或深，不僅在周回曲折四字，又不在地廣石多徒煩工費。」（沈復《浮生六記》卷二「閒情記趣」）當代一位園林藝術的美學家陳從周先生對此也多有精到之見，說：「園林中的大小是相對的，不是絕對的，無大便無小，無小也無大。園林空間越分隔，感到越大，越有變化，以有限面積，造無限空間，因此大園包小園，即基此理。」又說：「園既有『尋景』，又有『引景』。何謂『引景』？即點景引人。西湖雷峰塔圮後，南山之景全虛。」又說：「我國古代園林多封閉，以有限面積，造無限空間，故『空靈』二字，為造園之要諦。」又說：「園林中求色，不能以實求之。北國園林，以翠松朱廊襯以藍天白雲，以有色勝。江南園林，小閣臨流，粉牆低亞，得萬千形象之變。白本非色，而色自生；池水無色，而色最豐。色中求色，不如無色中求色。故園林當於無景處求景，無聲處求聲，動中求動，不如靜中求動。景中有景，園林之大鏡、大池

也，皆於無景中得之。」[8]這些，都講明了園林藝術的「虛實相生」的道理；也唯有「虛實相生」，園林的建設才成其為一門藝術，而園林本身才成其為審美的對象。對此，古代的文人墨客在詩歌、文章、筆記及各種著述裡留下許多寶貴的心得體會，現代人也常因生活空間的日漸逼仄而反思著如何在都市中去體味園林的情調，其中虛實之道一定是被思索和表達得最多的問題之一。這方面的內容，是園林美學大可取用的資料，但這已經超出我們所要討論的話題範圍了。

8　陳從周：《說園》，書目文獻出版社1984年版，第9-10、18、19、20-21頁。

第六章

綜説:「虛實」之謂美

　　孟子説:「充實之謂美。」我們把這句話改動一個字,用「虛實之謂美」來綜括以上對中國傳統美學裡「虛實」觀念及範疇所作的闡説。

　　的確,「虛實」這樣一個觀念是能夠從相當深刻而又寬廣的意義上概括中國傳統藝術創造所特有的審美意識和審美趣味的。這一點,無論是就中國古典美學思想固有的內容、藝術理論的觀點和方法以及藝術作品的形態和特質而言,還是把中西美學比照著去看,我們都可以非常自信地去論定。不僅如此,「虛實」觀念還有著很強的生命力和開放性,它沒有隨中國古典美學的終結而消亡,而是潛移默化地滲透到經過歷史變遷的文學藝術和審美理想之中,對中國當代的文藝創作和文藝理論產生著不容忽視的影響。對此,我們可以看成是民族心理的積澱,也可以看成是任何一種文藝美學傳統都具有的「當代性」。無論如何,「虛實之謂美」,都是中國傳統美學思想生生不息的命脈,並將中國美學思想的傳統貫穿於現在和將來。這是我們在中西文化交融、

碰撞了一個多世紀並以全新面貌走向世界時，還要對「虛實」這樣的
美學觀念加以梳理和闡說的充分理由。只有民族的才是世界的；而這
一判斷的前提是，只有尊重傳統，才無愧於「民族」二字。如果有一
天，中國的文藝美學和文藝理論能真正形成以民族心理和民族特色為
本的觀念、方法和體系，那麼像「虛實」這樣的美學觀念是一定要登
堂入室，展示其深厚而又獨特的審美和藝術意蘊的。

　　在這裡，我們還只是對「虛實之謂美」的內涵和意義作初步的闡
說，藉以立論的主要是藝術理論和批評，而且集中在文學和繪畫藝
術。這倒不是說，傳統美學思想中「虛實」觀念的表達僅此而已，而
是因為文論和畫論（包括書法理論）是中國古代文藝理論批評的大宗，
不僅材料豐富，內容完備，且有潛在的系統。更重要的是，古典美學
裡的「虛實」觀念在這兩大類藝術理論中得到了充分運用和展示，從
而也體現出「範疇」的意義和效用。所謂「範疇」，是「反映事物本質
屬性和普遍聯繫的基本概念，人類理性思維的邏輯形式」[1]。「虛實」
作為美學範疇的這一特性，在文學和書畫理論中是得到充分體現的，
只不過要把各個歷史時期及眾多藝術家和批評家的有關論述結合起來
看，並顧及中國古典美學範疇自身的特性。[2]至於其他藝術批評的「虛
實」之說，其理論形態和美學內涵均不及文論和畫論，故存而不論或
點到為止；而對「虛實」作為美學範疇的含義，亦可由所述之文論畫
論舉一反三，觸類旁通。以此為準，本書所討論的「虛實」觀念和範
疇，可歸納出以下幾類要義。

1　參見《中國大百科全書》〈哲學卷〉「範疇」條，中國大百科全書出版社1987年版。

2　這個問題，可參見葉朗先生《中國美學史大綱》「緒論」的觀點。

第一節　世界本體與「天人合一」

　　這說的是「虛實」觀念在中國傳統哲學的根由。中國傳統哲學原本不是以本體論見長，其總體特徵偏重實際，或如所謂「實踐理性」。但這並不意味著古代哲學家完全缺乏思辨能力或於世界本體無所用心。在老莊哲學及某些儒家經典如《中庸》中，都有對世界本原的探求，也都有著不同程度的本體論的意義，只不過這種探求不能簡單地以西方哲學的本體論去比附。用中國傳統哲學自己的術語說，則是所謂「本根論」[3]。無論何謂，都不能否認古代哲學家對世界本原的追問以及由此形成的理論觀點。又因為中國傳統哲學「天人合一」的特性，其本體或本根之論就往往與美學思想和藝術觀念密切相關。在這個意義上，中國傳統的哲學與美學是經常並且是深刻地交融在一起的，這不像西方哲學有著諸如「知」「情」「意」那樣的明確劃分。一部中國美學史，與哲學思想及藝術理論的大幅度疊合，甚至就蘊藏在哲學思想和藝術理論之中，這並不是什麼奇怪的事情；至於哲學思想跟美學思想及藝術觀念的不可分割的關係，就更是可想而知。這種將哲學與美學繫於一體的「天人合一」的特性，張世英先生有過專門的辨析：

　　實際上，審美意識是人與世界的交融，用中國哲學的術語來說，就是「天人合一」，這裡的「天」指的是世界。人與世界的交融或天人合一不同於主體與客體的統一之處在於，它不是兩個獨立實體之間的認識上的關係，而是從存在論上來說，雙方一向就是合而為一的關

3　張岱年先生《中國哲學大綱》說：「宇宙中之最究竟者，古代哲學中謂之為『本根』。《莊子》〈外篇〉云：『惛然若亡而存，油然不形而神，萬物畜而不知，此之謂本根。』」見第6頁，中國社會科學出版社1982年版。又參見《中國百科全書》〈哲學卷〉「本體論」條的解釋。

系，就像王陽明說的，無人心則無天地萬物，無天地萬物則無人心，人心與天地萬物「一氣流通」，融為一體，不可「間隔」，這個不可間隔的「一體」是唯一真實的。……我們說「意境」或「心境」、「情境」，這些詞裡面都既含有「境」，也包含有「心」，「情」，「意」，其實都是說的人與世界的交融或天人合一，審美意識正是一種天人合一的「意境」、「心境」或「情境」。[4]

張先生是借當代西方存在哲學去重審中國古典哲學和美學的特性，而我們這裡再借其說去看待美學及藝術理論裡「虛實」觀念與哲學本體論的關系。就是說，中國傳統哲學的本體或本根之論，無論推求得如何悠遠，都不是與人相對立的「實存」或彼岸，也都不能與人心、人生分裂開來；即如老莊哲學中表示宇宙根本的「道」，實則也是人心和人生的「道」，或者說與人心、人生的「道」融合無間，其本根是人而不是神，也不是超越了人的感知和心性的「物自體」。所以當年王國維糾正辜鴻銘英譯〈中庸〉之偏謬時舉例說：

外國語中之無我國「天」字之相當字，與我國語中之無「God」之相當字無以異。吾國之所謂「天」，非蒼蒼者之謂，又非天帝之謂，實介二者之間，而以蒼蒼之物質具天地之精神是也。[5]

可見傳統哲學裡「天」的概念就包含了「天人合一」的意思。這

4　張世英：《天人之際——中西哲學的困惑與選擇》，人民出版社1995年版，第199-200頁。黑體字原文如此。

5　王國維：《書辜氏湯生英譯〈中庸〉後》，《靜安文集續集》，《王國維遺書》本，上海書店出版社1983年版。

樣一種哲學本體論，其本身就潛藏著美學的動因，用來為審美和藝術立説，當是順其自然而又合情合理的事情。此意若以「道」為名去表示，則天地萬物之道與人心悟求之道合二為一，這裡面就有了審美和藝術創造的機緣，或者説，審美和藝術的誕生，是天地之道與人心之道的契合。而美學和藝術理論中諸多重要觀念的根源，正可追溯到傳統哲學思想中以「天人合一」為特殊含義的本體論。歷史上的一個著名事例，是劉勰《文心雕龍》的文學本體論。其〈原道〉篇推闡全書所論之「文」的來由，認為天地之文是所謂「道」之文，而天地之心又是人，故而道與人與文名雖三目，實則如一。既然如此，文學藝術顯現為語言、色彩、音響以及各式各樣質料的「文」，都暗藏著一個繫於人心並通向宇宙本體的「道」。順著這個思路放眼看去，則文學藝術的根本最終是可以追尋到宇宙和世界的本體的；而美學與藝術觀念的背後，也隱藏著某種既簡易又變易又不易[6]的哲學本體論。以眼下所談論的「虛實」觀念而論，中國傳統文藝美學裡的眾多理論觀點，其精神實質都可以歸結到「虛實相生」這樣一條藝術規律，而「虛實相生」又兼有美學和哲學的雙重含義。在審美和藝術創造的層面，它衍生出諸如「情景」「形神」「境界」「神韻」「虛靜」「真幻」等種種觀念，而在哲學本體論那一面，它又植根於老莊思想中「實天地之心」的「道」與「有無」。之所以如此，一個根本原因就在於「天人合一」；而「天人合一」在中國傳統思想裡的意義，與其説是在哲學，不如説是更充分地體現於美學，當然也可以是像前面説過的那樣，中國傳統的哲學和美學原本就是難解難分的。

正因為如此，我們把「虛實」當作美學觀念和範疇去探討時，就

6　參見錢鍾書《管錐編》第一冊「論易之三名」。

須把問題看得更深一些，體察它在中國傳統思想中的淵源及其本體論的內涵。而「虛實」觀念之所以在美學和藝術理論中有如此之大的作為，有令人感嘆的涵括性和再生性，有向各種藝術觀念和批評話語無限滲透的強大功能，跟它負載的哲學本體論理應有著內在的聯繫。有了這種聯繫，美學和藝術觀念就與宇宙觀及人生觀接通，而古人在因「虛實」去體察藝術的本性或在理論批評中表述「虛實」觀念時，就往往將所看取的問題維繫在那個觸及世界、生命以及事物運動規律的根本的「道」。

　　基於這樣一種體認，美學和藝術理論所表達的觀念就極大地豐富和生動起來，因為中國古代文學藝術從來就不是封閉的，而是向社會、自然以及人生無限地開放；相應地，美學和藝術理論也是呈現出開放的態勢，是所謂「仰觀俯察」「究天人之際」。凡此，可以在古代藝術作品及藝術觀念中找到大量例證。可以這麼說，沒有哪件優秀的藝術作品不是以有限的空間去追求無限的意蘊，也沒有哪個重要的藝術觀念不是將其內涵擴展到特定的表現形態和創作手法之外。這是一種超越，不僅超越作品，也超越藝術，甚至超越審美。唯其超越審美，才在一個更高的層面觸及美和藝術的本性。而這樣一種超越，若用中國傳統美學和藝術理論中最基本的概念和範疇去做證，「虛實」無疑是最恰切者之一。舉一個常見的例子，「境界」是古典美學及詩學、畫學裡最常見也是最核心的一個概念，在多數批評話語裡，它的含義超出言語和筆墨，進而超出詩歌和繪畫藝術本身。藝術創作中，構成境界的原質是情景，但光從「情」與「景」這兩要素還很難看出境界超作品以及超藝術的內涵，還須深入一層，去探求情景之所以能生成境界的更為隱蔽的規律。這隱含著的規律便可以歸為「虛實」，而「虛實」觀念則能夠將人們的視線引向作品及藝術之外，以見境界之美的

深層含義。事實上，情與景之所以能創造詩與畫的境界，正緣於「虛實相生」的藝術規律。以此為例，我們說美學和藝術理論裡的「虛實」觀念較一般的觀念更具有本體意義，想必不是妄言。原因就在於這觀念與哲學本體論同一淵源，而且的確能夠成為將藝術本體跟世界本體連接起來的一根紐帶。

第二節　人生理想與藝術境界

　　我們把小標題裡的兩個說法看成是互文見義，就是說，人生理想即為藝術境界，藝術境界也是人生理想；而事實上，在中國傳統美學和藝術中，這兩者的確也很難分開，其緣由則在中國傳統文化造就的人格心理。要認清這一點，須對古代文人生活及其藝術創作懷有相當的同情心。別的不說，就以藝術創作的目的而論，古人吟詩作畫，恐怕像今天文學家、藝術家那樣當作一種職業去從事的並不普遍，而更多的是出於特定的生活情趣和生存方式。固然，歷來舞文弄墨者，懷肥馬輕裘之心者有之，存光宗耀祖之念者有之，為沽名釣譽者更是大有人在。但真正具有文人襟懷並領悟藝術真諦的詩人和藝術家，在實現其功利目的的同時，也在為生活尋覓一種藝術境界；而且對藝術的領悟愈深，其藝術創作與生存方式的關係就愈近，也就能夠體現出一種審美化了的人生理想。這個特徵，在中國古典詩歌和繪畫中是能找到大量例證的。我們今天常說「文如其人」，只要不作機械的理解，這個判斷對於認識中國傳統文學藝術的文化和心理內涵，仍有著相當的效力，起碼有助於我們從優秀的藝術作品中去發現古代文人生活的情趣和理想。仍以詩畫為例，其審美本性在於藝術境界，而詩歌與繪畫中的藝術境界並不僅僅是藝術作品本身的事情，它多多少少地折射出

創作者的心態和追求。假如把許許多多的詩歌和繪畫作品放在一塊，我們不是能夠體會到作為一種社會群體的中國古代文人有著怎樣的人格心理和人生理想嗎？從這樣的角度去理解「文如其人」，我們不但可以看清人生理想與藝術境界的關係，進而還能夠體察「虛實」觀念的歷史境遇。顯然，藝術作品的境界以「虛」為特性，從中可以想見傳統文人的人生理想也以審美和藝術化了的「虛境」為指歸，或者説憑藉藝術去營造那種超脱塵世紛擾的人生境界。在這境界裡面，人的想像得以施展，心性得以自由，生活也由實踐一變而成為審美。用近代梁啟超的話説，是從「現境界」進入「他境界」[7]；用王國維的話説，是「此時也，吾人之心，無希望，無恐怖，非復欲之我，而但知之我也」[8]。無論怎樣表述，都説明藝術境界的效用在於現實生活中的審美；而藝術境界之所以能夠用於現實生活中的審美，又因為它是人心所向的虛境。所謂「人生理想」，就其審美的特性而言，正是指向了以人心為本的虛境，而藝術作品則是實現這一理想的重要途徑之一。

但這只是歷史境遇中「虛實」觀念的一方面的態勢。與這態勢相對應的，則是藝術作品的境界及藝術理論的「虛實」觀念受用於人生理想中對虛境或者説是藝術境界的追求。此等事例在文藝美學史上也斑斑俱在，甚至可以看作是帶有規律性的現象。對此，只要把司空圖的生平、創作及其所描述的二十四種詩境合觀，就無須繁引其例。可以這麼説，司空圖苦心孤詣狀寫出的二十四種詩境，是他追求的人生理想的結晶；而他之所以能夠狀寫出這惝恍以為妙的二十四種詩境，又緣於他在現實生活中對這理想全身心地投入。我們在述説中國文藝

7　梁啟超：《論小説與群治之關係》，《飲冰室合集》第二冊，中華書局1989年版。

8　王國維：《紅樓夢評論》，載《靜庵文集》，《王國維遺書》本。

美學史上的「虛」「實」之辨時，曾把對「虛境」的追求看作美學觀念演進的一個標誌。這裡要補充說明的是，對「虛境」的追求既體現在藝術創作和藝術理論，也見於古代文人將現實生活審美化和藝術化的需要及其所做的努力，而後者正是前者的一個有力的誘因。

由此看來，中國古代文人生活中的人生理想和藝術境界之間就是一種相互作用、相互滲透並且循環往復的關係；論其成效，則藝術和人生均獲生機。然而，這效用與我們眼下所談論的「虛實」觀念又有怎樣的必然聯繫呢？要回答這問題，須特別注意傳統美學中「虛實」觀念所蘊含的「人」的因素，也就是說，藝術創作中的「虛」「實」關係是因為人而成其為美，其中占主導地位的「虛境」是相對於人而言的；也只有經過人的觀照，才有所謂「虛境」，才有虛實相生的可能，否則藝術作品的「虛」「實」關係就無從談起。進而言之，藝術創作中的因虛實相生而來的境界，總是潛藏著一定的人生理想或人生觀，並且因為潛藏了人生理想或人生觀而顯得意味深長。古人談論境界，除了講「情景」「虛實」外，還常輔之以相關的概念和術語，如「韻」「逸」「空」以及「自然」「高妙」等等。從這些概念和術語，就能看出藝術境界與人生理想的內在聯繫。既然境界以「虛實」為內核，文藝美學裡的「虛實」觀念也就理應顧及那些以人心和人生為本的相關特徵，從而也就跟那些在古代文人生活中形成定勢的人生理想相涉。中國傳統美學思想中的「虛實」觀念之所以不是抽象的定律，而顯得富有情韻，重要的原因就在於此。以視覺藝術而言，山水畫中的空白最能體現「虛實」之道，而空白之虛並非它本身為虛，而是人感覺它虛。再說，由空白而生的「無畫」之妙境難道只是一種藝術形式之美嗎？顯然不是，它跟古代文人在生活中的情趣、品味以及價值取向是同一步調的。這就是為什麼我們今天看古人山水畫，還能油然生出一種十分

真切的神往。魏晉文人賞評山水之美，不但要求可觀，而且要求可居，足以見山水境界因人而生。造化況且如此，藝術創作中的境界就更不可能離開人而存在了。正因為如此，在中國傳統文化裡，藝術與人生就常常是水乳交融；人生理想看取藝術境界，藝術境界包含人生理想，是完全合情合理的事情。而文藝美學裡的「虛實」觀念，也是因為兼具這雙重含義才真正體現出「中國藝術精神」。

　　進而，對人生理想與藝術境界的關係問題，我們還可以做一點當代思考。對傳統的文人士大夫來說，詩與畫很容易就成為修身養性的手段，這是古代文人生活與藝術的最直接的關係，而且具有相當的普遍性。雖然不能說這裡面的趣味和情調就一概沒有問題，但把藝術納入人生，甚至成為一種生存方式，在大體上講總歸是利大於弊的。時至今日，傳統文人的人生理想和生存方式已經一去不復返了。人類社會的工業化及後工業化趨勢，給人類生活留下的詩情畫意的閒暇越來越少，自然界的生態失衡也使得「目既往還，心亦吐納」的空間越來越小。然而「文人」這一社會群體卻依舊存在，並且依舊希望著現實生活中能多多少少地有一些審美和藝術的境界。於是乎美學和藝術理論中就有了諸如「新感性」「日常生活的詩情消解」以及「詩意地棲居」之類的說法，其目的無非是為了人心超越現實、超越物質，從而也超越功利和異化。以中國傳統美學觀念視之，這仍然是人生理想與藝術境界問題的再現，其實質又在虛實之間。凡此問題，都需要美學和藝術理論去探討和解決，其間，西方學術文化的各種思想各種「主義」固然足資借鑑，而中國傳統的美學觀念及其在藝術與人生中的實踐也大可玩味。像「虛實」這樣的觀念，其意義和成效非止於藝術的藝術，而牽涉到人生的藝術。即便是把「虛實」看作一個文藝美學的範疇，它的一些重要內涵也跟古代文人的人生理想和生存方式有著或

遠或近的關係，從中領略些「詩意地棲居」之道，想必對當代生活何去何從有些啟示。這方面內容，已超出「虛實」論範圍，也來不及細說；作為問題提出，是指望傳統美學思想在一個更深更寬的層面為今天所用。因為美學觀念和藝術理論無論新舊，其價值只要確實存在，就一定是貫通古今的，而且在這個意義上也是指向未來的。

第三節　藝術思維與創作方法

　　古人談論「虛實」，取義甚寬，故而我們今天的研討也把問題推向各個方面，尤其是那些藏而不露的方面。但就傳統文藝美學裡直接因「虛實」而立論，或明顯地是在表述「虛實」問題的材料而言，其理論批評的重心還是落在創作方法之上。這創作方法既體現在可以實際運用的技巧、手段，也包含著作為藝術創作內在規律的審美心理和藝術思維。從本書各章的內容中，也可以看出創作方法所占的比重及其賦予美學中「虛實」觀念的內涵。比如詩學裡的「以實為虛」以及「情景」「形神」「境界」「虛字實字」之論，小說學與戲曲學裡的「惟虛故活」「虛實相半」「避實擊虛」「以實而用虛」「實者虛之，虛者實之」「未著筆處生無限風波」以及「旁寫正寫」「伸筆縮筆」「明筆暗筆」「實寫虛寫」等，畫學及書論裡的「虛實相生」「無畫處皆成妙境」「實裡求虛，虛裡求實」「實虛互用」「空白即畫」「實處之妙皆因虛處而生」「虛虛實實」「實處愈實，虛處愈虛」以及「有無」「疏密」「濃淡」「隱顯」「藏露」「陰陽」等，都是古人藝術經驗的總結，也都不同程度地有著創作方法的意義。這樣一種重心所向，當在情理之中，因為中國傳統美學思想的一個重要來源，就是藝術經驗的提煉及其向規律的昇華，從而藝術創作的方式方法就跟文藝美學的觀念範疇血肉相連，難

分彼此。這跟西方美學或有不同。以體系完備的德國古典美學而論，其觀念和範疇多是從更大的哲學本體論推導而來，美學家可以不懂藝術，有創作經驗或夠格成為藝術家的更是寥寥無幾，故而理論上的建樹有「自上而下」之稱。這種狀況，直到近代以實驗心理為本的美學出現才有所改觀，而以實驗心理為本的「自下而上」跟藝術創作尚有相當的距離。相比之下，整個中國傳統美學的一個突出特徵就是源於藝術創作和藝術經驗的「自下而上」，幾乎所有的美學觀念和範疇都跟創作實際有著密切的聯繫，其內涵也是靠著藝術經驗的總結而豐富和深化的，「虛實」觀念自不例外。儘管「虛實」之說及其名目源於哲學思想，並因哲學思想有了最基本的含義，但「虛實」作為一個美學觀念，還是隨著文藝創作的發達以及藝術經驗的積累而逐漸成熟和完備的。今天我們把「虛實」當作美學觀念和範疇去認識，除了到哲學本體論裡面探本尋源，更多的工作是對歷代文藝思想中的有關論述加以彙總並條分縷析，如此方能把握這一觀念和範疇的「美學的」內涵。如果置這部分內容而不顧，那麼「虛實」作為美學觀念和範疇也就名存實亡了。可以說，美學思想裡的「虛實」觀念，在很大程度上是與文藝創作中的「虛實」之道疊合在一起的。這是我們把「虛實」當作美學觀念和範疇去研討時須做出的一個基本判斷，而本書各章所作的闡說也能證明這一點。這一特點，使得中國傳統美學裡的「虛實」觀念具有很強的「經驗性」，而「虛實」作為美學範疇，跟西方美學中那種經抽象和思辨而來的範疇也有不小的差別。其長短不可一概而論。從短處看，自然是理性和理論的內涵較弱。假如有人以理論體系和邏輯推理為由，否認「虛實」成其為美學範疇，也不是完全沒有道理，只不過那樣做，是徹底地站到西方哲學美學一邊，無視中國傳統哲學美學固有的特性。況且，若取消「虛實」這樣的觀念作為範疇的意義，

我們又憑什麼去對中國傳統哲學和美學加以清理並做出現代闡釋呢？故而不妨以一種略加通變的眼光去看待「虛實」作為美學範疇的含義。當然這並不是有意遮掩中國傳統美學範疇在思辨性上不如西方美學的弱項。從長處看，則「虛實」作為美學範疇又有西方美學範疇所不及的生動性、豐富性以及用於藝術批評的有效性。在這範疇裡，我們可以真切感受到藝術之美的真諦，可以直接體察藝術創作的內在規律，還可以領略「虛實」之道在各類藝術中色彩斑斕的顯現和無窮無盡的變化。這比西方美學中那些純思辨的觀念和範疇不是更富有情韻，也更與人心相關嗎？對傳統中國人來說，美的事物總是貼近人心，審美和藝術總是人心相感的結果。抽象和枯燥的東西固然不成其為美，而美的事物用抽象和枯燥的概念和語言去表達，也未免有些煞風景，這裡面同樣有著「言不盡意」和「大音希聲」的道理。證諸中國傳統的文學藝術批評，則語言表達的詩化特點一目了然，許多批評文字是充盈著詩意和情韻的美文，而概念和範疇倒是退居較為次要的位置，至於批評家而有創作才能和成就者，更難以計數。這在世界各國文藝理論批評史上都是不多見的。以此而論，中國古代的文藝批評實際上就擔負著雙重的職責：一方面，它要為藝術創作總結經驗；另一方面，又在無形中為中國美學思想中的觀念和範疇提供素材。正因為這種雙重的作用，美學觀念和範疇才如此鮮活和生動，才跟藝術創作和藝術作品本身有著一脈貫通、循環往復的親密關係。其中關於創作方法的論述，內容之多，不僅是把握美學觀念和範疇的重要依據，還呈現出從事藝術創作的手法和技巧，將「道」與「技」融為一體，從而也兼具了理論和實踐的意義。這個特色，從上面排列出的有關「虛實」的各種判斷和各種命題就不難看出。所列命題或判斷，多來自實際的藝術批評，而我們把「虛實」當作美學觀念和範疇去領悟時，這些緣於

實際的命題和判斷是能夠從各個角度、各個層面，將我們的思緒引入中國傳統美學思想那最精深的境域的。至於每一命題或判斷特有的意思，已見於本書各章節的闡述，茲不再提。

　　與創作方法相輔相成甚至可以說是同一件事情的兩個方面的，是藝術思維。從文學藝術的基本原理看，藝術思維和創作方法在創作過程中是同時進行，只不過有內外之別。就是說，藝術思維是內在的心理活動，而創作方法則要見諸外在的成效。但創作方法並非機械的行為，它是藝術家藝術思維的結果及內心活動的表達；而藝術思維也不能永遠停留在藝術家的內心，它終將外化為創作的行為，並體現出一定的方法。因而在創作中，二者是相互依存且有共同的目的。從這層關係看，藝術創作作為一種內思和外現並存的活動，其本身便有虛實之分，而且可以理解為一種創作論意義上的「虛實相生」。跟美學裡「虛實」觀念一樣，這種「虛實相生」的主導因素在於「虛」，具體說是在於創作主體的審美心理及藝術思維。對此，中國傳統美學和藝術理論十分看重，並且常常視為藝術創作的關鍵和樞紐。劉勰所謂「規矩虛位，刻鏤無形」，陸機所謂「課虛無以責有」，以及唐宋以還形形色色的「取境」之說、「入神」之說、「神韻」之說，都是作為創作論的核心命題提出的，也都致力於探求藝術思維的內涵和規律。有關論述，放到中國古代文藝創作論的大背景下去打量，都與「虛實」觀念有著內在的聯繫，或者說是有所偏重地表達出基於創作論的「虛實」觀念。其於理論觀點上的「偏重」，是偏向了「虛」的一方，也即在創作過程中起決定作用的藝術思維。這種偏重不是沒有道理的，因為審美和藝術歸根到底是人心的產物，其根本的規律也當在於人心。若以克羅齊的「直覺」說而論，則藝術創作經藝術家的直觀，在內心就已完成，其外化為物質形態的工作可有可無，完全是藝術創作之外的事

情。這種論調固然偏激，卻也能夠把握住藝術創作的重心所在，如果用中國古代的「虛實」觀念去稍做變通，或許就不顯得與常理相悖了。那就是，以內心為虛，以外物為實，藝術創作正是內心之情思與外物相感相生的過程，其重心則在內心之虛。要略加區分的是，與「虛」相對應的「實」也有兩說，能夠以物化形態體現出來的創作方法是其一，而另一種與藝術家的心神相對應並對藝術思維起著決定作用的「實」是實存的外物，包括自然景觀和社會生活。這樣說的根據，是中國古代文藝理論的一個重要命題，叫作「感物」，即詩人之心是受外界事物的觸動而生，並與之相互作用而有所謂「神思」。這裡面也有著虛實之分。清代方士庶說：「山川草木，造化自然，此實境也；因心造境，以手運心，此虛景也。虛而為實，是在筆墨有無間。故古人筆墨具此山蒼樹秀，水活石潤，於天地之外，別構一種靈奇。或率意揮灑，亦皆練金成液，棄滓存精，曲盡蹈虛揖影之妙。」（《天慵齋筆記》）這可以看作是著眼於創作論的「虛實」觀念，把心因物感的「虛實」之道講得很明白，即謂「虛景」和「實境」；進而還提到了繪畫之「筆墨」是「虛而為實」，這又可以理解為創作方法是落在「實」處。合而觀之，則創作過程中的「虛實」關係以及「虛」與「實」的所指一目了然，而且表明了文藝創作的實質是在「虛」處，即「曲盡蹈虛揖影之妙」。此論雖是僅就繪畫藝術而言，且其所謂「實境」只講到「造化自然」，但道理是可以推而廣之的。宗白華先生談論中國藝術意境，說他自己的「千言萬語，也只是闡明此語」[9]，或非過譽。

話雖如此，我們還是嘗試著把關於藝術思維的「虛實」觀念朝深處再推進一層。這說的是藝術思維不僅與「物」和「筆墨」相對為虛，

9　宗白華：《中國藝術意境之誕生》，《美學散步》，第59頁。

其自身也有虛實之分，具體表現為，審美和創作心理中那些明晰的意念是實，而那些不明了也無從把握甚至難以控制的心緒或感觸是虛。這個意義上的「虛」，很難用語言講清楚，連那些深知創作甘苦的藝術家和批評家也不甚了了，如劉勰所感嘆的「至於思表纖旨，文外曲致，言所不追，筆固知止」（《文心雕龍》〈神思〉）。據此而論，此「虛」的特徵是「不可言說」。雖然不可言說，但在藝術思維的過程裡，它的作用卻絕不容低估，以致於超過那些可以言說的意念和思理。劉勰把藝術思維活動稱作「神思」，想必是有講究的，多少能讓人看出審美和創作心理中固有的矛盾。「思」是思理，它既在藝術家的意念之中，也在藝術家的妙想之外，故而為「神」。《易經》〈繫辭傳〉說：「陰陽不測之謂神。」又說：「知幾其神乎。」可見在古人心目中，「神」是超乎言意之表的；而藝術思維活動之所以被稱作「神思」，就表明其間有些東西是說不清、道不明的，是「至精」「至變」，也是我們眼下所說的「虛中之虛」。直到今天，對這種「至精」「至變」或「虛中之虛」，心理學尚不能做出令人滿意的解釋。差可比擬的心理學說，是精神分析學所謂「無意識」或「潛意識」，說的是人心深處有著被正常的意識遺忘或根本就與意識絕緣，而由種族遺傳積澱下來的生命本能。它盲目、混亂，不可理喻，鮮為人知，然而卻對人的意識和行為起著重要的甚至是決定性的作用。在某些特殊的境遇，這「無意識」或「潛意識」會浮露出來，並釋放出巨大的能量，也使人的心理產生超乎尋常的效用。顯然，「無意識」或「潛意識」產生作用是以排斥理性為代價的，或可以稱之為「非理性」；而所謂「特殊境遇」，文藝創作亦可算作一種。文藝創作中，藝術家的內心會摻雜一些「無意識」或「潛意識」的東西，這是可以從創作實際中找出許多例子加以印證的，對此，當今文藝心理學也有專門的研究。既然是「無意識」或「潛意

識」，也就虛渺難察，也就妙不可言。我們把藝術思維裡的「虛中之虛」跟心理學的「無意識」或「潛意識」之說略加比照，或許能稍稍得到一點悟解。

然而，對這問題還可以作另一種思路的解說，這就是中國古代文藝創作論裡經久不衰的「虛靜」說。在本書中，我們把「虛靜」說當作「虛實」的相關概念去闡說，理由就在於「虛靜」之說是指向了藝術思維的「虛中之虛」。創作中的「虛靜」是為了「清和其心，調暢其氣」，表面上看，這只是說的把心態放平穩，以排除干擾，營造出一種有利於文思泉湧的創作心境。但結合我們所討論的藝術思維內部的「虛實」關係去看，則「虛靜」說就還有一些更深的蘊義值得體味。要注意的是，藝術家在創作中虛靜其心的目的，除了營造創作心境外，還在於消解或瀰散內心的意念尤其是雜念；往深處看，恐怕還有消弭語言的作用，或者說是把語言給「懸置」起來，因為語言就其理性的性質而言，在藝術思維中是「直觀」的屏障。西語裡「語言」原本就跟「理性」同源；而當代西方哲學為破除傳統的「邏各斯中心主義」，也把語言當作主要的解構對象。漢語雖然保留了象形的特徵而有一定的具象的性質，但從根本上講，已經是理性的產物並深含理性的因素了，這跟其他民族的語言沒有本質的區別，或者說，「理性」是所有語言的一個基本的特性。正因為如此，以形象為本的藝術思維就得在相當程度上掙脫語言的束縛，盡量趨歸於「神用象通」。這樣，虛靜的心理狀態就顯得十分重要了。如中國古代文論所說，虛靜其心，是為了更好地「觀物」；所觀之「物」，既是外界的物象，也是內心的意象，而以後者與藝術思維的關係更為重大。陸機《文賦》談觀物的成效說「物昭晰而互進」，即表明意象之「物」是藝術思維要領；而要把這意象之「物」看清，語言的和理性的東西是不宜「在場」的。語言不在，

那些擾亂文思的意念及雜念也就無可託身，自然退出了創作心境，這大大地有助於藝術家消除遮蔽，進入心地澄明之境。而「澄明之境」正是虛靜其心所要達到的境界，它不可言說，如陶淵明詩句云：「此中有真意，欲辨已忘言。」（《飲酒》其五）這也可以說是一種「言」、「意」關係，也可以用「言不盡意」的命題去註解，但此時「言」與「意」的關係不在聲音、文字與思想之間，而俱在人心之內；從而其中的「虛」「實」關係也不在語言的能指和所指之間，而在藝術家內心的「意」與「境」或者說「有意」與「無意」之間。按照中國傳統美學思想，無言之美是所謂大美，再推進一層看，無意之美才是更大的美。中國古典藝術之所以把「境」放在了最高的位置，就因為「境」的本義是不可言說的。這在藝術作品裡是境界，在藝術思維中則是心境；而心境的萌生，又往往是對「言」與「意」的否定，其間，虛靜其心就成為進入澄明之境的一個前提條件了。在這個意義上，我們把「虛靜」看作中國古代創作論裡最有特色也最有價值的觀點，當不是信口開河。這也是「虛靜」說之所以跟「虛實」觀念相關的一個根本的原因，其中「虛」字的特殊內涵，一定要加以仔細辨認，它關係到中國古代文藝創作論對藝術思維問題的一種深刻認識。當然，具體到各類藝術，「虛靜」之「虛」的含義及其在藝術思維中的效用，還是有所不同的，至少，視覺藝術的「虛靜」比語言藝術更具有離言離意的條件；而語言藝術中，抒情詩與長篇小說相比，也有類似的等差。這方面的問題，就不在此一一細談了。

第四節　審美趣味與批評話語

　　中國傳統美學裡「虛實」觀念所表達的審美趣味，不用我們在此

説得太多，歷代藝術理論批評中的許多概念、術語和命題都有所表示，諸如本書提到過的「含蓄不盡」「韻外之致」「味外之味」以及「空」「遠」「勢」等等，既是「虛實相生」在藝術創作和藝術作品中的特徵，也可以用來指中國古典藝術特有的審美趣味。要略加分説的是這些審美趣味的來由，從近處看，當然是「虛實相生」作為藝術規律並作用於藝術思維和創作方法的結果；而把問題延展開來説，則要考慮到中國古典藝術的特殊形態和總體狀況，還有中國傳統文化的價值取向、文人生活的情趣和要求以及在此基礎上形成的社會和文化心理。就中國古典藝術的形態和狀況而言，有兩個特徵值得特別注意，一是抒情詩和山水畫占有顯要的位置，成就也最高。二是這兩種藝術形式雖不同類，卻有不少相同或相似的審美範式，比如都以「情景」為基本的構成要素，規模體制都相對較小，表現手法都相對單純等等。若非以質料為分類原則，中國古代的抒情詩和山水畫大可以合為一類；所謂「詩中有畫，畫中有詩」，就表明在古人心目中，這兩類藝術在精神實質上是相通的。這種相通以及抒情詩和山水畫在中國古典藝術中的主導地位，很大程度上決定了傳統文藝美學的思想傾向和藝術精神。比如規模體制的限制促使藝術家在有限的篇幅內表達儘可能多的意蘊，表現手法的單純促使藝術家們在創作方法上儘可能地寓多於一或以一總萬[10]；至於「情」與「景」作為基本的構成要素，則很容易使藝術家想到事物的相需相生之法。凡此，都有利於把藝術創作的宗趣引向虛實掩映之間，也都足以成就「虛實相生」的藝術規律。假如説，中國古典藝術不是以抒情詩和山水畫為主體，而是以長篇小説

---

10 參見清石濤的「一畫」説，如《畫語錄》所謂：「夫一畫，含萬物於中。」（《尊受章第四》）「自一以分萬，自萬以治一，化一而成絪縕，天下之能事畢矣。」（《絪縕章第七》）「我有是一畫，能貫山川之形神。」（《山川第八》）等等。

和風俗畫為大宗；假如說，中國古典藝術裡的抒情詩和山水畫沒有精緻單純的範式，而多是鴻篇大制，那麼我們看到的「中國藝術精神」也許就是另一副模樣，而「虛實」也未必能夠成為文藝美學的核心範疇了。這一點，只要拿西方古典藝術去作一番比較，就能明白其中的道理，也能理解「虛實」觀念與特定的藝術形態之間的內在聯繫。

就中國傳統文化、文人生活及社會心理看，「虛實」觀念的發達也有一定的必然性，這從我們前面談過的「天人合一」就能看出些眉目。如果也做一點中西比較，則中國歷史上沒有真正意義上的宗教以及傳統文人的生活信仰不指向宗教，可能是「虛實」觀念之所以大行其道的原因之一。從人類進化的歷史看，人的精神總是向上超越的，人的精神生活也總要在現世或俗世之外找到寄託。這一趨向，古今中外，概莫能外。但宗教的有無，決定了不同民族精神追求的歸宿。有宗教，精神所托便可能是諸如上帝一類的偶像，或如來世一類的目的，無論如何，這都是寄心於某種「實存」或理念，這「實存」或理念雖虛卻實，是有止境的。無宗教，人心所向便是沒有任何定性的「無」，這是無限悠遠也無比深邃的虛境，是虛而復虛。由此而來的思想觀念多體現出一種開放性和不確定性，也包孕著可以無限展開因而也闡說不盡的意義。中國傳統哲學裡的老莊思想便有這一特點，其中的觀念和範疇即便是用現代的科學語言都很難界說；具體到人生問題，則中國傳統文人就常在有限的時間和空間去追求無限的意義和價值，並以此求得精神的超越和心靈的愉悅。也正因為這一特點，中國傳統文人的人生理想就常常表露為一種藝術精神。中國古典藝術深受這精神追求的影響，以不落言筌的「虛境」為指歸，所以「虛實」觀念也就深深植根於藝術家的審美心理和審美趣味，並通過以抒情詩和山水畫為代表的藝術創作表現出來。當然，就中國古典藝術的全部特徵而言，

「非宗教化」只是「虛實」觀念的緣由之一，而中國古典文學藝術所受哲學思想的影響也不止老莊，至少還要考慮到儒家的倫理精神及所謂「實踐理性」。更全面的看法應當是「儒道互補」。但以「虛實」觀念而論，儒、道之間，以道家思想對中國古典藝術的影響更大，故而我們較多地引述其說，至於其他，則是更大課題所要討論的內容了。

由審美趣味，我們再略談一點批評話語的問題。這與「虛實」觀念的內涵關係不一定很大，卻能進一步展示「虛實」觀念在中國傳統文藝美學及藝術理論中的效用。

錢鍾書先生曾說，中國古代文論在批評方法上的一個重要特點，是「把文章通盤地人化或生命化」[11]。再為概括，這個特點也可以用一個「虛」字表達，就是說，中國傳統的文學批評喜歡「近取諸身」，不僅用整個身心去感悟批評對象，也好用一些形象化、情緒化或者說富於感性色彩的詞語作評。這跟那種以邏輯推理見長且出之以理論化表述的文學批評相比，就有了虛實之分。當然，此所謂「虛」，也是一種比擬，意指文學批評不膠著於批評對象，不把所表達的理論觀點坐實，而是把話說得空靈含蓄，既啟人思，也感人興。這與藝術創作中的避虛就實和虛實相生，多少有些類似，故以「虛」名之。體現在批評話語上的這個特點，也可以用一個表達「虛實」觀念的論斷去表示，即「惟虛故活」。而中國古代文論在批評話語上正是以「活」見長的，無論是實際的批評還是理論的表述，大都趨向於生動活潑，而避免僵硬死板，至少優秀的文論之作是能顯出這一特色的。至於那些已經相當程度文學化甚至就可以當作文學作品去讀的批評著作如司空圖《二

11　錢鍾書：《中國固有的文學批評的一個特點》，《錢鍾書散文》，浙江文藝出版社1997年版，第391頁。

十四詩品》之類，就更不在話下。文學批評如此，其他藝術批評亦可
相提並論。

　　把這個問題放到一個更貼近語言文字的層面去看，中國傳統文論
及其他藝術理論「虛活」的特徵，還體現在概念和術語的多義性，就
是說，同樣一個概念和術語，在不同的語境或用於不同的批評對象，
所表達的意思常有所變化，但基本的美學內涵不變，也不會造成理解
的歧義。這是中國古代批評話語特有的涵括性、靈活性以及轉換功
能。其主要原因或在漢語言文字尤其是古代漢語本身。漢語言文字以
方塊字為獨立單位，有很強的構詞功能，也很容易受語境的影響變換
其義；而古代書畫語言特別講究以「雅潔」為美，更是對詞語形成一
種壓迫，迫使每一個字都儘可能表達更多更深的意思。同時，由於古
代漢語的語法鬆散，也使一字多義成為可能甚至必須。凡此現象，在
古代文學作品自不必論，且往往藉以成為獲得文學性的手段；即便是
理論批評，虛活其義的現象也大量存在，就連一些重要的概念和範
疇，其含義也往往是多層次的。拿我們眼前討論的「虛實」來說，從
上述各種「虛實」之論，即可見「虛實」二字因論旨的不同而所指不
同。它可以是指文學作品裡的「意」與「言」、「境」與「象」，也可以
是指創作過程中的「心」與「物」以及藝術思維中的「無意」與「有
意」。若以批評對象而論，其意義的變換更多，如詩學裡的「情」與
「景」、「神」與「形」，小說理論裡的「幻」與「真」，畫學裡的「無」
與「有」、「疏」與「密」、「隱」與「顯」、「藏」與「露」、「淡」與「濃」
等等，都可以看作是「虛實」以另一種話語形式的表述。如果再考慮
到在整個中國傳統文藝美學的話語體系以及相關概念的互相指涉，則
「虛實」二字的含義就更是層層疊疊，難以窮盡。正因為這種多義性，
「虛實」在傳統文藝美學的批評話語中就是一個非常靈變也非常能夠擴

張功能的術語，不僅可以在理論表述上靈活取義，還可以超出藝術作品、藝術境界、藝術思維以及創作方法，用來評說各種各樣的對象和問題，如時代與時代、作家與作家以及流派與流派之間的差異，我們曾經提到過的杜（甫）實而李（白）虛、宋（代）實而唐（代）虛、「肌理（派）」實而「神韻（派）」虛等等，都是其例，不勝枚舉。要之，從「虛實」這個概念，我們就能看出傳統文藝美學與藝術理論在批評話語上「虛實相生」的特色。這當有助於我們瞭解中國傳統文藝批評的話語功能，而這功能也可以看作是中國傳統文藝美學中「虛實」觀念和範疇的相關或附帶的意義。

再版後記

　　這本書寫於十幾年前，大約是二○○二至二○○三年間。那時，蔡鍾翔老師找到我，說是他主編的叢書中，有一本因原定作者退出而出現空缺，問我能否替補。那時候我沒什麼閒雜事，就應承下來。之後，寫作速度很快，如期交了稿，到二○○五年，書就順利出版了。

　　由於寫這本書是「替補出場」，加之要跟上整個叢書的步調，故而準備工做作得不太充分。所用的材料基本上是取自當時各種通行「歷代文論選」、哲學、美學資料彙編，以及畫論、書論選編等等，寫作方法也大體是「以史帶論」的慣常路數，加之學養和功力的限制，所以今天看去，取材未免不精，議論未免不周，體例未免不當，考訂未免不嚴。尤其是原書沒有寫進戲曲表演以及建築、園林、工藝美術的虛實觀，這真的是一個很大的遺憾。此次再版，仍然不能夠補寫，而只能略作文字上的校訂。如此，只得寄希望於來日，待叢書有機會再次再版時去彌補遺憾了。我和蔡鍾翔老師相識於一九九三年。那一年，我博士畢業，從上海來北京工作。行前，導師王運熙先生寫了若干介

紹信，讓我來京後，拜見一些學界的師長，其中就有蔡鍾翔老師。我的工作單位跟蔡老師就職的中國人民大學就兩站路的距離，因此我常去拜訪他，而他也的確在教學和學術上給我很多幫助，比如到我的工作單位來授課，為我第一部專著評審，還有就是約我寫了這本關於中國古典美學範疇的書。這本書出版後，蔡老師的家搬離了人民大學校園，我們見面就少了。又過幾年，聽到蔡老師仙逝的消息，我因各種原因也未能參加追悼和追思，內心總覺得虧欠。趁本書此次再版的機會，附上幾句話，算是對蔡老師的感謝和紀念。

還要再提及對我求學、問學給予許多幫助的老師們。王運熙先生是我博士研究生導師，他為人和學問都極為平易卻極為雋永。前幾年，他老人家駕鶴而去，我願以這本小書告慰先生在天之靈。黃霖先生是我博士研究生副導師，現今仍精神矍鑠，是古代文論研究界的泰斗；我在微信朋友圈裡看見了他演講的照片，心裡著實高興。王先霈和周偉民先生是我碩士研究生導師，指導我從事中國古代小說理論研究。王老師在武漢，見面已不大容易；周老師在海南，已經近三十年沒拜望了，我祝他們健康、愉快。還有羅宗強、顧易生、陳謙豫、陳允吉、袁震宇、蔣凡、楊明、徐志嘯諸先生，他們雖然不是我的導師，但也曾給予我極大的鼓勵，在此一併鞠躬深謝。

張方

二〇一六年十一月於北京

昌明文庫·悅讀美學　A0606019

虛實掩映之間

作　　者	張　方
責任編輯	楊家瑜
發 行 人	陳滿銘
總 經 理	梁錦興
總 編 輯	陳滿銘
副總編輯	張晏瑞
編 輯 所	萬卷樓圖書股份有限公司
排　　版	菩薩蠻數位文化有限公司
印　　刷	百通科技股份有限公司
封面設計	菩薩蠻數位文化有限公司

出　　版　昌明文化有限公司
桃園市龜山區中原街 32 號
電話　(02)23216565
發　　行　萬卷樓圖書股份有限公司
臺北市羅斯福路二段 41 號 6 樓之 3
電話　(02)23216565
傳真　(02)23218698
電郵　SERVICE@WANJUAN.COM.TW
大陸經銷
廈門外圖臺灣書店有限公司
　電郵　JKB188@188.COM
ISBN 978-986-496-200-6
2019 年 7 月初版二刷
2018 年 1 月初版一刷
定價：新臺幣 440 元

如何購買本書：
1. 轉帳購書，請透過以下帳戶
　　合作金庫銀行　古亭分行
　　戶名：萬卷樓圖書股份有限公司
　　帳號：0877717092596
2. 網路購書，請透過萬卷樓網站
　　網址 WWW.WANJUAN.COM.TW
大量購書，請直接聯繫我們，將有專人為您
服務。客服：(02)23216565 分機 610

如有缺頁、破損或裝訂錯誤，請寄回更換
版權所有·翻印必究
Copyright©2016 by WanJuanLou Books CO.,
Ltd.All Right Reserved　　Printed in Taiwan

國家圖書館出版品預行編目資料

虛實掩映之間 / 張方作.-- 初版.-- 桃園市：
昌明文化出版 ; 臺北市：萬卷樓發行,
2018.01
　　面 ;　　公分.-- (昌明文庫. 悅讀美學)
ISBN 978-986-496-200-6(平裝)
1.中國美學史
180.92　　　　　　　　　　　107001906